Lars Reppesgaard

Wild Economy

Lars Reppesgaard

Wild Economy

Durchstarter, die unsere Gesellschaft verändern

MURMANN

Dieses Buch wurde klimaneutral produziert.

Print CO2 kompensiert
Ident-Nr. 105859

Mix
Produktgruppe aus vorbildlich bewirtschafteten Wäldern und anderen kontrollierten Herkünften
www.fsc.org Zert.-Nr. SGS-COC-003993
©1996 Forest Stewardship Council

Für Sandi

Bibliografische Information der Deutschen Nationalbibliothek

Die Deutsche Nationalbibliothek verzeichnet diese Publikation in der Deutschen Nationalbibliografie; detaillierte bibliografische Daten sind im Internet über http://dnb.d-nb.de abrufbar.

ISBN 978-3-86774-070-8

Umschlaggestaltung: Rothfos & Gabler, Hamburg
Herstellung: Das Herstellungsbüro, Hamburg
Gesetzt aus der Minion und der Corpid
Druck und Bindung: Freiburger Graphische Betriebe, Freiburg
Printed in Germany

Besuchen Sie uns im Internet: www.murmann-verlag.de

Ihre Meinung zu diesem Buch interessiert uns!
Zuschriften bitte an **info@murmann-verlag.de**

Den Newsletter des Murmann Verlages können Sie anfordern unter
newsletter@murmann-verlag.de

Inhalt

TEIL 1

Durchstarten oder stehen bleiben? Wirtschaft am Wendepunkt

KAPITEL 1

Ein Visionär gibt Gas: Mit dem E-Rockit durch Berlin

Die Ampel schaltet auf Grün. Stefan Gulas tritt kräftig in die Pedale und lässt die erstaunten Autofahrer locker hinter sich. Blitzschnell saust er die Straße entlang und legt sich wie ein Rennradfahrer in die Kurve. Selbst wenn die Autos auf der breiten Straße des 17. Juni mehr als die erlaubten 50 Kilometer in der Stunde fahren, holt Gulas sie ohne große Anstrengung ein – und erntet immer wieder ungläubige Blicke. Im Rückspiegel sieht er mit dem massigen Motorradhelm aus wie ein heranrauschender Biker auf einer PS-starken Maschine. Aber kein Knattern und kein Röhren ist zu hören. Wie ein Schatten fliegt das schlanke E-Rockit heran und zischt an den Autos vorbei. Und das auch auf der Autobahn. Über 80 Stundenkilometer schnell fährt es, wenn man richtig Gas gibt – oder genauer gesagt: wenn man ordentlich strampelt. Stefan Gulas hat das E-Rockit mit seiner einzigartigen Kombination aus Muskelkraft und einer intelligent eingesetzten Batterie erfunden. Die Kraft, um federleicht an den Autos vorbeizuziehen, bekommt es durch einen Elektromotor. Wie stark der das Gefährt vorantreibt, hängt von den Geschwindigkeit ab, mit der man in die Pedale tritt. Der Fahrer steuert durch seinen Muskeleinsatz den Motor, der die Antriebskraft jedes Pedaltritts um das Fünfzigfache verstärkt. Deshalb kann das E-Rockit so zügig durchstarten und so schnell fahren wie ein kleines Motorrad. Gulas zischt mit dem E-Rockit über die Berliner Stadtautobahn bis nach Potsdam, ohne ins Schwitzen zu geraten. »Man soll sich körperlich bewegen wie auf einem Fahrrad, aber die Kraft eines Motorrads spüren«, beschreibt er seine Idee. Dieses hybride Antriebsprinzip ist etwas völlig Neues. Nicht der mit dem dicksten Motor könnte in Zukunft der Schnellste sein, sondern der, der am kräftigsten in die Pedale tritt.

Das Konzept des motorisierten Fahrzeugs ist seit seiner Entwicklung im späten 19. Jahrhundert im Prinzip unverändert geblieben. Egal, ob der

Fahrzeuglenker auf einem Motorrad, im Kleinwagen, in einer Luxuslimousine, am Steuer eines Busses oder auf einem Traktor sitzt: Stets bewegt ein Motor eine gehörige Menge Stahl, während der Fahrer sich regungslos transportieren lässt. Damit die Antriebsmaschine ihre Kraft entfalten kann, muss sie reichlich Treibstoff verbrennen, was bekanntlich große Mengen Kohlendioxid und andere Schadstoffe freisetzt. Vom Grundsatz her funktioniert ein kleiner Fiat Uno, ein protziger Hummer-Jeep oder eine Daimler-Limousine von heute genau so wie die Tin Lizzy, die bei Ford im Jahr 1914 das erste Mal vom Band lief. Und Fords T-Modell funktionierte auch nicht anders als der Patent-Motorwagen Nummer 1, mit dem Carl Benz 1886 an staunenden Passanten vorbeiknatterte.

Nun, wo sich abzeichnet, dass der Klimawandel eine der großen Herausforderungen für die Menschheit darstellt, dass der Weltvorrat an fossilen Brennstoffen endgültig zur Neige geht und der Preis für Treibstoff in astronomische Höhen schnellen wird, könnte es sein, dass eine völlig neue Klasse von Fahrzeugen die Dinosaurier aus der Zeit der Sorglosigkeit und des Überflusses von den Straßen verdrängen wird: Fahrzeuge, die sich mit einem Mix aus Muskel- und Elektrokraft fortbewegen. Lädt man ihre Batterien mit Solarstrom auf, kann man losfahren, ohne schädliche Emissionen in die Hemisphäre zu blasen.

Mit Spaß Gas zu geben ist bisher fast zwangsläufig mit qualmenden Motoren verbunden. Das Autofahren ist nicht nur deshalb so beliebt, weil das Auto als Statussymbol, oft gar als ein persönlicher Kokon und Lebensraum empfunden wird, sondern vor allem, weil es einfach ein tolles Gefühl ist zu spüren, wie man mit Hilfe eines starken Motors eine Tonne Stahl vorantreibt. Unliebsame Beifahrer sind das schlechte Gewissen und die Angst vor der Spritrechnung. Denn der Ferrari, der Porsche, das Motorboot und die dicke Harley-Davidson, sie alle begeistern ihre Fans, aber sie verbrauchen nicht nur Kraftstoff, sie saufen ihn regelrecht. Und nun kommt ein revolutionär neuartiges Gefährt und verspricht intelligenten Spaß mit gutem Gewissen.

Dabei ist das E-Rockit auch noch cool. Von weitem sieht es aus wie ein tolles Mountainbike: ein elegant geschwungener, blitzender Stahlrahmen, ein schlanker Ledersattel, zum Zupacken ein breiter, wuchtiger Lenker. Wenn man näher herankommt, sieht man, dass das Gefährt mit dicken Motorradreifen und massiven Bremsen ausgestattet ist. Der kleine Motor ist hinter das Tretlager geschraubt. Wenn Gulas' Rechnung aufgeht, finden genug Leute das Gefährt so hip wie einen iPod oder einen Porsche. »Der Sex-Appeal des E-Rockit ist kein tief röhrender 300-PS-Motor, sondern das Konzept. Es ist smart, schnell, wendig und CO_2-neutral. Damit ist es auch für Leute attraktiv, denen es völlig egal ist, ob sie sich klimaneutral fortbewegen oder nicht«, sagt der E-Rockit-Erfinder.

Selbst ist der Mann

Gulas hat keinen gut bezahlten Job in der Entwicklungsabteilung eines Auto- oder Technologiekonzerns. Er hat auch keine hoch dotierte Planstelle bei einem Fraunhofer-Institut oder an einer Universität. Gulas muss selbst sehen, dass er sich über Wasser hält. Er ist nicht nur Erfinder, er ist Erfinder-Unternehmer. Er muss das Geld selbst zusammensuchen, um seine Vision in die Tat umzusetzen. Erfinder-Unternehmer wie Gulas sind mutig. Sie tun, was sie tun, ohne die Rückendeckung großer Institutionen oder finanzstarker Organisationen. Sie gehen persönlich volles Risiko ein. »All in«, wie man beim Pokern sagt. Wie gut ihr Blatt ist und ob nicht jemand eines auf der Hand hat, das ihres wertlos macht, wissen sie nicht. Für die Gesellschaft sind solche Menschen ein Segen, auch wenn einige von ihnen scheitern. Denn sie bringen die Dinge, für die sie sich begeistern, radikal voran. Und manchmal schreiben sie im Alleingang Geschichte.

Es ist kein Zufall, dass Gulas das E-Rockit erfunden hat. Genauer gesagt: dass ein Typ wie Gulas dieses vollkommen neuartige Gefährt entwickelt hat und nicht ein Ingenieur, der bei einem Motorradhersteller wie Suzuki, einem Fahrradhersteller wie Giant oder einem Autohersteller wie Volkswagen arbeitet. Gulas ist ein Radikaler, ein Weltenbummler. Er hat so wenig Selbstzweifel, dass man sich mitunter fragt, ob er mit seinen großen Plänen nicht ein bisschen fantasiert. Jedenfalls wollte er von Beginn an mit dem E-Rockit etwas radikal Neues entwickeln. »Ich habe von etwas geträumt, das es vorher so noch nicht gab.«

Gulas wurde in Österreich geboren. Doch dort ist er nicht geblieben, in seinem Leben hat er schon einiges probiert. Er liest gerne internationale Managermagazine und erdenkt laufend neue Visionen und Pläne. »Am liebsten erfinde ich Dinge oder schmiede Geschäftsideen«, sagt er. Aber Gulas träumt nicht nur vom Machen. Er macht auch. Das unterscheidet ihn von vielen anderen, die ebenfalls große Pläne entwerfen. Nach einem

Ingenieurstudiengang, Fachgebiet Bergbau, arbeitete er in einer Unternehmensberatung. Dann ging er im Jahr 2000 ins Silicon Valley, um ein kleines Start-up-Unternehmen auf die Beine zu stellen. Doch das Timing für den Aufbau seines Internet-Jobportals stimmte nicht. Die Internetblase platzte, keiner war bereit zu investieren. Desillusioniert ging er zwei Jahre später nach Berlin. Dort arbeitete er für T-Systems. Ein braver Job im Marketing, um wieder das Konto zu füllen. Aber Stefan Gulas hörte nie auf, vom großen Wurf zu träumen. Er las weiter, plante, überlegte, konzipierte. Bis ihm 2004 die Idee mit dem E-Rockit kam. »Ein Fahrrad, mit dem ich Autos abziehen kann – das ging mir nicht mehr aus dem Kopf«, sagt er. »Es ist für mich ungeheuer reizvoll, mit scheinbar unterlegenen Ressourcen einfach durch ein gutes Konzept die Großen zu überholen.« So wie David, der mit seiner Schleuder den körperlich überlegenen Goliath zu Fall brachte.

Bei seinen Recherchen war Gulas auf ein Patent aus den Vereinigten Staaten gestoßen. Dort hatte jemand schon 1975 das hybride Antriebsprinzip mit den Pedalen, die die Leistung des Elektromotors steuern, beschrieben. »Technisch hätte man so etwas wie das E-Rockit also schon vor zehn Jahren machen können, nur dass die Batterien dann dicker gewesen wären«, sagt Gulas. »Aber wenn man es wirklich bauen will, stellt man fest, dass die technischen Herausforderungen groß sind. Der Clou ist nicht allein das Konzept, sondern das Lösen der ganzen technischen Probleme.« Es gibt ein weiteres Moment, das den Erfinder, der das Patent angemeldet hatte, vermutlich davon abhielt, ein Gefährt wie das E-Rockit zu bauen. Das Fahrzeug ist so radikal anders und unorthodox, dass nur jemand, der selbst ein radikaler Denker ist, sich überhaupt vorstellen kann, dass es ein Erfolg wird. »So was können eigentlich nur Spinner tun«, meint Gulas selbst.

Dabei liegen die Gründe, etwas wie das E-Rockit zu probieren, auf der Hand. Im Bereich der individuellen Mobilität steht ein Paradigmenwechsel an. Die Autokonzerne haben jahrzehntelang glänzende Geschäfte gemacht mit ihrem Konzept vom schweren, spritverschwendenden Stahlboliden. Lange waren die Treibstoffkosten kein ernst zu nehmendes Problem. Ende der 1970er Jahre lag der Benzinpreis in Deutschland im Schnitt bei 50 Eurocent. Seit Ende der 1980er ist die Zeit des Billigsprits endgültig vorbei. Mitte des Jahres 2000 durchbrach der Benzinpreis die Ein-Euro-Marke. Heute kostet ein Liter Treibstoff etwa 1,40 Euro. Verblüffenderweise haben die Autohersteller auf diesen Trend nie reagiert. Ihre Autos bekommen immer stärkere Motoren, aber sparsamer werden sie dabei kaum.

Außerdem stehen sie immer häufiger, statt zu fahren. Schon 1999 ermittelte der Allgemeine Automobilclub Deutschland, dass deutsche Autofahrer pro Jahr 4,7 Milliarden Stunden im Stau feststecken. Dabei verpuffen etwa 12 Milliarden Liter Sprit. Seitdem fahren noch mehr Autos auf den deutschen Straßen, der Verkehr ist immer dichter, die Staus sind noch länger geworden. Das Feld ist offen für eine attraktive Alternative, um individuell von A nach B zu gelangen. Deshalb musste jemand wie Stefan Gulas fast zwangsläufig das E-Rockit erfinden. Ein Träumer, der Lust hat, die Welt zu retten und dabei mit seiner Idee reich zu werden. Aber eben auch ein Typ, der tatsächlich versucht, seine Visionen in die Tat umzusetzen, auch wenn er selbst, wie er zugibt, zwei linke Hände hat. Fräsen und bohren können schließlich auch andere.

Also begeisterte Gulas zunächst ein paar Freunde für seinen kühnen Plan, die jeweils einen Teil ihrer Zeit opferten, ohne voll in das Projekt einzusteigen. Zusammen mit ihnen baute er ab Dezember 2005 das erste Gefährt. »Nur eine Idee zu haben bringt nichts«, sagt der Österreicher. »Man muss möglichst schnell einen Prototyp vorweisen und sehen, wie die Menschen auf das Ding reagieren. Daraus kann man ablesen, wie attraktiv das Fahrzeug ist und was man noch verbessern muss.« Bewundert und bestaunt wurde schon das erste E-Rockit von allen, die es in Aktion sahen. Immerhin 33 Kilometer in der Stunde konnte man mit dem 45 Kilo schweren Prototyp fahren. Und das war bereits deutlich mehr, als mit den Pedelecs, Fahrrädern mit Elektromotor, möglich ist.

Gulas stieß auf eine Gruppe von Fahrrad- und Motorradfreaks aus der linken Hausbesetzerszene, die in ihrer Wohnung in Berlin-Friedrichshain die Produktion der ersten beiden E-Rockits übernahmen. Im Gegensatz zu anderen Zweiradexperten hatten sie sofort begriffen, worauf der unkonventionelle Unternehmer hinauswollte. »Für die war das Konzept gar nicht so verrückt. Es passt zu dem, wie sie sich selbst sehen – eben far out.« Zehn Mitarbeiter beschäftigt Gulas zurzeit in der Werkstatt, in die er keine Besucher blicken lässt. Unter den Fachleuten sind auch Spezialisten für Elektrotechnik, Metallbau und Fahrzeugbau. Es zeigte sich nämlich schnell, dass reine Fahrradkomponenten nicht stabil genug sind für ein Gefährt, das eine Zulassung vom Kraftfahrtbundesamt benötigt. »Auf Fahrradreifen darf man einfach nicht mit 80 Kilometern die Stunde über die Autobahn rasen«, sagt Gulas, »und auch in vielen anderen Bereichen braucht man Motorradteile.«

Zwischen 2005 und 2008 perfektionieren Gulas und sein Team die Erfindung. Die Friedrichshainer fertigen Karbonteile wie die Akkuverkleidung des E-Rockit. Eigenhändig fräsen sie auch die meisten Anbauteile, etwa Bremshebel und Generatorendeckel. Alle Teile der ersten E-Rockit-Prototypen werden sorgfältig geprüft und, wenn es geht, verbessert. Unterm Strich hat die Tüftelei viel gebracht. Der ursprüngliche Kettenantrieb ist beim aktuellen Typ durch eine saubere Riemenlösung ersetzt. Da tropft kein Öl, und Benzindämpfe dünsten ja sowieso nicht aus dem Fahrzeug. Gulas muss das E-Rockit nicht auf der Straße lassen. Er rollt es über ein Brett in seine Erdgeschosswohnung und stellt es wie ein Fahrrad nachts in sein Arbeitszimmer. Dort schließt er das Technikwunder an die Steckdose an und kann am nächsten Morgen wieder losbrausen. Die Batterien, die er einsetzt, werden immer kleiner und halten immer länger. Damit er für sein Bike die besten kriegt, fliegt Gulas bis nach Boston. Dort schwatzt er sie direkt dem Hersteller ab.

Andere Teile wie den Sattel haben die Bastler ganz bewusst so einfach wie möglich gelassen. »Man soll ja nicht vergessen, dass man auf einem Radl unterwegs ist«, schmunzelt Gulas. Der größte Feind des Projekts sind nun nicht mehr zögerliche Investoren oder ablehnende Fahrradbauer. Es ist Gulas' eigener Ideenreichtum. Auch wenn er an dem großen Wurf seines Lebens arbeitet und ackert wie noch nie, bleibt er rastlos. Ständig hat er neue Ideen. Aber Einfälle wie der Roboterfisch, von dem auch ein Prototyp auf einem Regal in seinem Arbeitszimmer liegt, müssen warten. Erst einmal gilt es, das Bike zu vermarkten, das er in Kleinserien baut. Etwa 12 000 Euro soll ein E-Rockit kosten. Die erstklassigen Komponenten haben ihren Preis. »Irgendwann wird jemand diese Idee aufnehmen und auch eine Billigvariante dieses Fahrzeugs bauen und es für den Massenmarkt anbieten.«

Wer die Welt bewegt

Ob Gulas einmal seinen Platz in den Geschichtsbüchern finden und in einem Atemzug mit Carl Benz oder Gottlieb Daimler, dem Erfinder des Motorrads, genannt werden wird? Zugegeben: Das grundlegende Patent für den Hybridantrieb hat er nicht entwickelt. Und Hand an die Zweiräder legt er auch nur im Ausnahmefall. Er sagt ja von sich selbst, dass er zwei linke Hände hat. Außerdem verbauen seine Werkstattfachleute vieles, was es fertig zu kaufen gibt, etwa die Motorradreifen. Trotzdem hat die Idee des rastlosen Österreichers das Potenzial, ihm einen Platz in der Geschichte zu sichern. Denn dazu ist es nicht notwendig, das Rad neu zu erfinden, es geht darum, etwas zu entwickeln, das unser Leben verändert.

Auch Johannes Gutenberg hat den Buchdruck nicht aus dem Nichts ersonnen, er perfektionierte die Reproduktionstechnik aus dem alten China. Heute hätte er Probleme gehabt, ein Patent auf seine Erfindung zu bekommen, oder er wäre von einem chinesischen Druckermeister verklagt worden. Gutenbergs historische Innovationsleistung ist der Buchdruck mit beweglichen Metalllettern. Dank seiner Legierung zur Herstellung einzelner Lettern und des von ihm ausgetüftelten Holzrahmens, dem sogenannten Satzschiff, konnte der Buchdruck ein Massenphänomen werden, das die Welt veränderte.

Der Wandel kommt nicht über Nacht. Ob Stefan Gulas' harte Arbeit mehr als eine Randnotiz der Technikgeschichte hervorbringen wird, hängt davon ab, ob massenhaft Leute diese neue Form der Fortbewegung akzeptieren werden – so wie zunächst Hunderte, dann Tausende, dann Millionen Gutenbergs Erfindung nutzten. Die Konkurrenz ist stark: Das Auto hat sich als individuelles Fortbewegungsmittel weitgehend durchgesetzt, in der Stadt ist für viele das Fahrrad eine kostengünstige Alternative. Und es gibt bereits andere Technikpioniere, die mit ihren Versuchen gescheitert sind, angesichts von Klimawandel und teuren fossilen Brennstoffen die Mobilität des Einzelnen auf neue Füße zu stellen.

Der Segway, den der exzentrische Milliardär Dean Kamen erfand, ist ein Beispiel für ein völlig neues Fahrzeugkonzept, das es nicht geschafft hat, zum Gefährt der Massen zu werden. Das futuristische Zweirad wurde im Januar 2001 vorgestellt: Auf einer Plattform mit Lenksäule gleitet man aufrecht stehend mit bis zu 20 Stundenkilometern durch die Gegend. Neigungssensoren registrieren die Richtung, in die sich der Fahrer lehnt. Jedes der beiden Räder wird von einem separaten Elektromotor angetrieben. Eine Computersteuerung hält das Fahrzeug automatisch im Gleichgewicht. Auch der Segway wäre eine Alternative für die Fortbewegung in der Stadt, und wer ihn mit Ökostrom füttert, fährt ebenfalls emissionsfrei. Er hat allerdings einen entscheidenden Nachteil: Das selbstbalancierende Zweirad scheitert am Bordstein.

Das E-Rockit kann überall dort fahren, wo ein Mountainbike hinkommt. Trotzdem wird es im allergünstigsten Fall noch viele Jahre dauern, bis das E-Rockit auch nur annähernd so populär ist wie heute das Auto. Mehr als 40 Millionen Autos hat das Kraftfahrtbundesamt Anfang 2009 in Deutschland gezählt. Von solchen Zahlen kann Gulas nur träumen. Und das liegt nicht an seiner Strategie, das E-Rockit als Edelgefährt zu vermarkten. Selbst wenn morgen ein Massenhersteller ein vergleichbares Fahrzeug herstellen würde, das nur 1000 Euro kostet, bräuchte eine solche Entwicklung Zeit. Denn was Gulas' Erfindung so interessant macht, ist ja gerade das radikal neue Mobilitätskonzept.

Bis der Gutenberg'sche Buchdruck ab dem Jahr 1500 ein Massenphänomen wurde, waren fast 70 Jahre verstrichen. Bis das E-Rockit oder ein ähnliches Fahrzeug die Welt bewegt, wird vermutlich viel weniger Zeit ins Land gehen. Von heute auf morgen kann sich das neue Konzept vom Hybridantrieb aus Muskel- und Elektrokraft aber nicht durchsetzen – so wie das Automobil und das Konzept, sich in spritverbrauchenden, schweren Stahlkästen zu bewegen, auch nicht innerhalb weniger Jahre Millionen begeisterte.

Es erforderte im Jahr 1886 eine gehörige Portion Fantasie, sich auszumalen, dass der Patent-Motorwagen Nummer 1 nicht nur schnell der Kutsche überlegen sein, sondern Lebensstil und Lebensgefühl ganzer Nationen auf Jahrzehnte hin prägen würde. Der Motor des knatternden Gefährts erreichte gerade mal eine Höchstgeschwindigkeit von 16 Kilometern in der Stunde. Er hatte nicht einmal die Zugkraft einer Pferdestärke. Bei den Ausfahrten auf der Ringstraße in Mannheim lief Carl Benz' Sohn Eugen mit einer Flasche Benzin neben dem Fahrzeug her und füllte nach, damit der Sprit nicht ausging. Bei der Pariser Weltausstellung 1887 platzierte man das Fahrzeug kurzerhand zwischen den Pferdedroschken, weil niemand mit dem neuen Gefährt so recht etwas anfangen konnte. Es dauerte Jahrzehnte, bis das Auto breite Bevölkerungsschichten ansprechen sollte, zunächst einmal weckte es Ängste. Droschkenkutscher verfluchten es, Fußgänger fürchteten sich. Für Otto Normalverbraucher war es unerschwinglich teuer, und es funktionierte leidlich, während der Pferdewagen zuverlässig fuhr. Die Autohersteller brauchten mehr als 50 Jahre, um das Automobil zu vervollkommnen und die wohlhabende Welt zu gewinnen.

Das E-Rockit von heute wird mit seinen Nachfolgern so wenig gemeinsam haben wie Benz' Patent-Motorwagen, der an eine Kutsche ohne Pferde erinnert, mit Fords Tin Lizzy von 1920 oder dem Citroën DS, der Mitte der 1950er Jahre durch die Straßen kreuzte und von Designern zum schönsten

Auto aller Zeiten gewählt wurde. Das E-Rockit wird sich Moden anpassen, technische Neuerungen werden sichtlich ihre Spur hinterlassen, so wie Fahrtrichtungsanzeiger, Stoßstange oder Aerodynamik beim Automobil. Welches Potenzial in dieser Erfindung steckt, kann man sich vor Augen führen, wenn man daran denkt, wie gering die Bedeutung der Automobilindustrie noch vor 100 Jahren war. Um das Jahr 1905 herum gab es weltweit etwa 21 500 Autos. Allein die Zahl der Opel Corsa, die zwischen Januar und März 2009 in Deutschland zugelassen wurden, liegt höher. Weltweit fahren heute mehr als 600 Millionen Autos auf den Straßen. Gut möglich, dass die Jungs in der Werkstatt in Friedrichshain bald richtig was zu tun bekommen.

Stefan Gulas geht jedenfalls davon aus, dass seine Erfindung die Welt verändert. Und dieser Gedanke ist nicht größenwahnsinnig, sondern die notwendige Voraussetzung dafür, dass der kühne Plan vom E-Rockit aufgehen kann. »Ambitionierte Ziele sind das Fundament, auf dem große Erfolge aufbauen«, erklärt der Unternehmensberater Herman Simon in seinem Buch über unbekannte Top-Unternehmen, *Hidden Champions.* »Nie ergeben sich solche Erfolge zufällig oder ex post. Am Anfang steht immer eine Vorstellung von der Zukunft, von dem, was eine Person erreichen will, eine Vision, zumindest jedoch ein Zustand des Vorbereitetseins … Wenn man die Menschen betrachtet, gibt es die vielen, die keine besonderen Ambitionen haben, die einen mehr oder weniger vorgezeichneten Weg gehen. Und es gibt die wenigen, die ein Ziel, eine Mission verfolgen. Die Gründer und Manager der Hidden Champions gehören zur zweiten Kategorie. Sie wissen nicht nur, was sie wollen, sondern sie haben auch die Willensstärke und die Energie, manchmal die Besessenheit, ihre Ziele in Taten umzusetzen.«

Vision, Hartnäckigkeit und Obsession – darum wird es in diesem Buch gehen. Und der Besuch bei Stefan Gulas war eine gute Gelegenheit, diesen frischen Wind zu erleben. Die Zeit wird zeigen, ob seine Erfindung das Zeug dazu hat, Geschichte zu schreiben. Doch unabhängig davon, ob das E-Rockit bald die Straßen bevölkert oder ein Nischenfahrzeug bleibt, ist es schade, dass man Leute wie Stefan Gulas in Deutschland mit der Lupe suchen muss. Die lahmende Exportnation hat mehr von diesen Typen bitter nötig. Denn gute, abgedrehte und wirklich neue Einfälle sind im selbsternannten Land der Ideen leider Mangelware.

KAPITEL 2

Bestandsaufnahme: Das einfallslose Land der Ideen

Wer über die Elbbrücken stadtauswärts fuhr und dann in Richtung der Hamburger Innenstadt blickte, konnte sich das ganze Jahr 2009 hindurch anschauen, wie eine globale Wirtschaftskrise aussieht: Dicht aneinandergereiht lagen Schiffe dort vor Anker, tagelang, wochenlang, einige schon seit Monaten. Und das, obwohl sonst im Hafen beim Be- und Entladen jede Minute zählt. An den Elbpfählen aber wurde nicht geladen, sondern geparkt. Ein Großteil der Schiffe, die bis zum Beginn der Finanz- und Wirtschaftskrise rund um die Welt unterwegs waren, um T-Shirts und DVD-Player aus China nach Hamburg zu bringen und von hier Daimler-Limousinen, Bohranlagen oder Textilmaschinen für Schanghai zu laden, war im Abseits gelandet. Noch immer liegen rund 10 Prozent der Weltflotte auf Reede. Und wenn der Welthandel zum Stillstand kommt, leidet der Exportweltmeister Deutschland darunter in besonderem Maße.

Die Krise, die hier unübersehbar wurde, begleitet uns schleichend schon seit Jahren. Die Euphorie über neue Absatzmärkte in Fernost hat uns eine gewisse Zeit darüber hinwegtäuschen können, dass wir die Welt schon lange nicht mehr mit etwas Neuem verblüfft haben, sondern stattdessen brav und gewissenhaft unsere einstmals bahnbrechenden Ideen und Produkte perfektionieren. Und die Gefahr ist groß, dass wir nicht nur in akuten Krisenzeiten auf ihnen sitzen bleiben werden.

Schauen wir auf die Slogans und Statistiken, scheint die Welt in Deutschland in bester Ordnung zu sein. »Deutschland – Land der Ideen« nannte sich großspurig während der Weltmeisterschaft 2006 eine Imageinitiative der Bundesregierung und der deutschen Wirtschaft. Und Ideen scheint es in der Tat reichlich zu geben. Im Rennen um die Patente, die bei der Weltorganisation für geistiges Eigentum (WIPO) eingereicht werden, liegt Deutschland nach den USA und Japan an dritter Stelle. Allein der Technologiekonzern Siemens, an dem in Deutschland 130 000 Jobs und weltweit 410 000 Arbeitsplätze hängen, scheint eine echte Ideenfabrik zu sein. Innovationen werden dort offenbar am Fließband produziert. »Die rund 30 800 Forscher und Entwickler verbuchten 2009 rund 7700 Erfindungsmeldungen; das sind 35 Erfindungen pro Arbeitstag. Rund 4200 neue Patente wurden angemeldet«, erklärt das Unternehmen für das Geschäftsjahr 2008 / 2009.

Die Deutschen machen tolle Erfindungen und bauen komplexe Maschinen, effiziente Kraftwerke und die besten Autos der Welt – Waren, die rund um den Globus begehrt sind. An diese Erfolgsstory haben wir uns gewöhnt. Ein wenig ist das wie beim Fußball. Neunzig Minuten rennen alle hinter dem Ball her, und am Ende gewinnen die Deutschen. Herrlich einfach. Und praktischerweise ist das Ergebnis ziemlich gut für uns. In der Wirtschaft funktioniert dieses Spiel derzeit allerdings nicht – und vermutlich wird es auch nicht wieder so prima laufen wie früher, denn die Regeln haben sich geändert. Scheinbar ohne dass jemand in Deutschland es gemerkt hat. Siemens hält insgesamt weltweit mehr als 56 000 Patente. Aber diese Geniestreiche werden uns keineswegs in dem Maße aus den Händen gerissen, wie es früher der Fall war.

Stellt man sich die Frage, was Werner von Siemens von den Neuerungen halten würde, die sein Unternehmen heute hervorbringt, begreift man, warum das alte Spiel nicht mehr läuft. Die Erfindungen, die er schon als Offiziersanwärter und später als Industrieller machte, legten den Grundstein für den heutigen Weltkonzern. Er entwickelte unter anderen ein Verfahren zur elektrischen Galvanisierung, Seeminen mit Fernzünder, den elektrischen Zeigertelegrafen und ein Verfahren zur Herstellung von isolierten Leitungen und Stromkabeln. Außerdem baute er 1866 die erste Dynamomaschine. 1879 wurde im Familienunternehmen die erste elektrische Lokomotive und die erste elektrische Straßenbeleuchtung entwickelt, 1880 der erste elektrische Aufzug, 1881 die elektrische Straßenbahn.

Seine wegweisenden Innovationen reihen sich in eine Ahnengalerie der Erfindungen »Made in Germany« ein, die weltweit ihresgleichen sucht. Siemens' Zeitgenossen und die Tüftlergeneration, die ihnen folgte, legten durch ihre Ideen die Grundlage für viele deutsche Konzerne, die heute Weltgeltung haben. In den Jahren zwischen der Reichsgründung und dem Ersten Weltkrieg erhielt die Wirtschaft des Landes so starke Impulse, dass ihre Auswirkungen bis heute spürbar sind. Die Chemieindustrie, der

Maschinen- und der Fahrzeugbau haben in dieser Zeit durch das Wirken talentierter Tüftler einen Schub bekommen, der sie bis in die Gegenwart getragen hat.

Carl von Linde entwickelte 1871 eine Kältemaschine, die in der Münchner Spaten-Brauerei installiert wurde – die Wurzeln der Linde AG, heute einer der wichtigsten Lieferanten von Industriegasen. 1883 patentierte Gottlieb Daimler erstmals einen »Gasmotor mit Glührohrzündung« und sicherte sich zudem ein Patent für die »Regulierung der Geschwindigkeit des Motors durch Steuerung des Auslassventils«. Drei Jahre später stellte Carl Friedrich Benz sein »Automobil« vor, das kaum mehr als ein dreirädriges Fahrzeug mit Verbrennungsmotor und elektrischer Zündung war. Hier liegen die Wurzeln der Daimler AG und des deutschen Autobaus. 1893 brachte Rudolf Diesel den Dieselmotor auf den Markt, 1902 Robert Bosch die erste Zündkerze. Bosch ist heute der größte Lieferant für Automobilteile weltweit. Etwa 1500 weitere Zulieferfirmen versorgen neben Bosch die großen Autobauer mit Teilen und Ideen. Jeder sechste Arbeitsplatz hängt hierzulande vom Automobil ab.

Auch der starke deutsche Maschinen- und Anlagenbau hat seine Gründerväter, etwa Nicolas August Otto, den Erfinder des Otto-Motors. Er gründete 1864 zusammen mit dem Ingenieur Eugen Langen die erste Motorenfabrik der Welt. Ihr gemeinsames Unternehmen, die Gasmotorenfabrik Deutz, existiert heute noch als Deutz AG. Chemiker bei den Farbenfabriken Friedr. Bayer et comp. und der Badischen Anilin- & Soda-Fabrik lernten zur gleichen Zeit, buchstäblich aus Dreck – dem schmierigen Steinkohleteer, der bei der Verkokung von Kohle anfiel – Farbstoffe zu machen. Später stellten sie auch Medikamente her.

Eindrucksvolle Innovationen gab es in den Jahren zwischen Reichsgründung und Erstem Weltkrieg in Hülle und Fülle. Es war ein Zeitalter der Tüftler. Werner von Siemens etwa hatte die Dynamomaschine durch tagelanges Ausprobieren erfunden. Es war in seinem Unternehmen lange Zeit üblich, selbst komplexe Maschinen und Anlagen nicht lange zu berechnen und zu konstruieren, sondern einfach draufloszubauen. »Bei jedem größeren Modell wurde rein gefühlsmäßig entwickelt und getestet; wurden die Wicklungen zu heiß, dann wurde eben ein stärkerer Draht genommen – nach diesem Rezept ging es bei allen Einzelheiten«, berichtet ein Chronist.

Der Tüftler und Eigenbauer Werner von Siemens wusste aber auch sehr gut, dass nicht jede mit lauter Fanfare vorgestellte Neuerung gleich eine bahnbrechende Innovation ist. Im Gegenteil, gerade der Gründervater der modernen Elektrik war skeptisch, wenn sich Ingenieure und Entwickler mit ihren vermeintlich großartigen Werken brüsteten. »Wenn der Schlüssel zu einer lange vergeblich gesuchten mechanischen Combination gefunden ist, wenn das fehlende Glied einer Gedankenkette sich glücklich einfügt, so gewährt dies dem Erfinder das erhebende Gefühl eines errungenen geistigen Sieges, welches ihn allein schon für alle Mühen des Kampfes reichlich entschädigt und ihn für den Augenblick auf eine höhere Stufe des Daseins erhebt«, schrieb er in seinen Memoiren. »Freilich dauert der Freudentaumel in der Regel nicht lange.« Meist kämen Erfinder, die ehrlich zu sich sind, bei genauerer Betrachtung »zu der Erkenntnis, dass man nur Altbekanntes in neuem Gewande gefunden hat«.

Altbekanntes im neuen Gewande? Das ist auch heute eher die Regel, wenn sich große Firmen mit ihrem Erfindungsreichtum brüsten. Denn so ideenreich, wie sie tun, sind die deutschen Konzerne leider nicht. Die meisten deutschen Patente werden in Deutschland seit Jahren von großen Firmen wie der Robert Bosch GmbH, Siemens oder Daimler angemeldet. Dort gehört es zum Geschäftsmodell, bereits Bekanntes zu verfeinern. Radikale Würfe wagt kaum ein großes Unternehmen – zumindest nicht, solange das alte Geschäftsmodell noch leidlich funktioniert. Zu den Erfindungen, die Siemens beispielsweise für das Jahr 2008 selbst als herausragend prämiert hat, gehörten: ein neues Verfahren zur Herstellung von Gasturbinenschaufeln (es gibt bereits einige etablierte Verfahren, um sie herzustellen), ein Verfahren zur Produktion von Stahlblechen, das im Gegensatz zu vielen anderen Herstellungsverfahren für Stahl etwas Energie spart, sowie Leuchtdioden, die noch ein bisschen optimaler als im Jahr zuvor produziert werden. Das ernüchternde Fazit: Es handelt sich um Dinge, die andere seit Jahren machen oder die Siemens selbst seit Jahren herstellt.

Stefan Gulas hat im Alleingang ein komplett neuartiges Gefährt erdacht und konstruiert. Eine Innovation, die zu einer vollkommen anderen Form der individuellen Mobilität führen kann. Viele Ingenieure bei Siemens sind sicher ebenfalls einfallsreiche Köpfe, und auf ihrem Fachgebiet dürften die meisten dem Autodidakten einiges voraushaben. Eines aber fehlt ihnen: der Geistesblitz. Sie arbeiten ohne die Inspiration und den Antrieb, etwas völlig Neues zu erfinden. Denn selbst wenn einer der fast 410 000 Mitarbeiter eine revolutionäre Idee hätte: Er würde sie nicht umsetzen dürfen.

Lange gehörte es bei Siemens zur Tradition, dass Techniker den Vorrang vor Verkaufsmanagern hatten. Als die Firma 1897 in eine Aktiengesellschaft umgewandelt wurde, beanspruchte die Siemens-Dynastie weiterhin, »den technischen Fortschritt zu kontrollieren, auf dem die Zukunft des Unternehmens und der Wert unseres Eigentums im wesentlichen basiert«. Doch diese Zeiten sind lange vorbei. Heute geben bei Siemens Controller und Vertriebsmanager den Innovationstakt vor. Was wann gebaut wird, diktieren Topmanager und Businesspläne. Woran geforscht und was entwickelt wird, ist keine Frage der Neugier, sondern eine der Renditeerwartungen.

Ja, der Konzern wagt sich inzwischen auch an den Bau von Solarthermie-Kraftwerken. Doch dafür, dass das Unternehmen bereits seit 2005 auf dem Solarmarkt Fuß fassen will und dass diese Technologie bereits seit über 30 Jahren erforscht wird, hat Siemens kaum eigene Innovationen in diesem Bereich vorzuweisen. Siemens lieferte bisher Dampfturbinen, Elektro- und Leittechnik oder Generatoren – kaum etwas, was nicht auch andere Firmen anbieten können. Erst der Kauf des israelischen Solarunternehmens Solel im Herbst 2009 sorgte dafür, dass Siemens heute auf diesem Markt punkten kann.

Das Grundproblem ist immer das gleiche. Eigentlich müsste ein Unternehmen wie Siemens neue Märkte im Sturm erobern. Doch die mächtigen Dinosaurier wagen sich nur mit Trippelschritten voran. Denn es lohnt sich für Siemens eher, das, was man ohnehin verkauft, schrittweise zu verbessern, als grundsätzlich neue Produkte zu entwickeln, die eingespielte Märkte durcheinanderbringen und bei denen nicht von vornherein klar ist, wem man sie wie verkaufen kann.

Da ist es kein Wunder, dass es sich bei den Siemens-Erfindungen der Jahre 2008 und 2009 vor um allem Verbesserungen bereits bestehender Produkte wie dem Computertomografen, dem Autoscheinwerfer oder der Gasturbine handelt. Führt man sich die revolutionären Neuerungen der letzten 30 Jahre vor Augen, landet man fast zwangsläufig an der amerikanischen Westküste und nicht irgendwo in Deutschland. Googles Suchmaschine, Microsofts Computerbetriebssystem, Amazons weltweiter Online-Buchladen, die Auktionsplattform Ebay, Apples schicke Computer, MP3-Player und Mobiltelefone, aber auch etwa der Tesla, das erste autobahntaugliche Elektroauto, kommen von dort.

Auch Siemens hat lange Jahre Computer gebaut und Software entwickelt. Auf ein neues Google wartet man jedoch von dieser Seite vergeblich. Stattdessen arbeitet man bei dem Technologieriesen an einem neuen Autoscheinwerfer oder daran, wie Schiffe ein wenig optimaler angetrieben werden können. Man verbessert Bestehendes, statt etwas völlig Neues zu entwickeln.

Und die vielen Patente? Siemens und die anderen großen Technologieunternehmen tragen seit Jahren jede noch so kleine Neuerung zum Patentamt, egal ob sie später einen praktischen Nutzen hat oder nicht. Die Firmen lassen heute selbst kleinste Detailneuerungen patentieren – um Positionen zu sichern, Märkte zu besetzen und Verhandlungsmasse für Geschäfte zu haben. Zwischen 1990 und 2000 nahm die Zahl der Anmeldungen am Europäischen Patentamt jährlich um 7,4 Prozent zu. Sie stieg von 70 955 auf 145 241 Anmeldungen. Die Aufwendungen für Forschung und Entwicklung stiegen in dem Zeitraum in den 30 Ländern mit dem höchsten Pro-Kopf-Einkommen der Welt aber nur im Schnitt um 3,4 Prozent. Die Zahl der Patentanmeldungen wächst in den Industriestaaten mehr als doppelt so schnell wie die Investitionen in Neues. Zudem sinkt die Qualität der Patentanmeldungen beständig, immer öfter werden sie abgelehnt. Dass die Firmen häufiger Patente anmelden, heißt definitiv nicht, dass sie mehr Ideen haben.

Wenn sich die Großkonzerne aufgrund einer Vielzahl angemeldeter Patente selbstgerecht auf die Schulter klopfen, erzeugt das ein falsches Bild. Der bürokratische Akt einer Patentanmeldung beweist noch nicht, dass da etwas bahnbrechend Neues erfunden worden ist. Und wenn etwas vom Patentamt nicht als Neuerung anerkannt wird, heißt das noch lange nicht, dass sich dahinter keine zukunftsträchtige Innovation verbirgt. Professor Dieter Seitzer, der ehemalige Leiter des Fraunhofer-Instituts für Integrierte Schaltung in Erlangen, hatte schon vor mehr als 20 Jahren die Idee, Musik über das Telefonnetz zu übertragen. Das Patentamt weigerte sich, diese visionäre Idee zu patentieren. Das sei technisch unmöglich, hieß es zur Begründung. Dass es doch funktionierte, zeigte sein Doktorand Karlheinz Brandenburg in seiner Dissertation. Heute ist das von Brandenburg entwickelte MP3-Datenformat weltbekannt. Es ermöglicht es, Musik fast ohne hörbaren Qualitätsverlust so abzuspeichern, dass die MP3-Dateien mit nur 8 Prozent der bisher benötigen Datenmenge auskommen. »MP3« ist einer der am häufigsten gesuchten Begriffe im Internet. Ohne dieses Verfahren gäbe es keine Abspielgeräte wie den iPod, und ohne digitale Musikangebote wäre das Internet und unser Leben um eine wesentliche Attraktion ärmer.

Deutschland – Land der Ideen? Der Slogan klingt vor diesem Hintergrund schal. Dabei ist er wie maßgeschneidert für die Republik, die als Hochlohnland ihre Stellung in der Welt behaupten muss, indem hier am laufenden Band erfunden wird, was rund um den Globus benötigt und begehrt wird. Ideen und Innovation allein schaffen Wohlstand und sorgen dafür, dass die Wirtschaft hier der Konkurrenz rund um die Welt immer um die entscheidende Nasenspitze voraus ist.

Doch in der Praxis besteht die Substanz der deutschen Industrie vor allem aus Branchen, deren Wurzeln ins späte 19. und frühe 20. Jahrhundert zurückreichen. Lange haben die Firmen, die aus dem Wirken der Pioniere Linde, Siemens, Daimler, Bosch und Co. entstanden sind, die ökonomische Dynamik befeuert. Branchen wie Maschinen- und Fahrzeugbau, Metallerzeugung und -verarbeitung und Elektrotechnik sind neben der Chemie nach wie vor das Rückgrat der Wertschöpfung in der deutschen Industrie. Fast 80 Prozent aller Exporte der deutschen Firmen kommen aus dem produzierenden Gewerbe. Ein Viertel der Bruttowertschöpfung in Deutschland entsteht in diesem Sektor. In Großbritannien beträgt diese Zahl nur 13 Prozent, in Frankreich 11 Prozent. Rund ein Fünftel aller Erwerbstätigen arbeitet in Deutschland in der Industrie. Der industrielle Kern ist also nach wie vor der Schlüssel zum Wohlstand in Deutschland. Ohne das Geld, das dort verdient wird, ist es auch für die emporstrebenden Dienstleister, vom Café-Betrieb über den Friseur und die Bank bis hin zum Coach und Psychologen, schwer, Geld zu verdienen. Interessante Produkte brauchen auch der Handel, der sonst nichts zu verkaufen hat, und die Logistiker, die sonst nichts ausliefern können.

Die klaren Warnsignale werden bis jetzt nicht ernst genug genommen: Unserem auf Erfindungen und Neuerungen angewiesenen Schlüsselsektor Industrie geht langsam die Puste aus, auch wenn die Patentzahlen ein anderes Bild vermitteln. Das Problem ist nicht, dass Siemens und andere Technologieriesen ihre Innovationskraft in selbstgefälligen Broschüren übertreiben. Das Problem besteht darin, dass man in der Patentflut wenig Wegweisendes und grundsätzlich Neues findet. Erfindergeist ist etwas anderes als kurzatmige Ingenieursinnovationen, die in einen Businessplan passen.

Beispiel Automobilindustrie: Zwar gibt es immer wieder neue Designs für die Fahrzeuge, grundlegend neue Antriebskonzepte wie etwa den emissionsfreien Betrieb mit Wasserstoff oder Elektroenergie hat die Autoindustrie jedoch jahrelang vernachlässigt. Die Technologie war da, aber das Geschäft mit den Spritschluckern lief zu gut, als dass es sich lohnte, neue Wege zu gehen. Statt grundsätzlich neue Autos zu bauen, wurden immer mehr Zusatzteile in Fahrzeuge gepresst, die im Großen und Ganzen nicht anders funktionieren als die ehemals innovativen Gefährte der Pioniergeneration. Kleine Neuerungen wie eine Klimaanlage, Airbags, die elektronische Schleuderhilfe EPS, ein Anti-Blockier-System oder elektrische Fensterheber unterscheiden neben Modifikationen am Design das neue vom Vorjahresmodell. Die Autos verändern sich nicht im Kern, sie werden nur – unter dem Vorwand, dass der Kunde mehr Komfort will – immer komplizierter. In vielen Firmen ist eine unheilige Allianz am Werk zwischen verspielten Entwicklern und Marketingabteilungen, die meinen, Kundenwünsche identifiziert zu haben.

Der fehlgeleitete Tüftlerwahn gaukelt den Konsumenten nicht nur Neuerungen vor, wo keine sind. Er verärgert die Kunden sogar, etwa wenn die immer komplexere Autoelektronik zur Fehlerquelle wird. Wagen bleiben heute häufig nicht mehr wegen eines handfesten Motorschadens liegen, sondern weil Software und Elektronik nicht korrekt zusammenspielen. Nicht ohne Grund überraschte der Autobauer Daimler 2004 – damals firmierte man noch unter dem Namen DaimlerChrysler – die Fachwelt mit der Ankündigung, dass man in diesem Jahr nach vielen Kundenbeschwerden über 600 elektronische Komponenten bei der Autoentwicklung weggelassen hatte. Es hat sie dann offenbar auch niemand vermisst.

Derartige Fehlentwicklungen sind nicht die Ausnahme, sondern die Regel, wenn sich deutsche Konzerne daranmachen, ihre Ware zu erneuern. Statt neue, stabile Produkte zu entwickeln, werden alte, bewährte Produkte mit unnötigen Detailneuerungen überfrachtet. Viele Firmen verschwenden bis heute viel Energie und Zeit, um ihre Klassiker mit umständlichen Funktionalitäten aufzufrischen, die dann doch keiner braucht und im schlimmsten Fall auch noch fehleranfällig sind.

Typisch für dieses Phänomen sind die ICE-3-Züge von Siemens, die der Deutschen Bahn bis heute Kopfzerbrechen bereiten. Mal fiel das Computersystem aus, das die Bremsen des Hightech-Zuges steuert, dann wieder spielten die Türen verrückt. Bis zu 700 Störungsmeldungen pro Tag registrierte die Bahn. Für diese mit Elektronikbauteilen und Software vollgepackten Züge wurden viele Teile von Siemens-Ingenieuren neu erfunden, statt bewährte Bauteile von Vorgängermodellen zu nutzen. Das war gut für die Patentbilanz. Ein Exportschlager ist der ICE 3 allerdings im Gegensatz zum französischen Hochgeschwindigkeitszug TGV nicht geworden – was angesichts der Bahnkunden, die wegen ausgefallener Klimaanlagen im Sommer schwitzen oder wegen ausfallender Wirbelstrombremsen im Winter warten müssen, auch nicht verwundert.

Dabei gehen Siemens oder Daimler, verglichen mit anderen deutschen Industriegrößen, keineswegs besonders unbeholfen vor. Die meisten vermeintlichen Champions im selbsternannten Land der Ideen tun seit vielen Jahren immer nur das Gleiche. »Viele Branchen haben in den fetten Jahren, die hinter uns liegen, einfach nur ›Spoiler‹ an ihre Produkte geklebt, ohne die Substanz zu verbessern«, kritisiert der Zukunftsforscher Matthias Horx. Ganz zu schweigen von wirklich bahnbrechenden neuen Ansätzen. Das bittere Fazit: Im Grunde herrscht Ideenlosigkeit.

Im Wellental

Was vielen Firmen in Deutschland bei allem Ingenieursgeist fehlt, ist ein Gespür für das, was der Harvard-Professor Clayton M. Christensen als »revolutionäre« oder »disruptive« Technologien bezeichnet. Es sind Innovationen, die mehr sind als der evolutionäre Ausbau des Bestehenden, auf den sich der deutsche Fahrzeug- und Maschinenbau so gut versteht. Die Deutschen sind die Weltmeister in einer Disziplin, die man als »Wirkungsgradoptimierung« bezeichnen kann. Niemand auf der Welt ist besser darin, ein Leuchtdiodensystem noch ein wenig effektiver, eine Gasbrenneranlage noch ein wenig umweltfreundlicher zu machen, einen Zug oder ein Auto zu einem überzüchteten Hightech-Objekt weiterzuentwickeln.

Eine Zeitlang funktionierte das als Strategie. Die deutschen Konzerne und auch die vielen mittelständischen Unternehmen, die ihre Anlagen, Module und Bauteile in alle Welt exportieren, investierten in Marketing und Vertrieb und profitierten zugleich von der zunehmenden Globalisierung. Die sorgte dafür, dass ihre Produkte auch in Ländern nachgefragt wurden, die früher nicht auf der Kundenliste standen. Nach der Jahrtausendwende erlebten die deutschen Schlüsselindustrien deshalb noch einmal eine erstaunliche Blüte. Die Umsätze beim Fahrzeugbau stiegen von 2001 bis 2007 um mehr als ein Drittel, die des Maschinenbaus um fast 30 Prozent und die der Metallindustrie sogar um über 40 Prozent. Die Exportquote des Maschinenbaus stieg von 59 Prozent im Jahr 2001 auf 70 Prozent im Jahr 2007; die der Chemie von 61 Prozent auf 77 Prozent.

Doch langsam verlöschen auch diese letzten Strohfeuer. Die Finanz- und Wirtschaftskrise hat dafür gesorgt, dass der weltweite Handel lahmt und die Nachfrage nach den Produkten, die bisher produziert wurden, rapide abnimmt. Vor allem die Exportweltmeister aus Deutschland leiden darunter. Fabrikanten in Abnehmerländern wie den Vereinigten Staaten, China, Brasilien oder Indien haben in den Boomjahren zum Beispiel Werkzeugmaschinen für Fabriken gekauft, die sie jetzt nicht auslasten können. Deswegen wird die neue Generation der dann wiederum leicht verbesserten Werkzeugmaschinen »Made in Germany« auf lange Sicht schwer zu verkaufen sein. Firmen, die Getriebe und Antriebstechnik liefern, stehen vor ähnlichen Problemen. Unternehmen aus dem Maschinen- und Anlagenbau müssen sich laut der renommierten Beratungsfirma Oliver Wyman darauf einstellen, dass der Markt für ihre Produkte mittelfristig um 20 bis 30 Prozent schrumpft.

In der Automobilbranche ist die Lage nicht besser. Weltweit bestehen hohe Überkapazitäten – und nicht erst durch die Krise. Schon in guten Zeiten gab es zu viele Autofabriken. Im Boomjahr 2008 etwa waren die Hersteller rund um die Welt in der Lage, 25 Prozent mehr Autos zu produzieren, als sich überhaupt verkaufen lassen. In der Krise brach die Nachfrage überall dort umgehend ein, wo sie nicht mit Konjunkturmaßnahmen wie der Abwrackprämie künstlich hochgehalten wurde. Und auch in Deutschland ging, wie von Experten befürchtet, die Zahl der Kfz-Neuzulassungen in den ersten drei Monaten 2010 um fast ein Viertel zurück.

Selbst wenn die Nachfrage nach dieser historischen Nachfragedelle wieder anziehen sollte, bleibt das Problem mit den Überkapazitäten. Vor allem Deutschland ist hier betroffen. Die wichtigsten Autokunden von morgen, die großen Schwellenländer wie China oder Indien, werden in Zukunft vor allem über Produktionsstätten vor Ort bedient. Hier wird man sich in Zukunft nur mit einzigartigen und besonders cleveren Lösungen behaupten können. Und der Trend geht wegen des Klimawandels und der steigenden Kosten für Rohstoffe eindeutig zu Kleinwagen und schadstoffarmen Autos. Gerade in diesen Bereichen sind die deutschen Premiumproduzenten extrem schlecht aufgestellt. Und weil die Metall- und die Chemieunternehmen als die großen Kunststofflieferanten eng vom Wohl und Wehe der Autohersteller abhängen, stehen auch ihnen stürmische Zeiten bevor.

Auch Hightech-Bereiche, die gemeinhin als Zukunftstechnologien gelten, sind keine Selbstläufer mehr für die Produzenten in Deutschland. Selbst die hochgelobte Solarindustrie steckt tief in der Krise. Hoffnungsträger wie Solarworld und Q-Cells leiden unter dem starken Preisverfall und der wegbrechenden Nachfrage in wichtigen Abnehmerländern wie Spanien. Sie haben wie die meisten Hersteller von Solarzellen- und Modulen ihre Kapazitäten fortlaufend ausgebaut, so dass jetzt auch hier Überkapazitäten das Geschäft bestimmen. Selbst wenn die Nachfrage nach Solarzellen wieder langsam ansteigt, werden die Preise für die Solarmodule weiter niedrig bleiben, weil sie nicht mehr nur in Deutschland hergestellt werden. Mit China, Taiwan, Indien und Südkorea sind neue Konkurrenten hinzugekommen, deren Produktionskosten zum Teil um ein Drittel niedriger liegen. »Deutschland darf und kann sich nicht mehr auf die Exportmärkte und auf die Weiterführung des Geschäftsmodells ›Exportweltmeister‹ verlassen«, lautet deshalb das Fazit der Unternehmensberater der Boston Consulting Group. Sie gehen davon aus, dass es auch bei einer raschen Erholung der Konjunktur für die deutschen Schlüsselindustrien kein Zurück zu den Zuständen vor der Krise geben wird.

Wohin aber kann der Weg führen, wenn es kein Zurück mehr gibt? Die heile Welt von gestern besteht nicht mehr, und sie wird auch nicht wiederkommen. Das heißt aber auch, dass die Erfolgsrezepte der vergangenen Jahrzehnte nicht mehr funktionieren. Deswegen bieten die Detailinnovationen der großen Unternehmen keinen Ausweg. Deswegen sind die radikalen Erfindungen von kühnen Visionären und sturen Einzelkämpfern so wichtig. Kontinuierliche Optimierungen halten Kunden bei der Stange, aber sie erschließen keine wirklich neuen Märkte oder Kundenkreise. Niemand kauft eine neue Gastherme, nur weil sie etwas sparsamer ist als das Vorgängermodell. Wer sich keinen Mercedes kaufen würde, wird sich das nicht anders überlegen, weil das neue Modell mit verbessertem ABS und elektrischen Fensterhebern daherkommt.

Jetzt, wo die globale Krise einigermaßen überwunden scheint, werden die Konturen schärfer sichtbar, und es werden die Weichen für die Zukunft gestellt. Viele Unternehmen, die unbestritten die Entwicklung in den letzten Jahrzehnten vorangetrieben haben, sind gealtert. Es deutet einiges darauf hin, dass aus der Krise nicht die alten Giganten mit frischer Kraft nach vorne ziehen werden, sondern mutige Erfinder-Unternehmer wie Gulas. Schon heute arbeiten Medizinpioniere, Softwareprogrammierer,

Biotechnologieunternehmer, Umwelt- und Energievisionäre sowie andere moderne Erfinder an revolutionären Neuerungen, die das große Geschäft von morgen sein können. In diesen kleinen, jungen Unternehmen ticken, denken und arbeiten die Menschen anders als bei den behäbigen Giganten. Die Gewinner von morgen werden wilder, schräger und mutiger sein als die Besitzstandswahrer von heute. Es werden Unternehmen sein, in denen umwerfende Ideen willkommen sind, in denen gesponnen und gejubelt werden darf und in denen es normal ist, Unerhörtes auszuprobieren. In diesem Bereich, auf den ich mit dem Label »Wild Economy« aufmerksam machen möchte, wird das Unmögliche versucht und mit Herz getüftelt, weil die Macher, die man dort findet, an ihre Sache glauben. Dienst nach Vorschrift ist hier ein Fremdwort.

Nicht alle werden Erfolg haben, vieles kann auf dem Weg von der ersten Erfindung bis zur ersten Million schiefgehen. Aber sie haben in jedem Fall das Zeug dazu, trotz Krise zu Gewinnern zu werden. Denn wirtschaftliche Umbruchzeiten sind gute Zeiten für Innovation und Kreativität – vorausgesetzt, man begreift die derzeitige Krise als Zeichen für das Ende einer langen Welle, die bei den Erfinderpionieren der Kaiserzeit ihren Anfang genommen hat und nun ausläuft.

Zeitenwende

Seit der Ökonom Joseph A. Schumpeter Ende der 1930er Jahre das Modell der »langen Wellen« aufgegriffen hat, wird es von Experten genutzt, um zu erklären, warum einige technologische Trends an das Ende ihrer Dynamik gelangen, während parallel neue Trends entstehen. Der russische Ökonom Nikolai Kondratjew hatte dieses Modell in den 1920er Jahren entwickelt. Er formulierte die Theorie, dass technologische Entwicklungen in Form von langen Wellen auftreten. Fünfzig bis sechzig Jahre lang tragen Innovationen wie der Verbrennungsmotor oder die chemischen Verfahren rund um die Petrochemie, die zuerst aus dem Kohledreck Farbe und dann aus Öl Kunststoffe machte. Dann verliert sich die Dynamik dieser Neuerungen, sie laufen aus, wie Wellen, die das Ufer erreichen.

Ausgangspunkt solcher langfristigen Trends sind diesen Überlegungen zufolge Paradigmenwechsel in Technologie und Gesellschaft. Bahnbrechende Neuerungen wie beispielsweise die Eisenbahn haben nach diesem

Modell nicht nur die Kraft, einem neuen Industriesektor Schwung zu verleihen, der Arbeitsplätze schafft. Sie bringen die gesamte Wirtschaft in Bewegung. Stahlrösser ersetzten überall die Pferdegespanne auf den Landstraßen, Länder rücken näher zusammen, der Umschlag transportierter Güter steigt. Hat eine Basisinnovation einmal Fahrt aufgenommen, steigert sie überall in der Gesellschaft die Produktivität und verbilligt die Produktion.

Wer zu diesem Zeitpunkt bereits etabliert ist, sperrt sich aber in der Regel, seinen gut laufenden Betrieb auf die neuen Regeln umzustellen. Alteingesessene Unternehmer bekämpften Eisenbahn, Automobil oder Informationstechnik. »Das Establishment des vorherigen Strukturzyklus verursacht so den Produktivitätsstau zwischen zwei Kondratjewzyklen, der das Wirtschaftswachstum lange Jahre tief hält, bis sich ein gesellschaftlicher Konsens herausgebildet hat, wohin die Reise gehen wird«, schreibt der Zukunftsforscher Erik Händeler.

Die Wellentheorie hat nicht nur Befürworter. Und bei ihren Anhängern wird noch diskutiert, wo genau wir heute stehen. Erleben wir gerade, wie die letzte Welle, die durch die flächendeckende Automatisierung der Produktion in den Industrieländern nach dem Zweiten Weltkrieg begann, endgültig zusammenbricht? Hat das Aufkommen der Informationstechnik bereits eine weitere große Welle ausgelöst? Oder werden erst Nano- oder Biotechnologie, Energiespartechnologien, regenerative Energien oder irgendeine andere Entwicklung dafür sorgen, dass die Karten völlig neu gemischt werden und eine neue kraftvolle Entwicklung in Gang kommt und alles mit sich zieht?

Wirtschaftswissenschaftler, Politologen und andere Kondratjew-Gefolgsleute streiten mit Leidenschaft über diese Fragen. Unstrittig ist aber: Jede Innovation hat ihre Zeit, ihren Schub. Der trägt einen nicht unendlich weit. Und der Schwung ist raus bei den großen deutschen Konzernen. Unstrittig ist auch, dass gerade eine Zeitenwende dazu herausfordert, neu zu denken und das Unerhörte auszuprobieren. Und es gibt derzeit zwei Entwicklungen, die eine solche Zeitenwende deutlich markieren. Die eine ist der Klimawandel, die andere das Ende des fossilen Zeitalters.

Der größte Teil des globalen Temperaturanstiegs seit Mitte des 20. Jahrhunderts geht auf den Anstieg der vom Menschen verursachten Treibhausgaskonzentrationen zurück. Zwischen 1906 und 2005 verzeichnete die durchschnittliche Welttemperatur ein Plus von mehr als 7 Grad Celsius. Die Folge: Gletscher und das Polareis schmelzen, der Meeresspiegel hob sich im 20. Jahrhundert um etwa 17 Zentimeter, in manchen Gegenden sogar um 22 Zentimeter.

Die Folgen sind bereits in Deutschland spürbar. Die Jahresmitteltemperatur stieg hier in den vergangenen 100 Jahren um etwa 0,8 Grad Celsius, und sie steigt weiter und immer schneller. Vor allem in Westdeutschland haben die Niederschläge in den letzten 100 Jahren deutlich zugenommen. Das Wetter ist extremer geworden, häufiger als früher sind Hitzeperioden und Starkniederschläge zu verzeichnen. Die Folgen kommen Deutschland teuer zu stehen. Das Elbe-Hochwasser im Jahr 2002 verursachte hierzulande Schäden in Höhe von 9,4 Milliarden Euro, die Orkane »Lothar« und »Martin« aus dem Jahr 1999 kosteten 14 Milliarden Euro. Der Klimawandel fordert sogar Menschenleben. Als Folge des heißen Sommers 2003 zählten Statistiker in Deutschland über 7000 Todesfälle mehr als in üblichen Sommern.

In anderen Teilen der Welt hat der Klimawandel noch weitreichendere Folgen: Die Staaten Afrikas und die Mittelmeerländer dörren aus, die Wüsten wachsen, Inselgruppen und ganze Länder wie Bangladesch drohen in den Fluten zu versinken. Der Klimawandel ist also nicht nur ein Kostenfaktor, sondern ein existenzielles Problem für die gesamte Menschheit. Die Zeit, in der man Produkte entwickelte und Maschinen betrieb, ohne auf ihre Umweltverträglichkeit zu achten, muss deshalb zu Ende gehen.

Dafür spricht auch die zweite Entwicklung, die einen neuen Abschnitt der industriellen Entwicklung einläutet: der Schlussakt des fossilen Zeitalters. Die Ära des Erdöls neigt sich unwiderruflich dem Ende zu. Etwa seit 1980 wird weltweit weniger Öl neu entdeckt als gefördert. Zwar werden die Suchmethoden immer feiner, doch es gelingt immer seltener, nennenswerte Lager des fossilen Rohstoffs aufzuspüren. 2009 pumpten die Förderländer so viel Öl aus dem Boden, dass man täglich 86 Millionen Fässer damit füllen konnte. In einem Jahr verbrauchte die Menschheit so viel Erdöl, wie in einer Million Jahre Erdgeschichte aus den Überresten vermoderter Pflanzen und Tiere entstanden ist. Die Welt steuert auf den physikalischen Gipfel der Ölförderung zu, den »Peak Oil«. Es ist der Tag, ab dem die Erde weniger Öl im Boden birgt, als der Mensch braucht. Dieser Tag, und nicht der Tag, an dem der letzte Tropfen Erdöl aus einer Pumpe tropft, markiert den Übergang in eine neue Epoche der Menschheit.

Die deutsche Bundesanstalt für Geowissenschaften und Rohstoffe erwartet den Peak Oil für das Jahr 2020. Andere Experten halten die Schätzung für zu optimistisch. Fakt ist: Im Fahrzeugbau, wo es rund fünf Jahre dauert, eine neue Generation von Fahrzeugen zu konstruieren und zu bauen, ist dieser Wendepunkt gerade mal zwei Fahrzeuggenerationen entfernt. Vergebens sucht man jedoch auch bei der Chemieindustrie nach Konzepten, wie sie die Kunststoffproduktion im großen Stil ohne Öl bewerkstelligen will. Dabei steht fest: Selbst wenn der Peak Oil später kommt, wird der Rohstoff, wie sich vor der Finanz- und Wirtschaftskrise zeigte, extrem im Preis anziehen, wenn die Wirtschaft auch nur normal funktioniert.

Es geht aber nicht nur ums Öl. Auch andere Rohstoffe werden knapp, etwa das anthrazitfarbene Coltan-Erz, aus dem sich das Metall Tantal gewinnen lässt. Tantal wird bei der Herstellung von Kondensatoren für die Mikroelektronik benötigt. In Laptops, Spielkonsolen, Handys oder Digitalkameras ist das seltene Element enthalten. Auch bei der Produktion von Flugzeugmotoren und Kraftwerksturbinen wird es verwendet. Die Nachfrage nach diesem Metall explodiert derzeit, ohne dass sicher ist, ob in Zukunft genug Tantal auf den Markt kommt. Ähnlich sieht es bei anderen seltenen Metallen aus. Eine Reihe von Zukunftstechnologien ist auf sie so stark angewiesen, dass ihr massenhafter Ausbau durch Rohstoffengpässe bedroht ist, warnen Wissenschaftler des Instituts für Zukunftsstudien und Technologiebewertung. Neben dem Tantal könnten bis zum Jahr 2030 auch Platin und Scandium, die man zum Herstellen von Brennstoffzellen benötigt, knapp werden. Engpässe befürchten die Forscher ebenso beim Neodym, das man für den Bau von Hybrid- und Elektrofahrzeugen braucht, oder bei Metallen wie Indium, das bei Flachbildschirmen und Solarzellen eingesetzt wird.

Wer vor dem Hintergrund solcher Entwicklungen lediglich weitermacht wie bisher, wird Probleme bekommen, selbst wenn er sich einen vermeintlich sicheren Geschäftszweig wie den Solarzellenbau gewählt hat. Im Umkehrschluss heißt das aber auch: Die Pioniere für die Welt von morgen zeigen uns, wie wir mit dem, was uns noch zur Verfügung steht, Energie gewinnen oder transportieren, wie wir uns fortbewegen können, wie und woraus wir unsere Kleidung, Gebäude, Solarzellen oder Maschinen herstellen. Wer jetzt neue Ideen entwickelt, wie man die moderne Gesellschaft am Laufen hält, ohne dass sie den Planeten zerstört, hat die besten Chancen auf gewaltigen Erfolg in der Zukunft.

Sind es die großen Konzerne, die uns mit ihrem geballten Know-how solche Ideen bescheren werden? Zweifel sind angebracht. Eine disruptive

Technologie ist eine Innovation mit dem Potenzial, eine aktuell dominierende Technologie zu verdrängen, und zwar mitunter in Windeseile. Meist sind solche Produkte anfangs den etablierten unterlegen. Oft leisten sie zu Beginn wenig und kosten viel – siehe Benz' weniger als ein PS starken Patent-Motorwagen. Das Auto brauchte noch mehrere Jahrzehnte und etliche Entwicklungsschritte, um vom teuren Spielzeug zum Gefährt für die Massen zu werden. In der vernetzten und globalisierten Welt vollzieht sich der Fortschritt jedoch zunehmend wie im Zeitraffer. Bis eine alte Technologie verdrängt ist, dauert es nur noch wenige Jahre, wie man etwa bei der Flash-Speichertechnologie beobachten kann, die derzeit die alten Festplatten im Computer, vor allem aber in handlichen Geräten wie dem iPhone, ersetzt. In anderen Bereichen, etwa in der Software oder bei der Herstellung von Mobiltelefonen, sind die Entwicklungszyklen noch kürzer. Neues ist mitunter schon nach Monaten veraltet.

Schnell umzusteuern und radikal Neues zu wagen, wenn das Alte ausgedient hat, ist aber etwas, das den großen Konzernen fernliegt. Erfinder-Unternehmer wie Stefan Gulas probieren einfach radikal ihre Ideen aus und liegen damit oft haargenau richtig. Die Vertreter einer solchen Wild Economy sind klein, klug und beweglich genug für Umbruchzeiten.

Die großen Konzerne sind schon in guten Zeiten nicht die Innovationsmotoren, die sie gerne wären. Das wissen die Manager dort auch selbst. Gerade mal die Hälfte von ihnen ist damit zufrieden, wie sich ihre Investitionen in Innovationen auszahlen. Vielerorts steckt man das Gros der Ressourcen in Projekte, die nie zur Marktreife gelangen oder sich bald nach ihrer Einführung als Flop erweisen. Nur eine von 16 Ideen, in die deutsche Konzerne Arbeit und Mühe stecken, um sie zu perfektionieren, wird ein kommerzieller Erfolg. Eine sogenannte Innovationskultur wird überall gepredigt, aber so gut wie nie gelebt.

Zudem sind die großen Apparate betriebsblind, wenn es um wirkliche Neuerungen geht. Die Ingenieursheere in den Konzernen überschätzen oft ihre eigenen Fähigkeiten. Zugleich neigen sie dazu, die Ideen möglicher Konkurrenten zu unterschätzen. Was nicht im eigenen Haus entwickelt wurde, wird in der Regel mit Skepsis beäugt. Manager reagieren angesichts der Kinderkrankheiten vieler Erfindungen oft mit dem Reflex, radikale Neuerungen zu ignorieren oder abzuwerten.

Diese Betriebsblindheit zieht sich wie ein roter Faden durch die Technologiegeschichte. Als beispielsweise Western Union, das Unternehmen, das die Vereinigten Staaten mit einem höchst profitablen Netz von Telegrafiedrähten überzogen hatte, dem Telefonerfinder Alexander Graham Bell die Tür wies, war das eine gut begründete Entscheidung. Satte 100 000 Dollar sollte die Firma für das Telefonpatent Bells bezahlen – und das, obwohl die neue Technik nur innerhalb von Städten funktionierte. Den Weitblick, zu erkennen, dass das Telefon bald mehr konnte und Kontinente verbinden würde, hatte keiner der damaligen Western-Union-Manager.

Werner Siemens hielt das Telefon übrigens auch für eine sinnlose Erfindung, die lediglich der Schwatzsucht der Großstädter diente. Er war aber klug genug, dennoch in das Geschäft einzusteigen. Seit 1877 wurden auch in Deutschland Telefonleitungen gelegt. Gerade mal acht Anschlüsse gab es in dem Jahr in Berlin. Doch die Nachfrage nach einem Telefon stieg rasch, 1878 waren in Berlin bereits 458 Anschlüsse verzeichnet. Bis 1890 wuchs ihre Zahl auf 10 000 Teilnehmer. Die Firma Siemens produzierte täglich 400 bis 700 Geräte und konnte dennoch nicht mit den eingehenden Bestellungen Schritt halten.

Etablierten Managern fehlt aber nicht nur der Weitblick. Viele große Unternehmen haben es zudem verlernt, Feuer aus den Funken zu entfachen, die in den eigenen Fachabteilungen geschlagen werden. Es ist auch der stockende Informationsfluss in Großunternehmen, der verhindert, dass Geistesblitze in die Tat umgesetzt werden. Viele Ideen bleiben in den Abteilungen stecken und gelangen nicht zu den Leuten, die sie weiterentwickeln könnten. Die Hälfte der Manager aus 1200 deutschen Unternehmen des produzierenden Gewerbes, die das Institut für angewandte Innovationsforschung an der Ruhr-Universität Bochum 2007 befragte, gab zu, dass bei ihnen Ideen, die sich später als außergewöhnlich erfolgreiche Innovationen herausstellten, nicht erkannt oder fälschlicherweise aussortiert wurden.

Das ist auch kein Wunder, denn unkonventionelle Typen und originelle Charaktere haben in den stromlinienförmigen Belegschaften wenig Chancen, gehört zu werden. In der Regel werden Mitarbeiter mit ungewöhnlichen Ideen, die alles Bestehende in Frage stellen, eher als Störer des Betriebsfriedens angesehen. Karriere macht man jedenfalls nicht, wenn man bei Daimler vorschlägt, mit dem Produzieren schwergewichtiger Stahlkarossen, die Sprit verschwenden und CO_2 ausstoßen, radikal Schluss zu machen.

Das Management hat es in der Hand, eine Querdenkerkultur zu fördern – oder abzuwürgen. Es kann Mitarbeiter feuern, wenn etwas schiefgeht, oder ihnen klarmachen, dass man aus Fehlern lernt. Wer trotz aller Widerstände eine gewagte Idee ausprobiert und damit scheitert, kann bei den deutschen Technologieriesen in der Regel seine weitere Karriere abhaken. Bei Apple ticken die Uhren dagegen anders, erzählt ein Ex-Mitarbeiter der iPod-Company: Ein junger Entwickler hatte bei einem Projekt eine Million Dollar in den Sand gesetzt. Als Firmengründer Steve Jobs ihn zu sich zitierte, rechnete er mit seiner Kündigung. »Kündigung?«, fragte ihn der Apple-Chef. »Wieso sollten wir Ihnen kündigen, wo wir gerade eine Million Dollar in Sie investiert haben. Erzählen Sie mir stattdessen, was wir daraus lernen können.« In so einem Unternehmen riskieren die Mitarbeiter etwas, und sie wagen, Undenkbares zu denken. Von deutschen Unternehmen erzählt sich niemand vergleichbare Geschichten. Dort wird Dienst nach Vorschrift gemacht. Grundlegende Innovationen jedoch kommen meist von Menschen, die etwas wagen, von Außenseitern und Quertreibern. Sie werden nicht von glatten Karrieristen entwickelt, die sich geschickt ins Team einpassen und gerne Ja sagen.

Eine weltweite Wirtschaftskrise, alarmierende Rohstoffknappheit, drängende Umweltprobleme und eine Umschichtung des globalen Wirtschaftsgefüges – sollte das nicht reichen für schonungslose Selbstkritik und radikales Umdenken, zumindest für eine massive Konzentration auf Innovationen? Erneut Fehlanzeige. Große Apparate neigen dazu, viel Energie in die Beschäftigung mit den eigenen Strukturen zu stecken. In der Krise beobachten Berater, dass sich diese Neigung verstärkt. Viele Konzerne befinden sich in einer Art Schockstarre. Kurzarbeit, gestoppte Investitionsprojekte, Versuche, die Effizienz des Verkaufspersonals zu steigern, und Standortdiskussionen sind die Antwort auf die Krise. Vergebens warten die Kunden auf neue Ideen und Produkte, die sich den aktuellen Herausforderungen wirklich stellen. Vor diesem Hintergrund ist es wenig wahrscheinlich, dass die deutschen Technologiegrößen von gestern die Antworten auf die Fragen von morgen finden.

Wahrscheinlicher ist, dass dies mutigen Einzelunternehmen und jungen Firmen gelingt, die die Arbeit ohne Denkverbote und verkrustete Strukturen anpacken. Das trauen sich hierzulande aber nur wenige. Gute Ingenieure, fantasievolle Techniker und Leute, die mit ihren Ideen vielleicht sogar die Welt aus den Angeln heben, gibt es viele in Deutschland. Die Zahl der Unternehmensgründer ist hier jedoch im internationalen Vergleich sehr niedrig. Die Vertreter der Wild Economy muss man mit der

Lupe suchen. Das habe ich für dieses Buch getan – und bin dabei auch fündig geworden. Was dort an Aufbruch spürbar wird, macht Mut.

Dem steht eine bestürzende Bestandsaufnahme gegenüber: Das einfallslose Land der Ideen ist nicht mehr das Land der mutigen Macher, sondern das der lebenslang fest Angestellten. Das Gros der Absolventen aus Studiengängen wie dem Maschinenbau kann sich nichts Schöneres vorstellen, als bei einem alternden Giganten wie Siemens, Porsche, BMW, Audi und Daimler anzuheuern und dort die Technik von gestern weiter zu verfeinern. Sie sind genauso mutlos geworden wie die Unternehmen, in denen sie arbeiten wollen. Wie ist es dazu gekommen?

TEIL 2

Wie den Erfindern das Erfinden abgewöhnt wurde

KAPITEL 3

Goldene Zeiten: Deutschlands tüftelnde Gründerväter

Wer im Bremer Bahnhofsviertel ein Stück Luftfahrtgeschichte ansehen will, muss erst einmal den Kopf einziehen und sich durch einen niedrigen Gang in einen kleinen Hinterhof zwängen. Der Rotor, der hier in einem kleinen Häuschen steht, sieht auf den ersten Blick nicht besonders eindrucksvoll aus. Das Holz ist nussbraun und hart, die Rotorenflügel sind geschwungen und stromlinienförmig. Doch diese Holzkonstruktion hat es in sich. Der Rotor ist das Herzstück eines Windkanals, den der 1890 geborene Flugzeugkonstrukteur und Hubschrauberpionier Henrich Focke als Pensionär 1963 in Betrieb nahm. Die Versuchsanlage zeigt, dass der Mann, der 1924 in Bremen die Focke-Wulf-Flugzeugbau AG und 1937 die erste Hubschrauberfabrik der Welt gegründet hatte, bis zum Ende seines Lebens unbeirrt seinen Traum verfolgte, absturzsichere Fluggeräte zu entwickeln.

Fockes Karriere war nicht nur geprägt von technischen Durchbrüchen, sondern ebenso von wirtschaftlichen Fehlschlägen. Auch sein letzter Job endete niederschmetternd. Focke hatte Carl Borgward, den Inhaber der gleichnamigen Autofabrik, von seiner Vision eines Volkshubschraubers für den Individualverkehr überzeugt. Borgward, selbst ein begnadeter Ingenieur, war von der Idee begeistert, mit kleinen Hubschraubern, die sich jede Familie leisten können sollte, den Verkehr von der Straße zu holen. Focke schaffte es in nicht einmal zwei Jahren, dieses kleine technische Wunder zu entwickeln. Zwei Prototypen des »Kolibri«-Hubschraubers standen bereits im Hof der Hemelinger Automobilfabrik und warteten auf die Abnahme durch das Luftfahrtbundesamt. Doch dann musste Borgward 1961 Konkurs anmelden. Die beiden »Kolibris« wurden als Übungsobjekte von der Bremer Flughafenfeuerwehr abgefackelt.

Focke war zum Zeitpunkt dieser Pleite bereits 71 Jahre alt. Doch der herbe Rückschlag trieb ihn nicht in den Ruhestand. Focke blieb, wie viele besessene Tüftler, sein Leben lang rastlos. Er wollte sich weiterhin den ungelösten Problemen der Aerodynamik widmen. Zusammen mit seiner Frau und seinen Söhnen baute er zwei Jahre lang in dem ehemaligen Tischlereigebäude im Bahnhofsviertel an seinem Windkanal. Wer das Hinterhofhaus betritt, sieht zunächst das Büro und die kleine Werkstatt, die sich der Pensionär eingerichtet hatte. Die Einrichtung ist spartanisch, überall liegen Schrauben, Drähte, Werkzeug. Merkwürdige Gerätschaften lehnen in den Ecken. Das Ambiente erinnert an die Werkstatt des genialen Erfinders Daniel Düsentrieb aus Entenhausen. Erfindungen aller Art stehen irgendwo herum. Wozu sie gut sind, erschließt sich erst auf den zweiten oder dritten Blick.

Eines dieser Gebilde entpuppt sich als Kreissäge. Angetrieben hat Focke sie mit einer alten Bohrmaschine. Der Flugpionier nutzte diese zwar auch in ihrer ureigensten Funktion als Bohrer und zudem als Antrieb für Flugmodelle und Rotoren. Damit das alles funktionierte, musste er ihre Drehzahl regeln. Doch die Bohrmaschinen Ende der 1950er Jahre waren noch nicht regelbar. Sie liefen entweder mit höchster Drehzahl oder gar nicht. Um eine freie Drehzahleinstellung zu ermöglichen, schaltete Focke ein Holzgestell mit zehn Glühlampen als Vorwiderstand in Reihe zur Bohrmaschine. Wenn er Birnen einschraubte, erhöhte sich die Spannung und die Geschwindigkeit der Maschine, drehte er eine Birne aus der Fassung, sank sie.

Auch der Windkanal selbst sieht keineswegs so aus, wie man sich eine Hightech-Testeinrichtung vorstellt. Die Anlage besteht aus dünnem Sperrholz, Ofenrohren, Gardinen, Küchenwaagen, Teedosen, Bindfaden und Draht. Schon hier zeigt sich, dass Focke nicht nur mit Improvisationstalent, sondern auch mit fast unendlicher Geduld an die Arbeit gegangen sein muss. Die von Focke getesteten Modelle waren an Stahldrähten aufgehängt, die – über ein paar Ösen umgelenkt – zu einem Arbeitstisch führten. Dort waren die Drähte mit Gewichten verbunden, die auf fünf ganz normalen Hauswaagen stehen. Auch die Bleigewichte waren natürlich Handarbeit. Focke hat sie selbst gegossen. Die Blumentöpfe seiner Frau dienten als Gussform. An den Waagen konnte der Flugpionier auch feinste Ausschläge ablesen und damit Werte ermitteln, auf deren Grundlage er die optimalen Tragflächen- und Propellerformen bestimmte.

Focke hasste die Mathematik anfangs, mochte dafür aber die Physik. Und wie viele Tüftler liebte er das Ausprobieren. Er war ein typischer früher Vertreter der Wild Economy, denn er hatte kühne Pläne, aber auch die

Disziplin, das Nötige zu tun, damit sie Wirklichkeit werden. Die Kalkulationen, die er benötigte, erledigte er mit stoischer Disziplin, auch wenn sie Tage dauerten. Trotz des primitiven Aufbaus ermöglichte der Windkanal Focke noch im Ruhestand, ernst zu nehmende wissenschaftliche Experimente durchzuführen. Bis 1975 verbrachte er fast jeden Tag in seinem Windkanal, um Rotoren- und Tragflächenformen zu entwickeln, durch die Flugzeuge und Hubschrauber noch stabiler fliegen können. Wer in einem modernen Airbus fliegt, profitiert noch heute von den Untersuchungen des Flugpioniers.

Der Rotor selbst ist wohl das größte unter den späten Meisterstücken dieses Tüftlers, der immerhin den Hubschrauber erfunden und einige der besten Flugzeuge der Luftfahrtgeschichte gebaut hat. Focke, der sich selbst einmal als »Reißbrett-Denker« bezeichnete, hatte nicht nur seine Form mit Akribie in vielen Stunden berechnet, sondern seine Blätter auch selbst per Hand geschnitzt. Zur Erinnerung: Wie für all seine anderen Konstruktionsvorhaben hatte Focke für den Rotor keinen Computer zur Verfügung. Seine optimale Form zu entwickeln erforderte viele Berechnungen, die er unermüdlich von Hand ausführte, und endlose Geduld beim Ausprobieren und Schnitzen. Das Ergebnis ist ungeheuer effizient. Der alte Mann baute einen Propeller, der so optimal geformt ist, dass er mit einem nur 14 Kilowatt starken Motor Windgeschwindigkeiten von bis zu 70 Kilometern in der Stunde erzeugt.

Wie genial der Rotor des Windkanals war, wurde dem Team um den Bremer Ingenieur Kai Steffen im Jahr 2003 klar, als sie begannen, das vergessene Relikt der Luftfahrtgeschichte wieder instand zu setzen. 2005 hat ein Förderverein die Anlage wieder der Öffentlichkeit zugänglich gemacht, ein kleines Museum findet sich nun hier. Ursprünglich wollte der Förderverein einen Rotor von einem Luftfahrtzulieferer kaufen, um den durch Feuchtigkeit angegriffenen Original-Propeller zu ersetzen. »Kein Hersteller sah sich aber im Zeitalter der Computeroptimierung in der Lage, einen Propeller zu fertigen, welcher auch nur annähernd die Leistungsfähigkeit der von Professor Focke handgerechneten Profile erreichen kann«, sagt Kai Steffen. Und das, obwohl sich heute beliebig viele komplizierte Berechnungen automatisch anstellen lassen, obwohl starke Kunststoffe und Metalllegierungen den alten Rotor-Rohstoff Holz ersetzen können und obwohl es heute möglich ist, alle Bauteile eines Motors, eines Flugzeugs oder einer Maschine mit Hilfe von Konstruktionssoftware zu entwickeln.

Der Pensionär, der einen Rotor schnitzte, der alles Heutige in den Schatten stellt, reiht sich ein in eine Galerie von Technikpionieren aus der Gründerzeit, zu denen neben Köpfen wie Siemens und Benz auch andere Flugzeugbauer wie Hugo Junkers, Ernst Heinkel oder Claude Dornier gehören. Es lohnt sich, einen kurzen Blick auf den Werdegang von Focke zu werfen, weil seine Biografie an vielen Stellen zeigt, was es neben Talent noch braucht, um Erfindungen zu machen, die die Welt verändern.

Besessene Flieger

Focke war ein Besessener. Er war vernarrt in die Fliegerei, und diese Leidenschaft überstrahlte alle anderen Aspekte in seinem Leben. Im Nachhinein erstaunen etwa die technokratische Kühle und der stoische Tunnelblick, mit dem er in seiner Autobiografie die Gräuel des Dritten Reichs und des Zweiten Weltkriegs ausblendet und alles daran misst, ob es ihm hilft, weiter an Fluggeräten basteln zu können. Aber Focke war zweifelsohne mutig, und er hatte Durchhaltevermögen. Er ließ sich nicht beirren, wenn seine Prototypen abstürzten oder Werkshallen abbrannten, auch nicht, als sein bester Freund Georg Wulf bei einem Testflug mit einer neuen Maschine den Tod fand.

Und Focke war auf seinem Gebiet brillant. Von klein auf war er ein Bastler, ein Tüftler. Bei geschenkten Spielzeugpferdewagen montierte er die Räder ab, um sie zu überprüfen. Seine Eltern überraschte er mit einer aberwitzigen Konstruktion aus aufgeklappten Regenschirmen. »Sie waren an den Griffen untereinander verbunden und an ein Rad meines umgekehrten Puppenwagens angeschlossen, das der Erfinder in Bewegung setzte. Dann drehten sich die Schirme, die eine Hälfte von ihnen rechts-, die andere linksherum«, schreibt er in seinen Lebenserinnerungen. Als Verbindungsriemen dienten die abgelegten Hosenträger des Vaters, als Riemenscheiben runde Lübecker-Marzipan-Schachteln.

Bereits als Kind hatten Focke Otto Lilienthals Gleitflüge fasziniert. Auch die Gebrüder Wright, zwei gelernte Fahrradbauer, die als Motorflugpioniere in die Geschichte eingegangen sind, verehrte er. Sie alle hatten ihre Entwürfe anhand von Modellen in einem Windkanal getestet, bevor sie sich daranmachten, ihre Flugmaschinen zu bauen.

Schon um die Jahrhundertwende baute Focke mit Freunden erste Flugmodelle und Gleiter, die am Osterdeich an der Weser oder an der Lesum getestet wurden. Es war eine Zeit, in der eine sensationelle Erfindung nach der anderen in die Zeitungen drängte. 1904 ließ Hermann Anschütz-Kaempfe den Kreiselkompass patentieren. Christian Hülsmeyer, ein anderer selbständiger Erfinder, stellte im gleichen Jahr das Radar vor. Erfinder standen hoch im Kurs, die erfolgreichsten unter ihnen, etwa der Luftschiffbauer Ferdinand Graf von Zeppelin, wurden verehrt wie heute Popstars. Reporter folgten ihnen auf Schritt und Tritt. Der Tüftlerszene griffen sogar bereits frühe Business Angels unter die Arme – andere Erfinder, die bereits zu Ruhm und Geld gelangt waren. Einer von ihnen war Graf Zeppelin. Er fand, wie ein Zeitzeuge, der Erfinder Anton Flettner, berichtet, häufig Zeit, »fremde Erfindungen zu studieren, zu prüfen, Ratschläge zu erteilen und für die Verwirklichung dieser Pläne seinen Einfluss bei den maßgeblichen Stellen geltend zu machen. Er wusste ja selbst nur zu gut, wie schwer es ist, neue Erfindungen einzuführen.«

Flugpioniere wie der Hannoveraner Karl Jatho bastelten parallel zu Focke an ihren fliegenden Kisten. Mehr als bei der Konstruktion von Autos oder Lokomotiven war hier aber mathematisches Verständnis wichtig, denn die Aerodynamik der Konstruktionen entschied über Erfolg oder Absturz, wie schon die Gleitflüge von Segelflugpionieren wie Otto von Lilienthal zeigten. Fehler konnten tödlich sein; Lilienthal etwa starb bei einem Absturz mit einem seiner Fluggeräte.

In dieser für junge Techniker aufregenden und chancenreichen Zeit fand auch Focke den Mut, seinen Traum vom Fliegen in die Tat umzusetzen. 1908 startete er auf dem ehemaligen Exerziergelände »Neuenlander Feld«, dem späteren Bremer Flugplatz, erste Flugversuche mit seinem Bruder Wilhelm in selbstgebauten Gleitern. Diese Flugmaschinen vollbrachten nur kurze Luftsprünge. 1912 machte Focke Ernst: Er konstruierte und baute zusammen mit seinem späteren Kompagnon Georg Wulf in Handarbeit ein erstes Motorflugzeug. Von einem anderen Flugpionier, der mit seinem Eigenbau abgestürzt war, kaufte der Maschinenbaustudent Focke für 500 Mark einen »wenig beschädigten«, 108 Kilogramm schweren Motor mit 50 PS, der in Raten zu 30 Mark abbezahlt wurde. Vor jedem Probeflug standen tagelange Vorbereitungen. »Damals war es ein Glücksfall, wenn nach wochenlangen Mühen der Motor eine halbe Minute lang mit allen acht Zylindern lief.«

Focke hatte, wie Stefan Gulas und andere Technologiepioniere der

Gegenwart, den Weitblick, beim Konstruieren nicht nur das Naheliegende zu tun, sondern das Ungewöhnliche auszuprobieren. Er experimentierte mit Flügelformen, die oft von dem inspiriert waren, was er in der Natur sah. Der Flug von Vögeln auf der Insel Juist etwa hat seine Spuren in einigen Focke-Fliegern hinterlassen. Heute ist es normal, wenn Architekten die Aufhängung eines Stadiondaches wie ein tragfähiges Spinnennetz konstruieren. Mittlerweile beginnt sogar die schwerfällige Konzernindustrie auf das zu schauen, was die Natur in den Jahrmilliarden der Evolution bereits an Konzepten entwickelt hat. Damals war das ein revolutionärer Ansatz.

Fockes Bruder Wilhelm entdeckte, dass die Anordnung kleiner Flügel am vorderen Ende des Flugzeugs den Flug enorm stabilisierte. Die erste Form der »Ente«, jenem Flugzeugtyp mit dem charakteristischen Höhenleitwerk am Bug des Fliegers, entstand in jener Zeit. Ein Finanzier investierte in die Entenflieger, doch die Produktion in Berlin hatte mit Problemen zu kämpfen. Die Luftschrauben etwa kauften die Fockes und Georg Wulf von einer Firma in Paris. Doch die Wellen brachen häufig, »weil noch keiner, der sich damals am Flugzeugbau versuchte, etwas von Wellenbiegungs- und Torsionsschwingungen wusste«. Die erste »Ente« wurde für die Investoren ein Reinfall, der Erste Weltkrieg stoppte das Flugzeugbauertrio erst einmal.

Focke meldete sich freiwillig, durfte aber nicht zu den Fliegern. Das Geld für einen Flugschein hatte der junge Maschinenbaustudent nie übrig gehabt. Außerdem hatte er einen Herzfehler und trug eine Brille. Aber Focke war entschlossen zu fliegen. Obwohl er nur für die Wartung der Funkanlagen der Kampfflugzeuge zuständig war, bestand er – ein dreister Bluff – darauf, dass sie bei Probeflügen in der Luft getestet werden müssten. Selbst einige Abstürze konnten ihn nicht von seiner Leidenschaft abbringen. Am Ende erhielt er das Eiserne Kreuz der Klasse II, weil er in seiner Einheit die meisten Flüge absolviert hatte.

Als der Krieg zu Ende war, beschlossen Focke und Wulf, zusammen ihr eigenes Ding zu machen. Heute würde man sie Start-up-Unternehmer nennen. »Wir gestanden uns, dass wir in einem ›Brotberuf‹ nicht glücklich werden könnten.« Ihr Plan: Das Modell von 1910 sollte zu einem kleinen Verkehrsflugzeug weiterentwickelt werden. Dazu zerlegte das Duo erst einmal den Motor der alten Maschine in Wulfs Schlafzimmer in seine Einzelteile für eine Generalüberholung. Im Keller des Focke-Museums, das Henrick Fockes Vater Johann, ein angesehener Anwalt, gegründet hatte, richtete das Duo eine Werkstatt für ihr Flugzeug-Start-up ein. Um Geld zu verdienen, jobbten sie, unter anderem, indem sie Wassergasanlagen konstruierten. In der übrigen Zeit bastelten und tüftelten sie im Museumskeller.

Ihr Timing hätte kaum schlechter sein können. Der Versailler Vertrag erlaubte den Deutschen lediglich den Bau von kleinen, schwachen Motoren, nicht aber von Technologie, die nötig war, um Verkehrsflugzeuge in der Luft zu halten. Die Wirtschaft lahmte, die bald einsetzende Inflation machte es fast unmöglich, Ersatzteile und Baumaterial zu kaufen, von Motoren ganz zu schweigen. Auch technisch lief es für die beiden Bastler nicht rund. Ihre Maschinen zerbarsten in Stürmen, eine Pleite jagte die nächste. Kurz nachdem der Prototyp des kleinen Passagierflugzeugs Focke-Wulf A7 – D-264 vom Reichsverkehrsministerium zugelassen wurde, brach seine Kurbelwelle. Mit zähem Klinkenputzen kratzten sie das Geld zusammen, um mitten in der schlimmsten Geldentwertung das teure Ersatzteil für einen Motor zu kaufen, der seit zehn Jahren nicht mehr produziert wurde.

Die Zeit des Durchhaltens

Fockes Akribie und Ausdauer waren nicht ungewöhnlich, sie waren sogar typisch für die wilden Visionäre jener Zeit. Auch andere Zeitgenossen, die versuchten, Großes zu erfinden, steckten neben Leidenschaft und Knowhow Stunden, Tage, Wochen, manchmal Jahre in ihre Projekte, um Pläne und Entwürfe durchzurechnen, wieder und wieder Prototypen zu testen und ihre Modelle zu verbessern. »Solche Arbeiten erfordern Zeit, systematische Präzision und vor allem keinerlei Überstürzung«, schreibt etwa Anton Flettner, der Erfinder des Flettner-Rotors, der in den 1920er Jahren als Segelersatz Schiffe antreiben sollte. »Es gehört ein unglaubliches Maß von Energie, Nervenkraft und Selbstvertrauen dazu, um den Kampf für eine neue Sache bis zum Ende durchzuführen.« Und dass am Ende der Ochsentour der Erfolg wartet, konnte niemand garantieren. Flettners Rotor etwa funktionierte und wurde auf einigen Schiffen getestet. Doch zeitgleich hatten andere Ingenieure begonnen, den Dieselmotor mit Schiffsschraube für die Schifffahrt einzusetzen – eine Entwicklung, die den Flettner-Rotor letzten Endes überflüssig machte und dafür sorgte, dass der spätere Hubschrauberbauer es trotz persönlicher Brillanz und Entschlossenheit nicht in die Galerie der ganz großen Pioniere schaffte.

Focke war sich stets bewusst, dass völlig unklar war, wie das Abenteuer seines Flugzeugunternehmens ausgehen würde. Dennoch war dies die beste Zeit seines Leben, wie er später sagte. Das Flugzeug-Start-up zog junge Leute an, Maschinenbauer und Handwerker, die ebenfalls Lust hatten, an Fliegern zu basteln. Wulf und Focke konstruierten und berechneten die Strömungswerte der Teile, die enthusiastische Jungingenieure für sie frästen. Im Herbst 1923 fanden die Flugzeugbauer endlich private Geldgeber, die in die Serienfertigung investierten. Ein Tabakkaufmann und ein pensionierter Bankier waren darunter.

Am 2. Januar 1924 nahm die Focke-Wulf-Flugzeugbau GmbH offiziell ihre Arbeit auf. Sieben Mitarbeiter werkelten nun in einem kleinen Teilstück der Halle 1 des Bremer Flughafens. In einer anliegenden Baracke war das Konstruktionsbüro von Focke und Wulf untergebracht. Die Stimmung in der Focke-Werkstatt erinnert an die Schilderungen von Wirtschaftsgrößen wie Microsoft-Chef Bill Gates oder den Google-Gründern Larry Page und Sergey Brin, wenn sie ihre Anfangstage als Garagenprogrammierer beschreiben. »Alles war primitiv bei unserem Anfang, nur eines nicht: die Flugzeuge, die wir zu bauen beabsichtigten«, schreibt Focke. »Ohne dass viel geredet oder organisiert und reglementiert wurde, fanden sich vom Lehrling bis zum Vorstand alle zusammen im Willen, das Beste zu geben für die Qualität.«

In der Fachwelt hielt man es für unmöglich, dass die beiden jungen Männer, die jeden Tag mit dem Fahrrad zur Werkstatt fuhren, mit dem 75-PS-Motor, der ihnen zur Verfügung stand, tatsächlich ein serienreifes Passagierflugzeug bauen könnten. Doch die A 16 wurde ein kleiner Verkaufsschlager, 22 Stück wurden von ihr gebaut. Zu den ersten Focke-Kunden gehörte auch die Lufthansa. Im September 1927 musste Focke den bis dahin schwersten Rückschlag verdauen. Das Duo versuchte, die »Ente« zu perfektionieren. Bei einem Probeflug stürzte Wulf ab. »Das Todesjahr von Wulf erscheint mir, auch heute noch, als das Endjahr der Flieger-Pionierzeit«, schrieb Focke. »Von nun an wurden Flugzeugwerke Industrieunternehmen wie alle anderen. Die Privatwirtschaft alten Stils, in der der Inhaber allein verantwortlich war, ging eilends zu Ende, und damit die mir allein angemessene Arbeitswelt.«

Bis 1933 entwickelte die Firma Focke-Wulf 28 Flugzeugtypen und produzierte etwa 140 Flugzeuge. Das Unternehmen wuchs, doch der Bastler Focke fühlte sich in den Sitzungen zunehmend unwohl. Dann wurden die

Nationalsozialisten an die Macht gewählt. Deutschland betrieb immer unverhohlener Wiederaufrüstung. Und die neuen Machthaber forderten von Focke die Entwicklung und den Bau von Kampfflugzeugen in Großserie für ihre späteren Kriegspläne. Focke wollte die Produktion seines Werkes nicht umstellen und wurde aus der Leitung seiner eigenen Fabrik gedrängt. Er durfte sich aber in einer abgelegenen Werkshalle der Entwicklung von Drehflüglern widmen. Für die Technikwelt war das ein Glücksfall: Mit seiner Akribie und Rechenkunst löste er die entscheidenden Fragen: Wie man die Rotorenblätter so ansteuert, dass sie einen Helikopter ruhig in der Luft halten, wie man sie am Propeller anordnen muss und wie sie geneigt sein müssen.

Focke hatte nicht nur Erfolg, weil er in gewohnter Manier als Arbeitstier pausenlos akribisch alle Daten erfasste, die er bekommen konnte, und diese Informationen dazu verwendete, seine Prototypenteile fortlaufend um winzige Bruchteile von Millimetern zu verbessern. »Geschwindigkeiten, Drehzahlen, Anstellwinkel, Blattwinkel, Konuswinkel, Schwenkwinkel, Steuerausschläge, Beschleunigungen und was der Dinge mehr sind, wurden gemessen«, erinnerte er sich. Er wagte es außerdem, alte Denkmuster zu durchbrechen und das Problem, dass alle bis dahin gebauten Hubschrauber in der Luft extrem unruhig waren, neu zu durchdenken. Er erkannte, dass die anderen Hubschrauberpioniere wie Flugzeugbauer gedacht hatten. Focke nahm sich die Freiheit, Bauteile wie die Rotorblätter neu und gänzlich unorthodox anzuordnen.

Nur wenige Zuschauer waren anwesend, als dann an einem Sommermorgen des Jahres 1936 ein fragiles Rohrgestell am Bremer Flughafen abhob und minutenlang frei in der Luft schwebte. »Der Rumpf sah aus wie der eines ganz normalen Flugzeugs, aber er hatte keine Tragflächen. Als die Maschine eine Weile etwa einen Meter über dem Neuenlander Feld schwebte und dann ganz sanft landete, war die Sensation perfekt«, berichtete ein Zeitzeuge. Der erste Flug eines komplett steuerbaren Hubschraubers war eine Weltsensation und ein persönlicher Triumph Henrich Fockes.

Es versteht sich fast von selbst, dass die neue Leitung der Focke-Wulf AG bei der Bewertung dieser Innovation eine Betriebsblindheit an den Tag legte, die an das Gespür der Western-Union-Prokuristen erinnerte, die Alexander Graham Bell mit seinem Telefon die Tür wiesen. Niemand erkannte die Möglichkeiten des neuen Fluggerätes. Stattdessen machte die operative Führungsriege Focke derartige Schwierigkeiten, dass er sich schließlich ganz aus der Firma zurückzog. Er gründete 1937 zusammen mit dem Kunstflugweltmeister Gerd Achgelis die Firma Focke-Achgelis in Hoykenkamp bei Delmenhorst. Schon vor Kriegsbeginn wurde dort an der Entwicklung und dem Bau des zivilen Großhubschraubers FA 266 gearbeitet, der im Zweiten Weltkrieg als Lastenhubschrauber FA 223 »Drache« in Serie ging.

Nach dem Krieg wurde Focke als Kriegsgefangener in Frankreich zwangsverpflichtet und baute auch dort Hubschrauber. In den 1950er Jahren entwickelte er für die brasilianische Regierung den zweisitzigen Leichthubschrauber Beijaflor. Den Borgward-Verkehrshubschrauber in der alten Heimat, wo er so oft verkannt worden war, bauen zu können wäre für Focke sicher ein krönender Abschluss gewesen. So blieb nach der Borgward-Pleite die Erkenntnis, dass er zum vierten Mal – nach der Verdrängung aus der Firma Focke-Wulf durch die Nationalsozialisten, der Zerstörung seiner Hubschrauberfabrik im Zweiten Weltkrieg und der Geldentwertung in Brasilien, die ihn um den Lohn der dort investierten Jahre brachte, »meine Lebensaufgabe und -arbeit und damit auch den materiellen Ertrag meiner wissenschaftlich-technischen Bemühungen« verloren hatte.

Wer Fockes Leben betrachtet, kommt schnell zu dem gleichen Schluss, zu dem auch Focke selbst gekommen ist: Etliche geniale Entwicklungen sind in Deutschland nicht wegen, sondern trotz der Rahmenbedingungen entstanden. Es gab sie, nicht weil der Staat oder die etablierten großen Spieler in der Wirtschaft es ihnen leichtgemacht hätten, sondern weil geniale Macher sich nicht stoppen ließen. »Die Fliegerei ist – in Deutschland wie überall in der Welt – der Privatinitiative entsprungen«, schreibt Focke. »Die Begeisterung, der Wille, die Zähigkeit und der Mut zum persönlichen Opfer Einzelner haben das Flugzeug geschaffen. Keine Behörde, kaum ein Großunternehmen kann zu solchen Risiken bereit sein, wie sie der Einzelne eingeht. Erst wenn die Idee Gestalt angenommen hat und Erfolge sich abzeichnen, zeigen Industrie und Staat Interesse.«

Der Rotor, der heute im letzten Refugium dieses großen Bastlers immer noch gehörig Wind macht, stammt übrigens aus keinem der Flugzeug-Zulieferbetriebe. Sie waren ja nicht in der Lage gewesen, trotz ihrer CAD-Programme und modernen Werkstoffe, einen vergleichbaren Propeller herzustellen. Das Windkanal-Team investierte stattdessen selbst sieben Monate Arbeit und durfte dabei die Anlagen von Bremer Firmen nutzen: Mit Hilfe einer 3-D-Kamera wurde der Originalpropeller auf einen zehntel Millimeter genau gescannt. Aus Hunderten 3-D-Fotografien entstand ein virtuelles Modell des Propellers im Rechner. Mit diesen Daten wurde die Kopierfräse des örtlichen Berufsbildungswerkes gefüttert. Sie fräste aus einem astfreien Eschenstamm Propellerblätter, die bis auf den Millimeterbruchteil genau dem Rotor des alten Focke gleichen.

Die Geschichte von Fockes Propeller wirft ein glänzendes Licht auf die Schaffenskraft der Bastler und Tüftler im Deutschland von gestern. Die Ingenieure im heutigen Deutschland stehen eher trübe da. Das Erbe, das Focke und die anderen aus der Galerie der genialen Gründer hinterlassen haben, ist fast verspielt. Ein Blick noch weiter in die Vergangenheit wird zeigen, wie es dazu kam.

KAPITEL 4

Entschlossene Typen: Die ersten Erfinder und wie das Erfinden zum Geschäft wurde

Was macht ein Erfinder, wenn die Polizei vor der Tür steht und ihm mitteilt, dass er sein Labor zu schließen hat? Alfred Nobel reagierte nach außen hin souverän – wie immer, wenn er unter extremem Druck stand. Schließlich kam der Besuch der Stockholmer Ordnungshüter im Winter 1864 für den 31-Jährigen nicht ganz unerwartet. Der Mann, der später als Dynamitkönig ein Vermögen machen und einen Weltkonzern lenken sollte, experimentierte schon lange zum Entsetzen seiner Nachbarn mit Sprengstoffen. Der Schwede hatte eine große Vision: Er wollte die damals gefährlichste Substanz der Welt, das Nitroglyzerin, zähmen.

Nobel hatte früh erkannt, dass so ein gewaltiger Sprengstoff den Bau von Straßen, Häfen, Tunneln sowie den Bergbau revolutionieren könnte. Es war eine Idee zur richtigen Zeit: In den meisten Ländern wurden seit Mitte des 19. Jahrhunderts die Transportnetze erneuert. Straßen und Eisenbahnen wurden gebaut und neue Häfen angelegt. Die Möglichkeiten, mit gutem Sprengstoff Geld zu verdienen, waren gigantisch. Und Nobel hatte den Mut, die scheinbar unbeherrschbare Substanz zu bändigen, um von dieser Entwicklung zu profitieren. Eine französische Investmentgesellschaft, die Eisenbahnbauprojekte finanzierte, stellte ihm Geld für seine Experimente zur Verfügung. Doch die liefen alles andere als glatt. Immer wieder erschütterten ohrenbetäubende Explosionen das elterliche Wohnhaus in Stockholm und später ein kleines Landgut am Stadtrand.

Oft gingen diese Detonationen glimpflich aus, und niemand kam zu Schaden. Am 3. September 1864, einem sonnigen Frühherbsttag, hatte sich jedoch auf dem Landgut eine Tragödie ereignet. Das gesamte Laboratorium, in dem 250 Kilogramm Nitroglyzerin lagerten, war in die Luft geflogen. »In der Hauptstadt nahm man das Unglück durch einen heftigen Knall wahr und durch eine große gelbe Flamme, die zum Himmel stieg«, schrieb eine Tageszeitung. »Von der Fabrik, die aus Holz gebaut war, war nichts übrig als einige rauchgeschwärzte Trümmer. Das Entsetzlichste war jedoch der Anblick der verstümmelten Leichen, die über den Unglücksplatz verstreut lagen. Nicht genug damit, dass die Kleider von den Körpern gerissen waren, bei einem Teil von ihnen fehlte auch der Kopf, und das Fleisch war zerfetzt bis auf die Knochen. Mit einem Wort, man sah keine gewöhnlichen Leichen, sondern formlose Massen aus Fleisch und Knochen, die wenig oder keine Ähnlichkeit mit einem Menschenkörper hatten.« Fünf Mitarbeiter starben bei der Explosion, darunter auch Alfreds Bruder, der frischgebackene Abiturient Emil Nobel. Der Erfinder selbst wurde im Gesicht und am Kopf durch Glas- und Holzsplitter verletzt. Die Stockholmer Behörden verboten daraufhin die »Herstellung und Lagerung von Nitroglyzerin auf bebautem Gebiet«.

Niemand hätte Nobel einen Vorwurf gemacht, wenn er nun seine Arbeit an Sprengstoffen eingestellt hätte. Der Bruder war tot, sein Vater durch das Unglück ein gebrochener Mann. Doch was tat Alfred Nobel? Er ahnte, dass bald die Polizei vor der Tür stehen würde, und kaufte einen überdachten Schleppkahn, den er westlich von Stockholm im Mälarsee verankerte. Fortan führte er dort seine Experimente durch. Auf die gleiche Weise schlug er ein Jahr später den Behörden in Krümmel an der Elbe unweit von Hamburg ein Schnippchen, wo er ebenfalls eine Sprengstofffabrik aufgebaut hatte. Dort glückte es dem entschlossenen Visionär dann tatsächlich, das teuflische Nitroglyzerin durch Beimischung von Kieselgur handhabbar zu machen.

»Dynamit oder Nobel Sicherheitspulver« nannte er das Produkt, das ihn weltberühmt machen sollte. Es war eine rotgelbe, weiche, plastische, feuchte Masse, die zu Stangen gepresst und in eine Papierhülle eingeschlagen wurde. Das Dynamit war eine wegweisende Erfindung, die den Straßen-, Eisenbahn- und Bergbau revolutionierte. Dynamitstangen ließen sich problemlos transportieren, sie explodierten nicht bei Erschütterungen. Selbst Feuer konnte ihnen nichts anhaben, wenn sie nicht mit einer Zündschnur gezündet wurden. Der Trick mit dem Lastkahn half Nobel, zum erfolgreichsten Unternehmer seiner Zeit aufzusteigen.

Eine Chance für kluge Kerle

Um zu begreifen, was den saturierten Giganten von heute fehlt, ist es sinnvoll, sich vor Augen zu halten, was Nobel und seine Zeitgenossen bei ihren Experimenten antrieb. Alfred Nobel war kein Wissenschaftler, er war trotz eines gewissen Interesses an der Forschung nicht in erster Linie an Erkenntnissen um ihrer selbst willen interessiert. Erfinder zu sein war sein Beruf. Er gründete, ähnlich wie später Focke und Wulff, gewissermaßen ein Technologie-Start-up und arbeitete viele Jahre an dem einen großen Wurf, der die Welt verändern sollte. Aus einem einfachen Grund: Er wollte Geld verdienen.

Die Familie Nobel ist ein Paradebeispiel dafür, wie die Arbeit an Innovationen nach dem Anbruch der Industrialisierung cleveren Tüftlern den gesellschaftlichen Aufstieg ermöglichte. Alfreds Vater Immanuel Nobel stammte aus einer armen Familie. Mit vierzehn musste er die Schule abbrechen und fuhr zur See. Bald aber begann der junge Mann, Hobelmaschinen und Flaschenzüge zu entwerfen. Er wurde ein angesehener Unternehmer, der später für den russischen Zaren Wasserminen und Kanonen baute. Seit dem frühen 18. Jahrhundert erlaubten die gesellschaftlichen und technologischen Umwälzungen dem Einzelnen, seine Energie darauf zu verwenden, Verwertbares zu erfinden. Rund um den Dampfmaschinenbau – der Initialzündung der Industrialisierung – hatte sich bald eine Erfinderszene gebildet. Diese Autodidakten waren die Ersten, die das Erfinden und Entwickeln als Karriere- und Aufstiegschance begriffen.

Nicht aus reiner Neugier oder um der puren Erkenntnis willen, sondern aus Eigennutz an Innovationen zu arbeiten wäre für die Gelehrten der Antike oder ein Genie wie Leonardo da Vinci undenkbar gewesen. Sie ersannen, erdachten und konstruierten, während Gönner sie finanzierten. An Innovationen beteiligt zu sein war etwas Elitäres und nicht etwas, das jeder tun konnte, sofern er nur Talent mitbrachte und sich in eine gewisse Materie einarbeitete. Durch die Erteilung von Schutzprivilegien steuerten Kaiser, Fürsten und die Ratsherren der freien Städte ab dem 15. Jahrhundert, wer an Erfindungen etwa im Bereich der Bergwerksmaschinen, der holzsparenden Öfen oder der Wasserkunst arbeiten durfte. Sie definierten, wer die Früchte dieser Innovationsarbeit säen und ernten durfte.

Fortschritt war nur in Abhängigkeit von Herrschenden möglich, sie definierten, welche Neuerungen erwünscht, welche unerwünscht waren und wer an ihnen arbeitete. Die Folge: Die große Mehrheit selbst der naturwissenschaftlich und technisch interessierten Leute – die Uhrmacher ausgenommen – tüftelte nicht selbst und machte sich, wenn überhaupt, nur theoretische Gedanken über den technologischen Fortschritt. Sie »verzichteten überhaupt darauf, praktische Versuche anzustellen, und begnügten sich mit dem Gedankenexperiment«, schreibt der Historiker Karl H. Metz.

Die Nachfrage durch die ersten Industriellen und ihre Bergwerke und Textilfabriken in England eröffnete für kluge Köpfe ungeahnte Perspektiven für die eigene Biografie und das Erwerbsleben. Die Dampfmaschine war die erste wichtige technologische Neuerung, die auf den Einfallsreichtum von Erfinder-Unternehmern zurückging. Vor ihr waren die Wassermühlen die Antriebsmaschinen der Gesellschaft gewesen. Sie sorgten – neben Wind- und Muskelkraft – dafür, dass Korn gemahlen, Wasser gepumpt, Hämmer und Bänder bewegt wurden. Der englische Eisenwarenhändler Thomas Newcomen war der Erste, der Muskel-, Wind- und Wasserkraft durch die Kraft des Dampfes ersetzte. Er konstruierte 1712 eine Dampfmaschine, um Wasser aus Bergwerksschächten abzupumpen.

Newcomen verkaufte seine Erfindung an Bergwerksbesitzer. Dass er dadurch viel Geld verdiente, inspirierte auch andere. Die meisten waren Autodidakten, oft waren es Lehrer oder Verwaltungsangestellte, die in ihrer freien Zeit über die Lösung technischer Probleme nachdachten. Mit einer guten Idee konnten auch sie unabhängig von ihrem Stand ein Vermögen machen. Natürlich wurde nicht jeder zum erfolgreichen Erfinder. Aber an Innovationen zu arbeiten wurde für viele selbstverständlich, deren Talent in Antike und Mittelalter nie erkannt worden wäre.

Dass die Dampfmaschine die Mühlen ablösen würde, war zu diesem Zeitpunkt nur wenigen klar. Während des 18. Jahrhunderts wurde jedenfalls auch mit Feuereifer an Verbesserungen für die alte Mühlentechnik gebastelt. Man optimierte die Konstruktion des Wasserrades durch leicht gebogene Blätter. Mühlräder wurden aus neuen Materialien gebaut, statt Holz kam Eisen zum Einsatz. Die meisten erkannten das zukunftsweisende Potenzial der Dampfmaschine nicht. Die Wasserkraft sollte als direkter Konkurrent zur Dampfmaschine noch bis Mitte des 19. Jahrhunderts eine wichtige Rolle spielen. Ein Indiz dafür, wie groß der Paradigmenwechsel weg von der mit Wind, Wasser oder Muskeln erzeugten Kraft hin zur maschinell erzeugten Energie war, ist der Bau der ersten deutschen Dampfmaschine, die von 1783 bis 1785 auf Weisung Friedrichs II. entstand. Sage und schreibe 14 Jahre war über den Bau der Dampfpumpe, die das Wasser aus dem Herstetter Kupferschieferbergwerk pumpte, diskutiert worden.

Wahnsinn mit Methode

Schon bei den frühen Berufserfindern, egal ob sie an der Dampfmaschinen- oder an der Mühlentechnologie arbeiteten, ist ein wesentliches Element zu beobachten, das bis heute das Innovationswesen prägt: Verbesserungen entstanden nicht mehr zufällig. Sie waren mehr als das Ergebnis plötzlicher Geistesblitze. Die ersten Wassermühlen-Ingenieure fertigten ebenso wie die Dampfmaschinenbauer Modelle, und sie probierten gezielt in Experimenten aus, wie man Schaufelräder oder Übersetzungen optimieren konnte. John Smeaton, ein gelernter Instrumentenbauer und freiberuflicher Ingenieur, der an Dampfmaschinen wie an Wassermühlen arbeitete, gründete in England nicht nur den ersten Erfinder-Berufsverband der Welt. Er entwickelte 1759 auch eine Maßeinheit zur Feststellung der Leistung einer Antriebsmaschine. Er selbst begann, durch Messungen zu beurteilen, ob die Modifikationen, die er an Mühlenteilen vornahm, sinnvoll waren. Dieses Prinzip hat sich bis heute überall erhalten, wo Menschen daran arbeiten, Technologie zu verbessern.

Auch Alfred Nobel bemerkte früh, dass winzige Änderungen in seinen Versuchsanordnungen große Auswirkungen auf die Sprengkraft hatten. So akribisch, wie Henrich Focke die Messergebnisse aus seinen Windkanal-Versuchen notierte, zeichnete Nobel die Zusammensetzung der Sprengstoffe und die Ergebnisse, die er durch Änderungen erzielte, auf. Der Dynamitkönig nahm sich ein Problem gesondert vor und suchte dann monatelang systematisch nach einer Lösung. Mitunter schloss er sich tagelang in seinem Labor ein, er vergaß dann auch, zu schlafen und zu essen. Der Einzelgänger, der Sitzungen verabscheute, leitete seine Firma vorzugsweise durch schriftliche Anweisungen. Für eine seiner Erfindungen, die Sprenggelatine, waren 250 Sprengversuche nötig, die jeweils tagelang vorbereitet werden mussten.

Durch das Prinzip des Tüftelns war es bereits 100 Jahre vor Nobel einem anderen Erfinder gelungen, Geschichte zu schreiben. James Watt, der gemeinhin als Vater der Dampfmaschine gilt, war, gemessen an den technologischen Zielen, die er verfolgte, keineswegs ein Revolutionär. Er wollte die Dampfmaschine nicht neu erfinden. Es gab sie schon. Wie viele seiner Zeitgenossen wollte er die zukunftsweisende Maschine von ihren Kinderkrankheiten befreien, vor allem ihren miserablen Wirkungsgrad merklich verbessern. Watt war wie Smeaton gelernter Instrumentenbauer und als Universitätsmechaniker in Glasgow mit der Instandhaltung wissenschaftlicher Geräte betraut. Die Reparatur einer Newcomen-Maschine brachte ihn 1763 auf eine revolutionäre Idee, wie man die dort erzeugte Energie besser nutzen könnte. Zwei Jahre experimentierte er im Privaten, um den Kondensator zu entwickeln, ein Zusatzteil für den Dampfmaschinenmotor, das verhindert, dass die Zylinder durch die Einspritzung von Wasser abgekühlt werden. Dadurch kamen seine Dampfmaschinen mit viel weniger Brennstoff aus als die der Konkurrenz.

Die Watt'schen Maschinen entwickelten sich zum Verkaufsschlager; bis zum Jahr 1800 wurden allein in Großbritannien 500 von ihnen ausgeliefert. Das Ergebnis war eine Produktivitätsexplosion, von der erst England, dann der Rest der Alten Welt profitierte und die in einer langen Welle vielen anderen Bereichen der Wirtschaft Schwung verlieh. Die Dampfmaschinen halfen, den Kohleabbau produktiver zu machen und andere Bereiche der Industrie zu optimieren, etwa die Textilindustrie. Sobald eine Dampfmaschine einen mechanischen Webstuhl antrieb, war dieses System 200-mal effizienter als die alte, handbetriebene Technik. Textilien wurden billiger, zunächst in England, dann auch anderswo in Europa. Die sinkenden Preise sorgten dafür, dass Geld übrig war, das wiederum investiert werden konnte. Die Folge waren neue Berg- und Kanalbauprojekte, dann die Eisenbahnnetzwerke.

Die Welle baut sich auf

Den Dampfmaschinenbauern, die das fossile Zeitalter eingeleitet hatten, folgte im 19. Jahrhundert eine ganze Reihe von Individualisten, die ebenfalls von bahnbrechenden Visionen angetrieben wurden. Der erfolgreiche Versuch, die Natur zu übertreffen, indem man Wind, Wasser und Muskel durch Dampf ersetzte, inspirierte eine neue Generation von Erfindern, die wiederum weitere Technikbegeisterte hervorbrachte. Durch diesen neuen Typ des radikalen Visionärs erhielt die technologische Entwicklung eine ungeheure Dynamik. Alessandro Volta veröffentlichte im Jahr 1800 den

Entwurf der ersten Batterie und zeigte, dass Energie nicht nur gespeichert, sondern auch auf chemischem Weg erzeugt werden konnte. Michael Faraday, auch er ein Autodidakt aus ärmlichen Verhältnissen, perfektionierte die auf genauer Beobachtung und Experimenten basierende Elektrizitätslehre. Er erzeugte 1831 Strom, indem er einen Magneten in einer Drahtspule rieb, und schrieb Geschichte als Entdecker der elektromagnetischen Induktion.

Mit der Elektrizität und nicht zuletzt durch die Arbeit von Werner von Siemens wurde Energie zum Konsumgut. Waren wie Beleuchtung oder Wärme wurden in den Städten eine Selbstverständlichkeit. Das Gleiche galt für die Möglichkeit des Einzelnen, mobil zu sein. Kutschen, Pferdewagen und Reittiere bekamen 1881 durch Siemens' erste Straßenbahn in Berlin-Lichterfelde Konkurrenz. Sie fuhr 40 Kilometer in der Stunde, dreimal so schnell wie die schnellste Pferdebahn. 1891 hatten drei deutsche Städte eine elektrische Straßenbahn, im Jahr 1900 waren es bereits über 100.

Die neuen, radikalen Ideen von Visionären wie Siemens, Benz und auch Nobel stellten die Weichen für gesellschaftliche Entwicklungen wie Massenproduktion, Elektrifizierung oder Mobilität. Neben der Elektrotechnik bot auch die Chemie klugen Köpfen viele Chancen, Wegweisendes zu entdecken. Nachdem die Kräfte der Natur durch Dampfmaschine und Elektromotor ersetzt wurden, begannen findige Denker, auch Rohstoffe, die in der Natur nur in begrenzten Mengen und in wechselhafter Qualität zur Verfügung standen, durch synthetische Verfahren zu ersetzen. 1789 gelang es Nicolas Leblanc, ein Verfahren zur Herstellung von Soda zu entwickeln, das für das Bleichen und Gerben von Stoffen wichtig war.

Der Anwaltssohn Antoine Lavoisier war der Erste, der seine Arbeiten im Labor penibel dokumentierte und seine Experimente unermüdlich wiederholte, um seine Theorien zu erhärten. Er ließ Apparate und Instrumente konstruieren, mit denen sogar Gase gemessen und gewogen werden konnten, und führte die mathematische Genauigkeit in die Welt der Labore ein, wo zuvor das Prinzip von Versuch und Irrtum vorgeherrscht hatte. Die Chemie entwickelte keine neuen Maschinen, sondern Stoffe. Synthetische Dünger und Farben markierten das Ende des Rohstoffmonopols der Natur. Die Zahl der neuen Substanzen, die in den Labors entwickelt wurde, wuchs rasant. Waren Ende des Jahres 1800 noch weniger als 500 organisch-chemische Verbindungen bekannt, so waren es 1840 bereits 1500. Im Jahr 1880 betrug ihre Zahl 15 000, 1910 bereits 150 000, und 1990 arbeiteten die Chemiker mit 7 000 000 verschiedenen synthetischen Stoffen.

Auch die Medizin machte dank dieser Neuerungen gewaltige Fortschritte. 1875 entdeckte der Arzt Karl Weigert die Möglichkeit, Bakterien mit synthetischen Anilin-Farben zu färben. Er wollte sie eigentlich nur beobachten, stellte aber fest, dass sie auf den Farbstoff reagierten. Es war der Startschuss für die moderne Pharmaindustrie, die bis heute nichts anderes tut, als Substanzen zu entdecken, die gezielt Bakterien oder Krankheitssymptome bekämpfen. Firmen wie Hoechst oder Bayer entwickelten zunächst synthetische Farbstoffe und dann auch Medikamente. 1899 etwa entdeckte der Bayer-Chemiker Felix Hoffmann eine Substanz namens »Aspirin«, einen Stoff, den er in echter Tüftlermanier zuerst an sich selbst und an seinen Kollegen testete.

Chemie- und Medizinpioniere gingen ähnlich vor wie die Maschinenerfinder: Sie warteten nicht auf Eingebungen, sondern formulierten Theorien und suchten durch geduldiges Ausprobieren nach Lösungen für die Probleme, an denen sie arbeiteten. Paul Ehrlich, Arzt an der Berliner Charité, entwickelte zunächst den Plan, Medikamente gegen Bakterien zu entwickeln, die genau an den Rezeptoren der Krankheitserreger andocken. Chemische Stoffe sollten gezielt den Erreger zerstören, ohne die körpereigenen Zellen in Mitleidenschaft zu ziehen. Auf der Grundlage dieses theoretischen Konzepts prüfte der Kettenraucher, der in der Regel bis tief in die Nacht arbeitete und immer seinen Dackel mit ins Labor nahm, dann mit Färbetests über 600 Arsenverbindungen auf ihre Tauglichkeit. 1909 fand er endlich eine Verbindung, mit der sich die Syphilis wirkungsvoll behandeln ließ. Heute ist die Pharmaindustrie ein Milliardengeschäft. Das Aspirin, von dem die Deutschen im Jahr mehr als zwei Milliarden Pillen schlucken, ist nur eines von etwa 10 000 verschiedenen Medikamenten, die es heute auf dem Markt gibt.

Die Wurzeln des Autobaus

Vor allem eine Branche verdankt den radikalen Visionären in Deutschland, die sich von dem technischen Pioniergeist inspirieren ließen, alles: die Automobilindustrie. Der technische Autodidakt Nikolaus Otto konstruierte einen Gasmotor mit einem bis dahin unerreichten Wirkungsgrad, der die Sensation der Pariser Weltausstellung 1867 wurde. Die Entwicklung des jungen Mannes, der aus bescheidenen Verhältnissen kommend und ohne

Aussicht auf ein akademisches Studium zunächst Kaufmann geworden war, verkaufte sich in den nächsten zehn Jahren 5000-mal.

Auch Otto war ein Mann mit Durchhaltevermögen. Er hatte vor seinem Durchbruch kurz vor der Pleite gestanden, weil er sich in die Entwicklung eines Benzinmotors mit Vergaser verbissen hatte, den er zur »Fortbewegung von Gefährten auf Landstraßen« nutzen wollte. Doch seine Maschinen hielten den starken Drücken, die bei der Verbrennung des Treibstoffs entstanden, nicht stand. Um zu verhindern, dass ihm seine Konstruktionen um die Ohren flogen, stieg Otto auf die Entwicklung von Gasmotoren um. Er gründete die Motorenfabrik N. A. Otto & Cie. in Köln, aus der 1872 die Gasmotoren-Fabrik Deutz AG hervorging. 1876 stellte er dort einen Viertaktmotor vor, bei dem eine Zündkerze den verdichteten Kraftstoff in regelmäßigen Intervallen blitzartig zur Explosion brachte. Diese als »Ottos neuer Motor« vermarkteten Maschinen waren sehr viel kleiner und kompakter als alle anderen Antriebsmotoren, die es bis dahin gab.

Gottlieb Daimler und Wilhelm Maybach, die bei Deutz als technische Leiter in der Motorenkonstruktion arbeiteten, erfassten schnell das Potenzial kompakter Motoren als Antriebselement für kleine Fahrzeuge – ein Weitblick, der den Deutz-Eignern völlig fehlte. Die vermarkteten ihre Motoren als Antriebsaggregate für große Maschinen, Lokomotiven oder Traktoren. Daimler und Maybach blitzten mit ihren Ideen bei der Unternehmensführung ab. Deshalb wurden auch aus den beiden Angestellten Start-up-Unternehmer. Ihre kleinen Viertaktmotoren bauten sie in einem Schuppen in Daimlers Wohnhaus in Cannstadt, setzten aber, weil sich Gas nicht im Tank eines Fahrzeug transportieren ließ, auf Benzin als Antriebsstoff. 1885, im gleichen Jahr, als Carl Benz seinen Patent-Motorwagen vorstellte, bauten Daimler und Maybach ihren neuen Motor in ein Zweirad ein. Es war das erste Motorrad der Welt. In der Folge entwickelten sie Motoren für Boote, Omnibusse, Lastwagen, Kleinlokomotiven und sogar für Straßenbahnen. Fünfzig Angestellte bauten 1895 bei Benz pro Jahr 98 Fahrzeuge, bis Ende 1899 waren über 200 Stück verkauft.

Auch der studierte Ingenieur Rudolf Diesel, der für das Kältetechnikunternehmen Linde arbeitete, machte sich Gedanken, wie man Motoren merklich verbessern konnte. Seine Idee war es, eine völlig neue Art von Antriebsmaschine zu bauen, in der der Treibstoff nicht wie bei Otto von einer Zündkerze entflammt wird, sondern sich durch extrem heiße Luft in einem Zylinder selbst entzündet. Diesel brauchte, wie die anderen Meistererfinder, Geduld und gute Nerven, bis der Erfolg sich einstellte. Er hatte zwar seinen Entwurf bis ins Detail durchgerechnet, doch viele, allen voran sein Arbeitgeber, zweifelten, ob das Ganze praktisch umsetzbar war. Linde wollte nicht investieren. Diesel, den der Buchautor Reinhard Osteroth als »Hochdruckmensch« beschreibt, konstruierte nach Feierabend wie besessen an seiner Idee. Schließlich gab er seine sichere Anstellung auf, um diesen Motor zu bauen.

1893 ließ Diesel seinen Entwurf patentieren. Doch die Antriebsaggregate, die er mit Hilfe einer Augsburger Maschinenfabrik (die wiederum zum späteren Kern der MAN AG wurde) baute, funktionierten nicht. Das Konzept war theoretisch perfekt, praktisch mussten aber etliche technische Hürden genommen werden. Mal zündete das Petroleum, das in den Motor spritzte, nicht, so dass Diesel auf Benzin als Treibstoff umsteigen musste. Dann wieder wurde die verdichtete Luft zu heiß, der Treibstoff verbrannte irgendwo in den Rohren des Motors und nicht im Antriebszylinder. Rauchschwaden zogen durch die Werkstatt, und mitunter wirbelten kleine Explosionen Bauteile durch die Luft. Drei Jahre dauerte es, bis Diesel einen funktionsfähigen Motor hatte. Die sperrige Maschine erreichte schon in der ersten Version einen Wirkungsgrad von 26 Prozent und war damit deutlich effizienter als alle anderen Motoren dieser Zeit. 1900 wurde der Motor bei der Pariser Weltausstellung prämiert; der Siegeszug des Diesel begann.

Die Entschlossenen

Es ist kein Zufall, dass kein reicher Schaufelhersteller das Dynamit erfunden hat, dass es kein zufriedener Kutschenbauer war, der den Otto-Motor entwickelte. Ebenso wenig ist es ein Zufall, dass keiner der etablierten Fahrrad- oder Motorradhersteller das E-Rockit ausgetüftelt hat. Die etablierten Platzhirsche setzen in der Regel auf Besitzstandswahrung, wirklich Wildes und Neues ist für sie eine Bedrohung und wird gar nicht erst angedacht. Die Suche nach dem radikalen Durchbruch ist dagegen integraler Bestandteil der DNA der Wild Economy: Allein hungrige, junge Visionäre, die nicht Teil einer alten Industrie sind und ein starkes Aufstiegsbedürfnis antreibt, haben die Motivation, völlig Neues anzudenken. Und nur sie haben die Fantasie, wie dieses völlig Neue aussehen könnte. Im Grunde wollten diese Macher nichts anderes, als durch ihre Innovationen Perspektiven für das eigene Leben zu eröffnen. Etwas Weltbewegendes zu erfinden war für viele der ersten Erfinder-Unternehmer eine Chance, reich zu werden, den großen Wurf zu schaffen.

Manch einer setzte für diese Chance alles aufs Spiel und ging im wahrsten Sinne des Wortes über Leichen. Ein Charakter wie Nobel, der eine erschütternde Distanz zu den Opfern seiner Technologie aufbaut, gewinnt natürlich nicht die Herzen der Menschen. Nach Explosionen erklärte er kühl, »dass kein effektiver Sprengstoff allgemein gebräuchlich wird, ohne dass Menschenleben zu beklagen wären«. Ein »einziger Blick auf die Statistik« zeige, »dass der Gebrauch von Schusswaffen zum Vergnügen unvergleichlich viel mehr Unglücksfälle mit sich gebracht hat als das Dynamit, das ein so wertvolles Mittel zur Erschließung unserer Mineralreichtümer ist«. Obwohl weder Nobels Zünder noch das Dynamit als Kriegswaffen geeignet sind, beschrieben Zeitungen den Mann, der heute eher als Stifter des Nobelpreises in Erinnerung ist, als »Teufel in Menschengestalt«, »Handlungsreisenden des Todes« oder »Massenmörder«.

So zwiespältig man ihr Vorgehen und ihre Persönlichkeit betrachten mag – gerade durch solche obsessiven Charaktere wie Nobel hat die technologische Entwicklung einen gewaltigen Schub erhalten. Die wirklich großen Impulse kamen von Menschen, die mit einer Entschlossenheit ihren Weg gingen, die für Außenstehende kaum nachvollziehbar ist. Doch sie war in der Regel nötig, um die Kämpfe durchzustehen, die aufkommen, wenn die Welt vor etwas grundsätzlich Neuem steht.

Der Grundantrieb bei allen Tüftlern war eine wegweisende Idee. Einmal in der Welt, ging sie ihnen nicht mehr aus dem Kopf und krempelte ihr gesamtes Leben um. Anton Flettner hatte beim Teetrinken in Travemünde den Einfall, die Stoffsegel von Frachtschiffen durch drehende Metallrotoren auf Deck zu ersetzen. »In der darauffolgenden Nacht habe ich wohl keine Minute geschlafen«, schreibt er. »In den wenigen Stunden habe ich mit mir selbst den Kampf geführt, den ich später Monate hindurch mit all den Fachleuten führte, die ich für die Ausführung meiner Idee gewinnen musste. Ich überlegte, ob es sich lohnen würde, für diese Rotor-Schiff-Idee einen neuen, schweren Kampf zu führen, der Geld, Zeit und Nervenkraft im höchsten Maße kosten würde.«

Diese Entschlossenheit, eine überzeugende Idee tatsächlich in die Tat umzusetzen, unterscheidet den großen Macher vom Gelegenheitsbastler. Wer Unerhörtes schaffen wollte, musste – und muss bis heute – eine unerhörte Ausdauer an den Tag legen. »Immer liegt zwischen der Idee und der fertigen Erfindung die Arbeits- und Leidenszeit des Erfinders«, erklärte Rudolf Diesel. »Immer wird nur ein Teil der hochfliegenden Gedanken der körperlichen Welt aufgezwungen werden können. Immer sieht die fertige Erfindung ganz anders aus, als das vom Geist ursprünglich geschaute Ideal, das nie erreicht wird. Deshalb arbeitet auch jeder Erfinder mit einem unerhörten Abfall an Ideen, Projekten und Versuchen. Man muss viel wollen, um etwas zu erreichen.«

Zweifler sowie finanzielle und technische Probleme gibt es in der Regel reichlich, wenn etwas völlig Neues entstehen soll. Erfinden ist harte Arbeit, und etwas bislang noch nicht Dagewesenes auf den Markt zu bringen erscheint oft als Ding der Unmöglichkeit, weil sich die gesamte Gesellschaft dagegen sperrt und die Hürden unüberwindlich scheinen. Nobel etwa hatte Erfolg, weil er im positiven Sinne von seiner Aufgabe besessen war. Wie viele andere Höhenflieger, die heute dabei sind, Geschichte zu schreiben, war auch Nobel ein Arbeitstier, ein Workaholic, der oft 15 oder 20 Stunden am Stück arbeitete. Selbst Aufgaben, die er eigentlich hasste, etwa den Umgang mit Patentrechtsstreitigkeiten, erledigte er mit einer unglaublichen Akribie, zu der er sich regelrecht zwang. Am Ende seines Lebens hielt der Dynamitkönig 355 Patente. Er hatte ein Reich geschaffen, das aus 90 Einzelunternehmen bestand.

Ob jemand über stoische Entschlossenheit, Selbstdisziplin und Durchhaltevermögen verfügt, entscheidet mindestens ebenso sehr über Erfolg und Misserfolg wie die Idee des Erfinders und seine fachliche Qualifikation. So ist es wenig verwunderlich, dass viele dieser Macher aus dem gleichen Holz geschnitzt zu sein scheinen. Graf Zeppelin, der mit seinen gigantischen zigarrenförmigen Luftschiffen Geschichte schrieb und im Kaiserreich wie ein Held verehrt wurde, ist Nobel in vielerlei Hinsicht sehr ähnlich gewesen. »Der Graf verkörperte den Typ des von seiner Idee felsenfest überzeugten Erfinders«, beschreibt Anton Flettner ihn und fährt, ganz in der Prosa seiner Zeit, fort: »Er ging, ohne nach der Seite zu blicken, unbeirrt seinen Weg. An seine ersten gelungenen praktische Versuche reihte sich eine Kette von Misserfolgen. Die Kritik, die Skepsis, der versteckte und offene Hohn der Nörgler und Missgünstigen blieben nicht aus. Er war hart, dieser schlichte Schwabe, hart wie Granit, trotzdem aber von jugendlichem Feuer beseelt; so kämpfte er, ohne einen Augenblick zu verzagen, für sein großes Werk.«

Wie Nobel oder Siemens war sich aber auch von Zeppelin nicht zu fein, selbst Hand anzulegen und sich die Finger schmutzig zu machen. Wie ein paar Jahrzehnte später Henrich Focke bastelten, hämmerten, löteten und schraubten die Macher selbst in ihren Labors und Werkstätten, um zu überprüfen, ob ihre Ideen auch in der Praxis funktionierten. Sie nutzten wissenschaftliches Wissen und naturwissenschaftliche Testmethoden für die praktische Entwicklung. Indem sie diese beiden Sphären zusammenbrachten, um radikale Neuerungen zu entwickeln, beschleunigte sich die technologische Entwicklung in einem bis dahin nicht gesehenen Ausmaß.

Schade nur, dass sie nicht die Einzigen blieben, die es in dieser Disziplin zur Meisterschaft brachten. Dem goldenen Zeitalter der Erfinderpersönlichkeiten wurde durch den Erfolg eines neuen Erfindertyps ein Ende gesetzt: dem Großunternehmer, der Erfindungen zur Massenware macht. Schuld daran ist einer, der bis heute für viele als größter Erfinder aller Zeiten gilt: Thomas Alva Edison.

KAPITEL 5

Die Erfinderfabrik: Innovation als neuer Antrieb der Industrie

Wie viel Strom kann man einem Mensch durch den Körper jagen, ohne dass er schweren Schaden nimmt? Spielt es dabei eine Rolle, ob es sich um Gleichstrom oder Wechselstrom handelt? Und wären 200 Dollar ein angemessenes Honorar für Mr. T. Carpenter Smith, dem in Edisons Labor 100 Volt Wechselstrom durch den Körper geleitet werden sollen? Diese Fragen wurden an einem Vormittag im Juli 1889 mit Feuereifer im Büro des demokratischen Kongressabgeordneten W. Bourke Cockran diskutiert. Der Stromkrieg tobte, und er wurde in dem Abgeordnetenbüro im Equitable Building, einem 38 Stockwerke hohen Wolkenkratzer am Broadway in Manhattan, genauso intensiv geführt wie in der *New York Times*, die über die kuriose Fragestunde und alle anderen Winkelzüge in diesem Kampf minutiös berichtete. Zwei Seiten standen sich im Stromkrieg unversöhnlich gegenüber. Auf der einen Seite der Großindustrielle George Westinghouse, der Transformatoren baute, die mit Wechselspannung funktionierten. Auf der anderen Seite die Erfinderlegende Thomas Alva Edison, der ein Stromnetz für die Vereinigten Staaten entworfen hatte, das mit Gleichstrom arbeiten sollte.

Edison hatte es schon zu dieser Zeit geschafft, durch seine Erfindungen ein reicher und mächtiger Mann zu werden. 1869 kam er als junger Mann aus Ohio nach New York. Eine Schulbildung hatte er nicht – aber Ideen und die Gabe, andere für sie zu begeistern. Mit einem Partner entwickelte er im Big Apple seine erste einträgliche Erfindung: neuartige Telegrafenanlagen, die es den Händlern erlaubten, sich die Goldpreise von den Börsen übermitteln zu lassen. Das Vermögen, das er innerhalb weniger Jahre anhäufte, nutzte Edison, um ab 1876 in der Kleinstadt Menlo Park in New Jersey ein Labor einzurichten, wie man es bis dahin nicht gesehen hatte.

Die Erfinderarmee

Wirkten Erfinder wie Nobel auf ihrer Suche nach ständig Neuem wie besessen, schaltete Edison noch einen Gang höher: Er war regelrecht unersättlich. Er hatte die Schreibmaschine verbessert, und auf dem von ihm entwickelten Fonografen hörte er als erster Mensch eine Aufnahme seiner eigenen Stimme. Das Telefon entwickelte er durch die Entwicklung des Kohlekörnermikrofons weiter, das kräftigere Stromstöße übermittelte und deshalb für weitere Entfernungen taugte. Aber im Grunde interessierten ihn einzelne kleine Produkte immer nur für kurze Zeit. Wirklich fasziniert war Edison von ganz großen Plänen. Und nun hatte er das Geld, sie auch umzusetzen. Als Erstes baute er eine Armee von Erfindern auf. 1876 nahm eine Vorhut ihre Arbeit auf. Sie bestand aus einem Dutzend Ingenieure aus den Vereinigten Staaten, England, Deutschland und der Schweiz.

Edison meldete im Laufe seines Lebens 1093 Patente an. Doch nur ein Teil von ihnen ist direkt auf seine Arbeit zurückzuführen. Edison selbst war wie die meisten anderen Vollbluterfinder ein Arbeitstier, das wenig von einer allzu formellen Organisation oder festen Bürozeiten hielt. Mal schuftete er von Mitternacht bis Mittag, dann wieder von morgens früh bis vier Uhr nachts, um im Anschluss an den Experimentiermarathon mit einem Buch als Kopfkissen auf einem Labortisch zu schlafen. »Ich bin froh, dass der Achtstunden-Arbeitstag noch nicht erfunden war, als ich ein junge Mann war«, sagte er in einer Rede zu seinem 73. Geburtstag. Edison experimentierte aber nicht nur selbst. Vor allem organisierte er die Erfindertätigkeit seiner Ingenieure. Ihre Bezahlung war gering, aber sie wurden großzügig mit Prämien am Erfolg ihrer Entwicklungen beteiligt. Die Patente, die durch ihre Arbeit entstanden, gingen jedoch an Edison über. »Ich bin ein guter Schwamm«, sagte er über sich selbst. »Ich sauge Ideen auf und mache sie nutzbar. Die meisten meiner Ideen gehörten ursprünglich Leuten, die sich nicht die Mühe gemacht haben, sie weiterzuentwickeln.«

Edisons Erfinderarmee wuchs rasch. Ende 1886 war Edisons Konzern mit seinen insgesamt 3000 Mitarbeitern einer der größten seiner Zeit. Es war der Beginn einer neuen Ära in der Geschichte der Erfinder. Zum ersten Mal trat neben die beflügelten Einzeltüftler die durchorganisierte Forschungs- und Entwicklungsabteilung eines Technologieunternehmens. Die Ingenieure in der Erfinderfabrik wurden durch ihren Chef und erstmals auch durch eine Schicht von Führungskräften, die einzelne Projekte und

Abteilungen beaufsichtigten, zu Höchstleistungen angespornt. Laborleiter wie der Schweizer Ingenieur John Kruesi – heute würde man sie wohl als Manager in der mittleren Führungsebene bezeichnen – organisierten und koordinierten für Edison die Innovationsprozesse und behielten die Fortschritte der Projektteams im Auge. Die Zielvorgaben von Edison waren sportlich: »Eine kleinere Erfindung jeden zehnten Tag und jedes halbe Jahr oder so eine große Sache.«

Alle für einen

Die Arbeitsweise in Menlo Park unterschied sich grundlegend von der in den Labors und Schuppen, in denen Erfinder-Unternehmer im Alleingang oder höchstens mit Hilfe einiger Assistenten an ihren genialen Einfällen werkelten. Auch hier herrschte zwar Chaos, Bücher lagen wild verstreut auf langen Tischen herum, flankiert von Glaskolben voller Chemikalien und allen erdenklichen Messgeräten. Aber die Unordnung war nur oberflächlich. Wer bei Edison arbeitete, arbeitete im Team. Die Visionen definierte der Chef. Er entschied, wer an welchem Teilproblem wie arbeiten sollte. Dabei übernahm Edison durchaus auch Auftragsarbeiten für andere Unternehmen und Behörden. Hatten bis dahin die meisten Tüftler ihre Erfindungen von der ersten bis zur letzten Schraube selbst zusammengebaut, setzte Edison konsequent auf Arbeitsteilung. Kaum einer seiner Techniker entwickelte ein Produkt als Ganzes. Mathematiker berechneten etwa den idealen Umfang und die Form der elektrischen Glühbirnen, die Edison bauen wollte. Physiker und Chemiker testeten Materialien wie Kohlenstoff und Bambus, um herauszufinden, welches am besten für die Produktion von Glühdrähten geeignet war. Wirtschaftsfachleute kalkulierten, was der Aufbau einer Strom-Infrastruktur aus Leitungen und Kraftwerken kosten und vor allem: was er einbringen würde.

Die Suche nach dem geeigneten Material zur Herstellung von Kohleglühfäden ist ein Beispiel dafür, wie Edison vorging: Seine Erfinderfabrik arbeitete langsam, aber streng methodisch und war bereit, viel Geld zu investieren. Edison-Ingenieure hatten entdeckt, dass Fasern tropischer Pflanzen zur Herstellung dieser Fäden geeignet sein könnten. Edison finanzierte eine Expedition, und Tropenforscher sammelten Materialproben. In akribischen Testreihen wurde im Laufe von anderthalb Jahren der japanische

Bambus als das geeignete Glühfadenmaterial identifiziert, 6000 Versuche waren dafür nötig. Die Dokumentation der Innovationsprozesse rund um die Entwicklung der Glühlampe umfasste 40 000 Seiten.

Durch harte Arbeit und kontinuierliche Experimente versuchten auch Nobel, Flettner und Co., das Element des Zufalls im Innovationsprozess zu minimieren, um notfalls nur auf Grundlage einer Ahnung durch methodisches Ausprobieren zu Ergebnissen zu gelangen. Edison industrialisierte dieses Verfahren, indem er die zu lösenden Aufgaben in immer kleinere Teilprobleme aufspaltete, die Arbeit verteilte und für damalige Zeiten ungeheure Summen für Entwicklungen ausgab. Seit Edisons Erfinderfabrik wird Innovation als planbarer Prozess begriffen und im industriellen Maßstab aus ökonomischem Kalkül heraus betrieben.

Im Gegensatz zu der Arbeit etwa von Werner von Siemens, der erklärte, »dass es nicht Gewinnsucht war, die mich bewog, meine Arbeitskraft und mein Interesse in so ausgedehntem Maße technischen Unternehmungen zuzuwenden«, sondern ein Interesse an Technik an sich, stand bei Edison die ökonomische Dimension einer Erfindung im Vordergrund. Erfinden war keine aufregende Erfahrung, sondern ein rationaler Prozess, für den Ressourcen – Mitarbeiter oder Kapital – entsprechend der zu erwartenden Gewinne zugeteilt oder abgezogen wurden. Die Leidenschaft am Basteln selbst schien Edison vollkommen abzugehen. »Genialität besteht zu einem Prozent aus Inspiration und zu 99 Prozent aus Transpiration«, lautet ein Zitat, das von ihm überliefert ist.

Statt der flackernden Gaslaternen in den Städten elektrisches Licht leuchten zu lassen war eine Vision ganz nach Edisons Geschmack. Denn Amerika zu erleuchten versprach zu einem Riesengeschäft zu werden. Dazu brauchte er Transformatoren, Leitungen, Kraftwerke, Schalter, Sicherungen, Kabel. Und natürlich Lampen. Tatsächlich präsentierte er der Welt als Erster eine funktionsfähige Glühbirne. In ihr glomm ein Faden aus gerollter Kohle. 13,5 Stunden brannte sie, ein Weltrekord. Am Neujahrsabend 1879 pilgerten 3000 Neugierige nach Menlo Park, um Edisons Licht mit eigenen Augen zu sehen.

Strategen gegen Erfinder

New York war die erste Stadt, die sich Edison für die Elektrifizierung auserkoren hatte. In der Pearl Street baute er ein Kraftwerk, das einen Teil von Manhattan mit Strom versorgte. Auch die Öffentlichkeit hatte Zugang und konnte dort sein Stromleitungssystem begutachten. Unterirdische Kupferkabel versorgten die reichsten New Yorker mit Elektrizität. Um das Gaslicht zu verdrängen, stellte Edison die Infrastruktur für die Stromversorgung zum Nulltarif bereit, und die Glühbirnen wurden für einen Bruchteil dessen verkauft, was ihre Herstellung kostete.

Kassiert werden sollte später, wenn Edisons Technologie als Standard etabliert sein würde. Heute ist das Prinzip, zunächst mit Dumpingpreisen Komponenten in einem Markt zu platzieren und dann mit notwendigen Gebrauchsteilen das Geld wieder einzuspielen, gebräuchlich, etwa bei den Herstellern von PC-Druckern. Doch Edisons 110-Volt-Generatoren hatten einen Nachteil: Die Spannung reichte nur aus, um den Strom einige hundert Meter weit zu verschicken. In den Gleichstromleitungen wächst der Widerstand mit der Strecke, die der Strom zurücklegen muss. Um New York flächendeckend zu versorgen, hätte man Kraftwerke an fast jedem Häuserblock bauen müssen. Außerdem war der Strom für die Glühlampen optimal – aber zu schwach, um Maschinen anzutreiben. Industriefirmen hätten zwei Leitungen legen müssen, eine für starken Maschinenstrom und eine für das Licht.

Das Gleichstromsystem war zu diesem Zeitpunkt im Grunde bereits überholt. Westinghouse hatte zielsicher die Schwächen in Edisons Plan erkannt und weitsichtig in die alternative Wechselstromtechnik investiert. Durch sie konnte man Strom über viele Meilen hinweg transportieren und mit Hilfe von Transformatoren an die Aufgaben vor Ort anpassen, sei es die Beleuchtung oder der Antrieb starker Maschinen. Als ein brillanter junger Techniker namens Nikola Tesla 1885 einen mit Wechselstrom betriebenen Generator vorstellte, war dieses Gerät das Puzzleteil, das Westinghouses System bislang gefehlt hatte, um Städte und Industrien zu elektrifizieren. Es ließ sich zu einer Drehstrommaschine weiterentwickeln, die elektrische Energie, wie sie durch die Kupferleitungen von Westinghouse floss, in Bewegung umwandelte. So konnte die Kraft aus dem Stromnetz genutzt werden, um zum Beispiel Maschinen in einer Fabrik anzutreiben. Westinghouse heuerte den mittellosen Erfinder sofort an.

Dass ausgerechnet Nikola Tesla Westinghouse das entscheidende Puzzlestück für seine Strominfrastruktur lieferte, wirkt wie ein Treppenwitz der Geschichte. Tesla war 1884 aus Europa nach New York gekommen, nur um für Edison zu arbeiten. Und Edison beauftragte ihn, seine Gleichstrom-Dynamos zu verbessern. Einer von Edisons Managern versprach ihm 50 000 Dollar, wenn das gelingen sollte. Für damalige Verhältnisse war das eine absurd hohe Summe, es war etwa 30-mal mehr, als ein Spitzeningenieur in einem Jahr verdiente. Als Tesla nach einem Jahr Arbeit 24 stark verbesserte Dynamos vorstellte und seine Prämie forderte, war Edison perplex. Er hielt das Versprechen seines Managers für das, was es vermutlich auch war: einen Scherz. Er bot Tesla stattdessen zehn Dollar mehr pro Woche an. Tesla nahm erbost seinen Hut und schlug sich auf eigene Faust durch, bis ihn Westinghouse anheuerte.

Zwei Schwächen des von Edison geschaffenen Prinzips Innovationsfabrik werden in diesem entscheidenden Ereignis deutlich. In Menlo Park war eine beeindruckende und schlagkräftige Ingenieurarmee entstanden. Besonders brillante und damit oft auch eigenwillige Charaktere wie Tesla passten aber nicht in die Organisation. Ob Tesla von Edison um 50 000 Dollar betrogen wurde oder nicht, sein Abgang macht unmissverständlich klar, dass er in der Innovationsfabrik nicht heimisch wurde. Zum anderen zeigte sich, dass ein Riese, wie ihn Edison mit seiner Unternehmensgruppe in Fahrt gebracht hatte, bei allem Einfallsreichtum nicht nach Belieben manövrieren konnte.

Edison selbst und verschiedene Investoren hatten mehr als 100 000 Dollar in die Entwicklung von Gleichstromsystemen investiert. Auch deshalb blieb Edison stur auf Kurs. Statt ebenfalls auf Wechselstrom umzusteigen, ließ er nichts unversucht, sein Stromsystem trotz der offensichtlichen technischen Unterlegenheit unverändert weiter zu vermarkten. 1887 eröffnete Edison in West Orange, New Jersey, ein neues industrielles Forschungslabor. Es war zehnmal so groß wie die Anlage in Menlo Park und das größte seiner Zeit. Statt den Kurs zu ändern, ruderten Edison und seine ihm treu ergebenen Männer immer härter in die einmal eingeschlagene Richtung, um den Wettlauf doch noch zu gewinnen.

Edison sah durch den Wechselstrom den Wert seiner Patente und die marktbeherrschende Stellung seiner Unternehmen gefährdet. Doch er schaffte es nicht, dem Konkurrenten Westinghouse mit Innovationen den Wind aus den Segeln zu nehmen. Stattdessen begann mit dem Stromkrieg eine schmutzige Propagandaschlacht. Edisons Firma verteilte Pamphlete, in denen die Öffentlichkeit vor dem gefährlichen Wechselstrom gewarnt wurde. Die Kinder in West Orange fingen Hunde und Katzen, die sie zu 25 Cent pro Stück an Edisons Labor verkauften. Dort wurden die Tiere mit einem Wechselstromgenerator unter Strom gesetzt. Edisons Mitarbeiter töteten öffentlich Hunde, Katzen, später auch Kälber und Pferde und sogar einen Elefanten, der im Zoo einen Besucher zu Tode getrampelt hatte. Tesla hielt dagegen. Er ließ sich an Stromleitungen anschließen und Glühbirnen in seinen Händen aufleuchten, um zu demonstrieren, wie harmlos die Wechselspannung war. Auch mit Hilfe seines Patents für Glühlampen versuchte Edison den Aufbau von Wechselstromsystemen zu behindern. Er weigerte sich, Birnen an Westinghouse zu liefern, und ließ Westinghouse sie auch nicht in Lizenz produzieren. Als Westinghouse einen Lampenhersteller kaufte, der mit Edison konkurrierte, überzog Edison das Unternehmen mit Patentklagen.

Während der Kampf um die öffentliche Meinung tobte, bekam Edison 1889 einen makabren Regierungsauftrag: Ein gewisser William Kemmler war wegen Mordes verurteilt worden. Edisons Tierexperimente hatten bei einer New Yorker Kommission die Frage aufgeworfen, ob man ihn nicht schmerzfrei durch Strom hinrichten könnte, statt ihn zu erhängen. Edison bejahte dies – mit dem gefährlichen Wechselstrom sei das zu machen. Einer von Edisons Ingenieuren konstruierte tatsächlich eine Todesmaschine, die mit Wechselspannung arbeitete. Westinghouse protestierte, monatelange Anhörungen wie der Termin beim Abgeordneten Cockran waren die Folge. Schließlich wurde entschieden, den neuen Apparat auszuprobieren. Kemmler starb 1890 auf dem elektrischen Stuhl.

Die potenziellen Auftraggeber ließen sich aber von Edisons Schauermärchen nicht abschrecken. Westinghouse und Tesla bekamen 1892 den Auftrag, die Beleuchtung für die Weltausstellung in Chicago 1893 zu liefern. Der Bau eines Wechselstrom-Kraftwerks an den Niagarafällen entschied den Stromkrieg dann endgültig. Westinghouse und Tesla legten die technischen Grundlagen für die Elektrifizierung der Vereinigten Staaten. Edison schrieb in anderer Weise Geschichte: Dank der Ideen seiner Erfinderfabrik meldete Edison während seines Lebens so viele Patente an wie kein anderer Mensch bis dahin. Und er wurde Gründervater von General Electric, einem Konzern, der heute zu den größten Unternehmen der Welt zählt.

Der Stromkrieg zeigt, wie aus den Arbeiten einzelner genialer Tüftler zukunftsweisende Entwicklungen wurden, die einander Konkurrenz machen. Die Unternehmen, die viele Erfinder gegründet hatten, weiteten ihre Tätigkeitsfelder stetig aus. Natürlich wurden viele dadurch zu Konkurrenten, auch wenn keiner so aggressiv neue Felder besetzte wie Edison. Zum ersten Mal trat zudem eine organisierte Erfinderarmee in einem technischen Wettlauf an – und scheiterte, weil Fleiß und gigantische Ressourcen nicht ausreichen, um einen smarten Konkurrenten mit einem überlegenen Konzept zu schlagen.

Edison lieferte mit seinem Forschungslabor, das trotz der Niederlage im Stromkrieg auf anderen Gebieten sehr erfolgreich agierte, aber auch ein Modell dafür, wie Firmen ihren Erfindungsgeist konservieren und ihre Entwicklungsarbeit organisieren können, wenn sie nicht mehr in einem alten Schuppen Platz finden. Zwar hatten in großen Unternehmen wie General Electric mit zahllosen Verkäufern, Vermarktungsfachleuten und Verwaltungskräften jede Menge Nichttechniker das Sagen. Edison selbst wurde zunehmend entmachtet. Doch die Arbeit an Neuem blieb lange zentraler Teil der Unternehmenskultur, und dezidierte Entwicklungsabteilungen zu unterhalten machte Schule.

Auch in Deutschland haben viele Unternehmen auf die Strategie gesetzt, eigene Laboratorien einzurichten, um im Ideenwettlauf zu bestehen. Siemens und sein großer Konkurrent im Bereich der Elektronikprodukte, die AEG, verwirklichten sie nach dem Jahr 1900. Die Erfolge ließen nicht lange auf sich warten. Werner von Bolton, der Leiter des ersten zentralen Laboratoriums des Unternehmens von Siemens & Halske, machte 1905 mit der Tantallampe Edisons Produkt überflüssig. General Electric hatte bis 1911 jährlich zehn Millionen Glühlampen verkauft. Danach sank der Umsatz auf eine halbe Million. Zahlen wie diese verdeutlichen, wie wichtig es schon immer gewesen ist, im Wettlauf der Ideen die Nase vorn zu behalten. Aus den Innovationsvorhaben der verschiedenen Firmen wurde ein industrielles Wettrennen. Planvoll neue Ideen zu produzieren wurde zur Überlebensstrategie. Der Wettlauf darum, welches Unternehmen am meisten erfinden konnte, hatte begonnen.

KAPITEL 6

Querdenker unerwünscht: Warum in vielen Unternehmen gute Ideen keine Chance haben

Die Entwicklung, die Edison in Gang gesetzt hatte – und die ihn schließlich selbst ausbootete –, entwickelte in den folgenden Jahrzehnten eine immense Eigendynamik. Aus General Electric wurde ein weltumspannender Konzern, der Milliarden umsetzt und Hunderttausende beschäftigt. Ehemals von starken Erfinder-Unternehmern geleitete Firmen wie Siemens und Daimler sind ihm darin gefolgt. Für die eigenwilligen Bastler und die Tüftler, die Leute mit den neuen Ideen, ist das keine gute Entwicklung gewesen. Sie haben in diesen Firmen herzlich wenig zu sagen. Die Technologie-Goliaths folgen nicht mehr den charismatischen Davids, sondern den Gesetzen börsennotierter Unternehmen und den Regeln effizienter moderner Betriebsführung.

Wofür haben die beiden Vorzeigeunternehmen des deutschen Ingenieurwesens, Siemens und Daimler, in den letzten Jahren ihr Geld ausgegeben? Beide Firmen hatten Glück, sie konnten in den Boomjahren vor der 2008 einsetzenden Finanz- und Wirtschaftskrise Unternehmensteile für viel Geld verkaufen. Daimler gelang es 2007, Anteile am Autobauer Chrysler für 5,5 Milliarden Euro an den Finanzinvestor Cerebus weiterzureichen. Siemens erhielt 2007 vom Autozulieferer Continental für die Autoelektroniksparte VDO gar 11,4 Milliarden Euro. Beide Unternehmen hatten in den Vorjahren gut verdient. Sie schwammen im Geld. Wer aber erwartet hatte, dass Daimler die Milliarden in neue Antriebstechnologien oder Siemens das Geld in das Zukunftsfeld Windenergie stecken würde, rieb sich erstaunt die Augen. Die Führungskräfte der beiden Technologieriesen beschlossen, Aktien zu kaufen. Und zwar die des eigenen Unternehmens.

Zwischen Ende August 2007 und Ende März 2008 führte Daimler ein Aktienrückkaufprogramm durch, in dessen Verlauf man Daimler-Papiere im Wert von 6,2 Milliarden Euro erwarb. Zwischen Juni und Oktober 2008 investierte Daimler noch einmal mehr als 1,4 Milliarden Euro in den Ankauf eigener Aktien. Auch Siemens leitete das Geld an seinen Abteilungen für Forschung und Entwicklung vorbei. Der Münchner Weltkonzern kaufte 2008 Papiere im Wert von vier Milliarden Euro zurück. Bis 2010 will Siemens eigene Aktien im Wert von zehn Milliarden Euro unter seine Kontrolle gebracht haben. Es ist der größte Aktienrückkauf, den je ein deutsches Unternehmen geplant hat.

Siemens und Daimler sind in guter Gesellschaft. Hightech-Firmen wie Microsoft, IBM, Cisco Systems, Intel und Hewlett-Packard haben seit dem Jahr 2000 ebenfalls viel Geld für eigene Aktien ausgegeben. Bei einigen übertreffen diese Summen ihre Budgets für Forschung und Entwicklung um ein Vielfaches. Auch der Opel-Eigner General Motors hätte viel Geld in die Erneuerung seiner unattraktiven Fahrzeugpalette, in die Entwicklung von sparsamen Benzin-Autos oder gar in den Bau von Elektromobilen investieren können. Etwa 20,4 Milliarden Dollar gab das Unternehmen stattdessen zwischen 1986 und 2002 für Aktienrückkäufe aus. Im Sommer 2009 meldete General Motors Insolvenz an, und die amerikanische Regierung übernahm das trudelnde Unternehmen.

Manager wie Daimler-Chef Dieter Zetsche oder Siemens-Chef Peter Löscher hätten also die Mittel gehabt, um entschlossen und nicht nur in homöopathischen Dosen in wirklich neue Technologien zu investieren. Stattdessen verhielten sie sich wie Aktienzocker. Dafür gibt es einen einfachen Grund: Durch Aktienrückkäufe steigen oft die Kurse. Das nützt den Aktionären, vor allem nützt das aber den Managern, die diese Programme initiieren. Sie erhalten in der Regel hohe Boni, wenn der Aktienkurs steigt. Wenn Daimler dagegen Milliarden einsetzen würde, um neue Antriebskonzepte zur Serienreife zu bringen, wäre ein langer Atem notwendig. Und eine Garantie, dass sich die Investitionen in Neues tatsächlich auszahlen, gibt es nicht. Altbekanntes mit einem Spoiler zu verfeinern und zwischendurch ein bisschen mit Kapital zu jonglieren ist da für viele Unternehmensführer die sicherere Alternative, um an hohe Boni zu kommen.

Eigentlich kann ein börsennotiertes Technologieunternehmen viele Vorteile gegenüber Firmen ausspielen, die nicht an der Börse sind. Der Börsengang versorgt das Unternehmen mit viel Kapital, das oft nötig ist, wenn man aus einer guten Idee weltbewegende Produkte machen will. Die eigenen Aktien können später eine gute Währung sein, wenn andere, innovative Unternehmen aufgekauft werden. Ein hoher Börsenwert ist ein guter Schutz dagegen, selbst mit einem Coup von einem Konkurrenten übernommen zu werden. Aber die Börse ist auch verführerisch. Die Pflicht, alte Erfolgsmeldungen und Prognosen durch immer neue Jubelmeldungen zu übertreffen, um im Quartalsrhythmus Analysten und Anleger zufriedenzustellen, verstellt vielen Managern den Blick auf den technologischen Kern, der einmal den Erfolg des Unternehmens ausgemacht hat, für das sie arbeiten.

Diese mangelnde Weitsicht der Lenker von Großkonzernen ist ein Grund, warum Daimler und Siemens derzeit der Entwicklung hinterherhinken. Wenn in der Nordsee und überall sonst an den Küsten dieser Welt die Rotoren der Windparks rotieren, wird auch Siemens an einigen Projekten beteiligt sein. Aber den Vorsprung, den das Unternehmen dank seiner Finanzkraft und seiner Größe gegenüber anderen Windkraft-Technologieanbietern wie Vestas aus Dänemark oder Enercon aus Deutschland hätte haben können, haben die Münchner verspielt. Und wenn das Elektroauto zum Verkaufsschlager wird, werden die meisten dieser Fahrzeuge keinen Mercedes-Stern auf der Motorhaube haben. Der chinesische Autohersteller Chery startete bereits 2001 mit der Entwicklung alternativer Antriebe. Bis 2010 sollen im Reich der Mitte 500 000 Elektroautos produziert werden.

Und Daimler? Das Unternehmen kassiert in den Vereinigten Staaten und in Deutschland Subventionsgeld, um ein paar Lastwagen mit Alternativantrieben auszurüsten. Seit Mitte November 2009 laufen im französischen Hambach auch Elektroversionen des Kleinwagens Smart vom Band. Zunächst sollen aber gerade mal 1000 Kleinwagen jährlich produziert und bei lokalen Pilotprojekten getestet werden. Frühestens 2012 soll der Elektrosmart für jedermann zu haben sein. Außerdem beginnt man zusammen mit dem Industriekonzern Evonik, Batterien für Elektroautos zu bauen. Aber auch das darf nicht zu viel kosten, man investiert »im niedrigen dreistelligen Millionenbereich«, wie Zetsche sagt. Das klingt viel, ist aber bescheiden, gemessen an den Chancen. Evonik verspricht sich von dem Geschäft mit Lithium-Ionen-Batterien ein Marktvolumen von über zehn Milliarden Euro.

Manager, die eher an ihren Boni als an nachhaltigen Investitionen in radikal neue Technologien interessiert sind, machen aber nur einen Teil des Problems aus. Die einstmals ideensprühenden Firmen der Gründerpioniere sind zu einfallslosen Riesenapparaten geworden. Genies mit radikalen Ideen haben keine Chance, sie dort umzusetzen – weswegen die größten Talente entweder in einer privilegierten Anstellung ihre Begabung verschwenden oder gar nicht erst bei diesen Superunternehmen anfangen.

Querköpfe unerwünscht

Schon die tüftelnden Gründerväter in Deutschland mussten erleben, dass sich ihre großen Arbeitgeber nicht gerne von kühnen Ideen inspirieren lassen. Bei der Maschinenfabrik Deutz nahm man verdutzt zur Kenntnis, dass die technischen Direktoren Gottlieb Daimler und Wilhelm Maybach es vorzogen, in einem Schuppen bei Daimlers Wohnhaus in Cannstadt Viertaktmotoren zu konstruieren, statt die erfolgreichen Deutzer Gasmotoren zu verfeinern. Und Rudolf Diesel musste erst seinen gut bezahlten Job bei Linde kündigen, um seine Vision vom Dieselmotor umzusetzen. Die Zeiten haben sich nicht zum Besseren gewendet. Neunzig Jahre später verließen Dietmar Hopp und die vier anderen Gründer der Softwareschmiede SAP ihren Arbeitgeber IBM, weil sie ihn nicht von ihrer Idee überzeugen konnten, Programme für Abrechnung und Buchhaltung zu entwickeln.

Dass Vorschläge von Querdenkern in großen Unternehmen auf wenig Gegenliebe stoßen, daran hat sich bis heute nichts geändert. Die Tendenz, Neues und Ungewohntes abzubügeln, hat sich eher noch verschärft, weil sich die Unternehmen selbst massiv verändert haben. Es ist zwar nicht jede Idee gut, nur weil sie von einem Eigenbrötler kommt, aber der in den Unternehmen grassierende Kontrollwahn, die von Vorsicht, Bedenken und Besitzstandswahrung geprägte Entwicklungskultur hat den Leuten das Erfinden und Querdenken gründlich abgewöhnt. Eigenwillige Persönlichkeiten wie Nobel, Diesel oder Focke wären heute arbeitslos. Mit den Eigenschaften, die sie zum Erfolg gebracht haben, etwa ihrer bedingungslosen Entschlossenheit, würden sie nur überall anecken. Ihre Ideen würden als Spinnerei abgetan.

Ein Grund für diese Entwicklung ist das Aufkommen neuer Produktionsweisen wie der Fließbandmontage zu Beginn des 20. Jahrhunderts. Henry Ford, der durch das 15 Millionen Mal verkaufte Modell T zum schwerreichen Mann wurde, hatte kein besonders neues Fahrzeug oder einen besonders guten Motor entwickelt, sondern ein neues Verfahren, um Autos als Massenprodukt zu bauen. Die Tin Lizzy wurde ab 1913 nur in einer Farbe – schwarz – ausgeliefert und aus Standardteilen an einer Montagestraße zusammengebaut. Daimler, Benz und Co. verkauften teure Einzelstücke. Mit Ford wurde das Auto zur erschwinglichen Massenware. 1912 waren 4664 Stunden zum Bau eines Autos nötig gewesen. 1924 benötigten die Arbeiter nur noch 813 Stunden, um ein Fahrzeug fertigzustellen.

Der »Fordismus« schwappte 1919 nach Europa, wo Citroën das Produktionsmodell beim Bau des Kleinwagens 5 CV kopierte. Nach und nach prägten Rationalisierung und Fließbandproduktion auch alle anderen Industrien. Selbst komplexe Produkte wurden zur Massenware. Die Zyklen, in der neue Modellgenerationen auf den Markt kommen mussten, verkürzten sich. Fahrzeuge, Maschinen und alle anderen Produkte wurden immer stärker aus einzelnen Modulen konzipiert, die am Fließband zusammengesetzt werden konnten. Zugleich wurde die Arbeit an einer Erfindung durch die Konstruktionsfabriken, die nach dem Vorbild von Edisons Menlo Park in vielen Firmen entstanden waren, immer weiter in einzelne Entwicklungs- und Produktionsschritte aufgeteilt.

Wo früher ein Visionär den Bau eines ganzen, wenn auch für heutige Verhältnisse kleinen Fliegers unter seiner Kontrolle hatte, bauten nun riesige Teams arbeitsteilig kolossale Flugzeuge, in deren Laderäumen die alten Flugmaschinen spielend Platz finden würden. Der Militärtransporter A 400 M etwa wird unter der Regie von Airbus an neun Standorten gebaut. Allein in Bremen, wo ein Großteil des Rumpfes montiert und mit allen wichtigen Systemen ausgestattet wird, sind an dem Projekt 1080 Mitarbeiter beteiligt.

Die Bedeutung des genialen Einzeltüftlers wurde dadurch nicht zwangsläufig gemindert. Edison blieb lange unbestritten der Kopf seiner Erfinderarmee. Ein zweiter Faktor bremste die Individualisten und Visionäre in den Firmen endgültig aus: Nicht nur die Produkte wurden immer komplexer, sondern auch die Unternehmen. Die Bastelbuden in Deutschland entwickelten sich zu großen Betrieben, aus denen noch vor dem Zweiten Weltkrieg nationale Großfirmen wurden – und aus den erfolgreichsten unter ihnen nach dem Krieg weltweit agierende Konzerne. Die deutschen Technologieriesen exportierten ihre Produkte in alle Welt. Sie orientierten sich selbst zunehmend an den Organisations- und Managementmodellen amerikanischer Wettbewerber wie General Electric.

Das Zeitalter der Betriebswirte begann. »Das amerikanische Controllingmodell, das übernommen wurde, fußte insbesondere auf der finanziellen Unternehmensplanung«, schreibt die Wirtschaftshistorikerin Susanne Hilger über die »Amerikanisierung« von Siemens und Daimler. »Es stand in einem engen Zusammenhang mit dem analog zur betrieblichen Expansion auftretenden wachsenden Kostenbewusstsein und Renditedenken.« Das Regiment der Controller half den Unternehmen, effizienter zu werden. Doch die Freiräume, die manch genialer Bastler früher hatte, wurden dabei immer weiter eingeschränkt. Man kann nur schwer berechnen, wie wertvoll neue Ideen sind. Deshalb haben sie schlechte Karten, wenn die Zahlen in Businessplänen, Excel-Tabellen und Abverkaufsprognosen sagen, wo es langgeht. Dass jemand scheinbar ziellos in einer Abteilung vor sich hin bastelte und damit »Geld verschwendete«, wurde durch die zentrale Produktplanung und den ständigen Blick auf die Kosten unmöglich gemacht. Dass jemand in einem langwierigen, aber vielleicht grundlegenden Projekt eine eigene Vision verfolgte, ohne dass konkret erkennbar war, wie sich die Investition auszahlen würde, wurde zur Ausnahme.

Die Innovationslabors und später die Abteilungen für Forschung und Entwicklung galten nur noch als ein Unternehmensteil von vielen. Die Arbeit der Tüftler und Erfinder wurde dem Diktat der Effizienz untergeordnet. Ihre Arbeit stand neben der anderer Abteilungen wie dem Einkauf, den Warenlagerverwaltern oder der Buchhaltung. Doch ein Prinzip, das für die Auslastung eines Hochregallagers geeignet ist, funktioniert nicht unbedingt, um kreative Innovationsprozesse in Gang zu bringen und zu halten. Der Kommunikationsberater Dominic Veken erklärt: »Ziel der Effizienz ist es, aus dem, was da ist, das meiste herauszupressen. Insofern steht das Bewahren des Bestehenden im Mittelpunkt. Es liegt nicht in ihrem Wesen, das Schöpferische, das nach vorne und oben Offene zu stärken. Sie fahndet nach Sparpotenzialen, nach Optimierungs- und Reduktionsmöglichkeiten. Der deckelnde Zweck lässt zwar wunderbar den Erfolg messen, lähmt aber komplett die Fantasie. Effizienz ist niemals eine Tugend der Gestalter, sondern immer eine der Verwalter.«

Das Regime der Kontrolleure zerstörte den Erfindungsgeist in den Unternehmen. Häufig diktieren sie, wie die Entwicklungsabteilungen zu arbeiten haben. Ergebnis: Statt brillanter Produkte wird oft unter Zeitdruck bei zu knappen Budgets Murks produziert. Gut 250 Millionen Euro kosteten etwa die Probleme bei etlichen ICE-Zügen die Deutsche Bahn im Jahr

2008. Achsen von Zügen, die Siemens, Bombardier und Alstom geliefert hatten, wiesen feine Risse auf, die Wagen mussten überprüft werden. Mehr als 400 der von Siemens hergestellten Combino-Straßenbahnzüge wiesen im Jahr 2004 gefährliche Risse auf. Bei einer Vollbremsung oder Kollision drohte den Fahrgästen das Dach auf den Kopf zu fallen. Die Verkehrstechniksparte Siemens Transportation Systems musste 300 Millionen Euro für die Beseitigung der Schäden bei bereits verkauften Zügen bereitstellen. DaimlerChrysler rief zu dieser Zeit weltweit rund 680 000 E- und SL-Klasse-Wagen in die Werkstatt, nachdem der Ausfall des elektrohydraulischen Bremssystems SBC Unfälle verursacht hatte. BMW-Kunden mussten ihre nagelneuen Wagen aus der 5er-, 6er- und 7er-Reihe in der Garage lassen, weil die Servolenkung auszufallen drohte. In den ADAC-Pannenstatistiken landen die einst so zuverlässigen deutschen Autobauer inzwischen oft auf unrühmlichen Plätzen.

Der Soziologe Wolfgang Neef gibt den Controllern in den Unternehmen eine erhebliche Mitschuld an derartigen Technikdebakeln. »Die klassische Ingenieurarbeit dauert den Leuten zu lange«, kritisiert er. »Für Projekte werden heute von Betriebswirten Rahmenbedingungen festgeschrieben, die oft unrealistisch sind.« Bei den Verhandlungen über den Aufbau des Autobahnmautsystems Toll Collect saß beispielsweise in den Schlussrunden kein einziger Ingenieur mit am Tisch, und auch bei anderen Projekten sind es vor allem die Rechtsanwälte und Betriebswirte, die Rahmenbedingungen aushandeln.

Um die immer engeren Zeit- und Kostenrahmen halten zu können, die Nichttechniker festlegen, müssen die Entwickler anders als früher vorgehen – egal ob sie an einer neuen Zahncreme oder an einem Auto arbeiten. Immer mehr Unternehmen greifen bei technisch komplexen Projekten zu Simulationen am Computer, statt physikalische Experimente durchzuführen, die länger dauern und teurer sind. Oft gaukeln die Ergebnisse aus den Simulationen eine Produktqualität vor, die in Wirklichkeit nicht vorliegt. An echten Tests mit Prototypen wird dagegen gespart, wie etwa Experten nach der Fehleranalyse beim Combino kritisierten. »Was in der Entwicklung geschieht, hat nicht mit ökonomischen Wunschvorstellungen, sondern mit Physik zu tun und ist deswegen nicht nach Belieben beeinflussbar«, sagt Neef.

Der Einfluss der Techniker in den Firmen ist dramatisch zurückgegangen. Ein Unternehmen wie Siemens zieht zwar noch heute viele Ingenieure an. Selbst große Talente entscheiden sich häufig gegen den riskanten Schritt, als Gründer den eigenen Weg zu gehen. Doch in die entscheidenden Führungspositionen steigen selbst bei einem ausgesprochenen Technologieunternehmen nur wenige Technikfachleute auf. Tüftler und Laborleiter sind gut darin, technische Aufgaben zu lösen. Ihnen fehlt aber oft grundlegendes Wissen in Sachen Budgetplanung und Personalführung. Deshalb ziehen immer wieder junge Juristen, Volks- und Betriebswirte an ihnen vorbei und entscheiden dann über ihre Personalausstattung und ihre Budgets. Fünf von sechs Führungspositionen in den deutschen Unternehmen sind von Absolventen der genannten Studiengänge besetzt.

Neben dem Kostendruck und dem Übergewicht der Betriebswirte in den Unternehmen hat der Siegeszug der Informationstechnologie dazu beigetragen, dass die Vorgaben der Controller immer direkter auf die Entwicklungsarbeit durchschlagen. Mit der Einführung betrieblicher Standardsoftware wie dem Abrechnungssystem SAP R/3 etwa geht immer eine Umstellung der Arbeitsabläufe einher. Abteilungen können nicht mehr so arbeiten, wie sie es seit Jahren gewohnt sind, die Produktionsprozesse werden den Vorgaben der Software angepasst. Auch die Forscher und Entwickler müssen ihre Arbeitsleistung in Zahlen fassen, mit denen die Controllingsysteme gefüttert werden können. Viele Tüftlerleistungen lassen sich aber schlichtweg nicht beziffern. Die Folge: »Nirgendwo wird so viel gelogen wie beim Einbuchen«, verrät ein deutscher Flugzeugbauer. »Ein Drittel unserer Arbeitskapazität verwenden wir darauf, diese Systeme zu betrügen«, ergänzt ein Elektroingenieur, der in einem großen deutschen Technologiekonzern tätig ist.

Die Atmosphäre in vielen Forschungs- und Entwicklungsabteilungen hat sich durch den Effizienzdruck und das Regiment der Betriebswirte gravierend verändert. Stromlinienförmiges Jasagen zahlt sich in der Regel aus, kritisches Hinterfragen ist schlecht für die Karriere. Wer Ungewöhnliches anpackt, statt Dienst nach Vorschrift zu machen, gilt als leichtsinnig. 2007 waren im Magazin *brand eins* Zahlen zu lesen, die zeigen, wie es um das Erfinderklima in deutschen Unternehmen bestellt ist: 39 Prozent der Erfinder in deutschen Firmen erwarten in dem Fall, dass sie mit einem Projekt scheitern, dass die Kollegen mit Häme reagieren. Nur jeder Fünfte hofft auf Unterstützung durch seine Vorgesetzten, wenn etwas schiefgeht.

Durch diese Entwicklung ist den Technologieriesen etwas Wesentliches abhandengekommen – die Leidenschaft, mit der individuelle Charakterköpfe zu Werke gehen, wenn sie auf der Spur nach etwas Neuem, etwas Großem sind. »Die Art und Weise, wie sich bestimmte Richtungen der industriellen Technik auch durch entsprechende Infrastrukturen verfestigten, entmutigte den nicht professionellen, nach unkonventionellen Lösungen suchenden Erfindergeist. Damit ging eine Quelle dilettantischen Vergnügens und der Eigeninitiative gegenüber der Technik verloren«, bilanziert der Historiker Joachim Radkau.

Es fehlt den Unternehmen das Entscheidende, um innovativ sein zu können: ein spielerisches Element in ihrer Arbeit, wenigstens ein Hauch von Wild Economy, ein Umfeld, das es Menschen gestattet, bei der Arbeit kreativ und mutig zu sein. Ohne dies ist es für Unternehmen schwer, Neues zu entdecken, selbst wenn sie es mit aller Macht versuchen. »Der Zufall, die plötzliche Eingebung, das Verblüffende gehört zur Systematik des Entdeckens ebenso wie das Verlassen eingetretener Pfade und das Überschreiten von Spielregeln«, erklärt Hans-Jörg Bullinger, der Präsident der Fraunhofer-Gesellschaft. »Angst, Machtkämpfe und eine Kultur, in der Fehler bestraft werden, sind effektive Ideenkiller.«

Heute hat sich in den großen Unternehmen Lustlosigkeit breitgemacht. Forscher und Entwickler in vielen Firmen klagen, dass ihre Leistungen nicht gewürdigt werden, Chefs mit Lob geizen oder es an Respekt fehlen lassen und dass gute Einfälle irgendwo in den Hierarchien versanden. Auch das ausgeprägte Abteilungsdenken lähmt viele Unternehmen: Wenn ein Einfall gut ist, aber nicht direkt den eigenen Geschäftsbereich betrifft, ist die Chance gering, dass er umgesetzt wird. Wer eine völlig neue Idee hat, die nicht in die Abteilungslogik passt, findet keine Ansprechpartner, bekommt kein Budget oder sogar Ärger mit den Vorgesetzten, weil er sich in andere Ressorts einmischt.

Wer völlig neuartige Innovationen anregt, wird ausgebremst. Er erlebt, dass seine Vorgesetzten neue Ideen nicht verstehen oder sich mit ihnen gar nicht erst auseinandersetzen. Ob eine radikale Neuerung wirklich das Unternehmen – und damit auch die eigene Karriere der Führungskraft, die sich hinter sie stellt, oder des Controllers, der ein Budget für sie durchwinkt – weiterbringt, ist im Voraus schwer abzuschätzen. Und da Führungskräfte in der Regel Angst haben, Fehler zu machen, neigen sie nach Angaben von Innovationsforschern dazu, die Chancen einer Innovation eher unter-, die Risiken aber tendenziell überzubewerten. Ein Erfinder, der bei Siemens vorschlägt, das Forschungsbudget für die Optimierung eines

Hausproduktes wie Leuchtdioden einzusetzen, ist für diese Manager ein Traummitarbeiter. Wer dagegen etwas wirklich Neues vorschlägt, stößt auf eisiges Schweigen.

Die Unternehmensberater von Gallup untersuchen regelmäßig die Stimmung in den großen Unternehmen. Die Ergebnisse sind seit Jahren verheerend. Zwischen 60 und 80 Prozent der Mitarbeiter machen, je nach Umfragejahr, Dienst nach Vorschrift, ohne sich besonders zu engagieren. Nur jeder sechste, in einigen Umfragen sogar nur jeder zehnte Angestellte hat das Gefühl, für seinen Arbeitgeber etwas Besonderes leisten zu wollen.

Kein Wunder, dass bei den Giganten starke Impulse und visionärer Weitblick Mangelware sind. Sie treffen mut- und einfallslose Entscheidungen – und das sind angesichts der Herausforderungen definitiv die falschen. Die Konzerne haben ihre Wendigkeit verloren und sind zu schwerfälligen Gebilden geworden, die nicht mehr schnell genug reagieren können. Wie Elefanten in einer Herde trotten sie stoisch alle in die gleiche Richtung. Dass kleine Flitzer sie links und rechts überholen oder einfach eine ganz andere Richtung einschlagen, bemerken sie kaum. Der Blick auf den Vorder- und den Nebenmann beweist schließlich, dass die anderen großen Tiere es genauso machen.

Intern wird immer mehr Druck aufgebaut, um in der falschen Richtung voranzukommen – wie seinerzeit Edisons Forscherarmee verbissen am überholten Konzept des Gleichstroms festhielt. Jahr für Jahr erhöhen viele Konzerne die Innovationsbudgets und wundern sich, dass sie sich kaum von der Stelle bewegen. Wie bei Edisons vergeblichem Kampf gegen den Wechselstrom müssen sie immer wieder feststellen, dass selbst gigantische Ressourcen nicht ausreichen, um gegen kreative Konkurrenten zu bestehen.

KAPITEL 7

Genial, aber pleite: Warum manche Erfinder trotz erstklassiger Ideen scheitern

Wenn Armin Witt samstags in seiner Werkstatt in München Bohnenkaffee und Blechkuchen serviert, sind nicht Onkel und Tante zu Besuch, sondern Geistesverwandte. Erfinder, Tüftler und Bastler setzen sich bei ihm zusammen und reden sich die Köpfe heiß. Um geniale Ideen geht es dann in diesen Runden, um Durchbrüche, um kniffelige Detailprobleme und wie man sie gelöst hat, oder um Einfälle, die nicht funktionieren. Und oft geht es auch um den Frust, etwas Großartiges erfunden zu haben, das aber vom Rest der Welt nicht wertgeschätzt wird.

Witt hat ein Herz für Bastler. Von ihm selbst stammt auch die eine oder andere kleine Erfindung. Vor allem aber hat er die »Gesellschaft für außergewöhnliche Ideen« ins Leben gerufen, eine Organisation für Visionäre, die im Verborgenen wirken. Hier werden kühne Entwürfe gesammelt und im Internet dokumentiert. Meist sind es Erfindungen, die nicht den Durchbruch geschafft haben: zum Beispiel das einarmige Windrad, das der Bastler und freischaffende Künstler Josef Moser aus Erdingen erfunden hat. Oder der Stelzer-Motor, der sehr wenig Treibstoff braucht. Er besteht aus extrem wenigen Bauteilen und verfügt nur über ein bewegliches Element, einen Spezialkolben. Zum Vergleich: Der Otto-Motor besteht aus 400 mobilen Teilen, die alle Reibungsverluste erzeugen oder der Grund für eine Panne sein können. Die Autoindustrie hat jedoch mehr als 20 Jahre lang die Erfindung des inzwischen verstorbenen Technik-Autodidakten Frank Stelzer ignoriert. Moser und Stelzer gehörten lange zu denjenigen, die sich rund um Witts Initiative trafen und austauschten. Einmal im Monat versucht er, Erfinder und Forscher mit Patentanwälten und Investoren zu vernetzen. Wichtig sind die Blechkuchen-Runden für die Besucher aber auch, weil es hier vielen ähnlich ergangen ist. Hier treffen sich viele kluge Köpfe, die damit fertig werden müssen, dass die Welt von ihren großartigen Ideen einfach nichts wissen will.

Genial, aber pleite – das gilt für viele Visionäre in freier Wildbahn. Eine Garantie, dass eine bahnbrechende Idee auch zu Ruhm und Reichtum führt, gibt es nicht, selbst wenn ein Macher viel Arbeit, Können und Herzblut in sie investiert. Wer sich auf die Suche nach Gründen macht, warum Erfinder scheitern, wird schnell fündig. Die Hürden bis zum Erfolg sind gewaltig, wenn jemand Unerhörtes in Angriff nimmt, und dann noch womöglich im Alleingang. Schon einen anderen davon zu überzeugen, dass man auf etwas Neues gekommen ist, ist nicht einfach, sagt Josef Moser. »Wer eine wirklich sensationelle Idee hat, wird oft als Oberspinner eingestuft.«

Unglaube ist eine typische Reaktion, wenn jemand, der nicht einmal Ingenieur ist, behauptet, er habe einen neuartigen Motor oder ein Windrad erfunden, das alles bisher Dagewesene in den Schatten stellt. In der Regel glauben bestenfalls die Familie und ein paar Freunde an den Erfinder, während die Entwicklungsabteilungen in den Unternehmen und die akademische Fachwelt sein Treiben ebenso spöttisch beäugen wie unbeteiligte Laien. »Das kann nicht funktionieren, ist ein Satz, den jeder Erfinder ständig zu hören bekommt«, sagt Moser.

Auch in den Patentämtern sitzen Beamte, und sie sind oft nicht fantasievoller als die Menschen in anderen Behörden. Außerdem sind sie darauf eingestellt, dass auch Aufschneider und Fantasten ihre Ideen präsentieren oder dass jemand ihnen einen alten Hut als etwas wahnsinnig Neues verkaufen will. Das Schlimmste, was einem Mitarbeiter dort passieren kann, ist, ein Patent auf etwas zu erteilen, das sich im Nachhinein als Unsinn entpuppt. Sicherer ist es, Unverständliches vorsichtshalber abzulehnen. Schon Alfred Nobel verzweifelte manches Mal an dem strukturellen Konservativismus der Patentämter. »Hätten sie in der Zeit vor Watt existiert und floriert, so hätte er niemals ein Patent auf seine Erfindungen bekommen«, hielt er in einem Brief fest. »Sie würden ihm geschrieben haben, dass Wasser bekannt sei, Dampf bekannt sei, Kondensierung bekannt sei, ergo sei es lächerlich, von einer neuen Erfindung zu sprechen, wenn der Kondensator an einer anderen Stelle angebracht wird als vorher.«

Patentämter tun sich als Behörden häufig schwer, auf technische Neuerungen so schnell zu reagieren, wie es nötig wäre. Oft sitzen diejenigen, die etwas völlig Neues vorstellen, zwischen allen Stühlen, weil nicht klar ist, welche Abteilung eigentlich zuständig ist. »Bis in die letzten Tage hinein, in denen ich dieses Buch schreibe, stand beim Deutschen Patentamt das Flugzeug in derselben Klasse wie Kinderspielzeuge, Volksbelustigungen, Schießbuden und dergleichen. Erst jetzt ist für die Luftfahrzeuge eine besondere Klasse eingerichtet worden«, schrieb Anton Flettner im Jahr 1926, als die junge deutsche Luftfahrtindustrie bereits in voller Blüte war.

Bis heute hat sich an den Klagen der Erfinder nichts geändert. Wer etwas vorstellt, das Bestehendes graduell verbessert, kann an Vorgängertechnik anknüpfen und Unterschiede aufzeigen. So etwas verstehen Patentbeamte, sagen sie. Wer dagegen einen völlig neuen Mechanismus präsentiert, etwa um einen Motor anzutreiben, stößt auch bei den Beamten von heute oft auf Unglauben. Ein Motor, der nur ein bewegliches Teil benötigt, wo der über 100 Jahre lang perfektionierte Otto-Motor 400 Teile braucht? Das klingt für die meisten erst einmal unglaubwürdig. Entsprechend teuer waren Frank Stelzers Auseinandersetzungen mit den Ämtern. Die komplizierte und teure Prozedur des Anmeldens, die Kosten des Patentanwalts und die jährlichen Erhaltungsgebühren kosteten ihn in den 1990er Jahren 300 000 Mark.

Entscheidend für das Scheitern des Stelzer-Motors war aber letztlich, dass die Autoindustrie kein Interesse an ihm zeigte. Sie war jahrzehntelang gut mit dem Otto-Motor gefahren. An einer Alternative war niemand interessiert, wie der Erfinder feststellen musste. »Der Hubkolbenmotor, der ja aus dem vorigen Jahrhundert stammt, ist etwa eine Milliarde Mal gebaut worden, Milliarden sind in diesen Motor investiert worden, Milliardengewinne wurden mit ihm erzielt«, erklärte er einem Reporter. »Investitionen und Gewinne in dieser Größenordnung gibt niemand so leicht auf. Die Konzerne stünden bei der Einführung eines neuen Motorsystems vor einer industriellen Umrüstung von kaum vorstellbaren Dimensionen.« Und radikale Neuerungen werden in den betroffenen Industrien selten mit offenen Armen aufgenommen. »Jeder Versuch, eine Lösung für ein vertracktes Problem zu finden, erzeugt den hartnäckigen Widerstand einflussreicher Interessengruppen«, erklärt der Innovationsforscher John Kao. Natürlich betrachtet jemand, der Milliarden mit benzingetriebenen Fahrzeugen verdient, das Elektroauto nicht als willkommene Alternative, sondern als Bedrohung. Oft erweisen sich die Konzerne deshalb als rabiate Gegner des Neuen.

Die beliebteste Methode ist, innovative Denker so lange zu ignorieren, bis ihnen das Geld ausgeht. Bei Stelzer reichte das aus. Mitunter kämpfen die Platzhirsche aber auch mit härteren Bandagen. 1994 präsentierte der Schweizer Elektroingenieur Rolf Zinniker ein Ladegerät, mit dem sich ganz gewöhnliche Batterien wieder aufladen lassen. Damit wäre aus einem millionenfach produzierten Wegwerfartikel ein Produkt geworden, das sich wiederverwerten lässt. Drei- bis fünfmal pro Batterie rechnete sich das Aufladen. Erst danach wären die Batterien zu ausgelaugt. Die großen Batteriehersteller waren von der Idee ganz und gar nicht begeistert. Sie starteten eine Pressekampagne, die an Edisons Methoden aus dem Stromkrieg erinnerte: Die Öffentlichkeit wurde ausgiebig vor der Gefahr gewarnt, dass Alkalibatterien beim Aufladen explodieren könnten. Zwar kann das bei Zinnikers Ladegerät nicht passieren. Eine simple Elektronik überwacht, dass eine bestimmte Spannung nicht überschritten wird. Doch die Kunden waren verängstigt und ließen die Ladegeräte liegen. Viele Kaufhäuser und Supermärkte weigerten sich, das Alkali-Ladegerät überhaupt erst ins Sortiment zu nehmen. Rolf Zinniker vermutete dahinter den Einfluss der Batteriehersteller. »Druckversuche von Seiten der Batterielobby haben tatsächlich stattgefunden«, sagte er in einem Interview mit dem Deutschlandfunk. Zudem glaubte Zinniker, dass die Hersteller die chemische Zusammensetzung der Batterien veränderten: »Die ließen sich plötzlich kaum mehr wieder aufladen.«

Der Produzent, der die Ladegeräte herstellte, die badische Firma Elowi in Teningen, ging Ende der 1990er Jahre in die Insolvenz. Rolf Zinniker hat sein Patent nach Ablauf nicht mehr erneuert. »Es ist einfach nicht damit getan, ein gutes Produkt zu entwerfen und herzustellen«, bilanziert er. »Es ist wesentlich mehr Aufwand, es nachher auch zu verkaufen, das heißt, die Leute so weit zu bringen, dass sie dieses Produkt als nützlich anerkennen und es tatsächlich auch kaufen und verwenden. Und dazu braucht es einfach Werbung, dazu braucht es Information, dazu braucht es Lobbying. Und für ein Produkt, das von fast allen kommerziellen Seiten nicht gewünscht ist, ist das noch doppelt, fünfmal, zehnmal schwieriger als für etwas, das nicht bekämpft wird.«

Dass nicht nur die Genialität der Erfindung, sondern auch Geschick und Stärke ihrer Vermarktung über den Durchbruch entscheiden, dieser Analyse stellen sich nicht alle Erfinder. Viele, die mit ihren Ideen gescheitert sind, kolportieren lieber raunend Geschichten über böse Großkonzerne, die ihre Entwicklungen sabotieren, sie als Person diskreditieren, Fachleute bezahlen, die ihre Neuerungen in Frage stellen. Einige berichten gar – »Namen darf ich auf keinen Fall nennen« – von geheimnisvollen Autounfällen, Bränden in Werkstätten und Häusern, Telefonterror. Witt und seine Gesellschaft greifen, zumindest auf der Internetseite, mitunter auf einen Duktus zurück, der an Verschwörungstheorien erinnert. »Josef Mosers neue Art, Sturm geräuschlos zu Strom umzuwandeln, interessiert die Umweltschützer nicht, sondern nur Waffenhändler in Bonn, die ihre Kampfhubschrauber damit ausrüsten wollen«, ist auf der Webseite zu lesen. »Eben diese Herren im Verteidigungsministerium erteilten mit dem Geld des Steuerzahlers den Auftrag an die Großindustrie, ein optimales Antriebskonzept für U-Boote zu erforschen und zu entwickeln. 1991 ließen sie diesen Motor verschwinden. Es soll der Gesellschaft und der neuen Regierung weiterhin verheimlicht werden, dass längst ausgereifte Antriebstechniken mit sagenhaften 70 Prozent Wirkungsgrad existieren, die zudem völlig schadstofffrei und geräuschlos arbeiten.« Die Vermutung, dass wirklich große Erfindungen von den Mächtigen – in Konzernen oder in der Politik – kleingehalten werden, ist für gescheiterte Erfinder enorm beruhigend. So sind nicht Fehler im Konzept oder taktische Ungeschicklichkeit auf dem Weg zum Erfolg für den Fehlschlag verantwortlich, sondern irgendwelche Kräfte, die Unerwünschtes »verschwinden lassen«.

Die Realität ist komplexer. Die Meisten scheitern nicht, weil die großen Konzerne an ihren Erfindungen kein Interesse zeigen oder ihnen gar Steine in den Weg legen. Auch wenn man alles riskiert, können Geldmangel, Patentprobleme und falsche Geschäftspartner das Aus bedeuten – oder die Tatsache, dass andere etwas erfinden, das die eigene Idee überflüssig macht. Erfinder scheitern aber auch, weil sie gegenüber potenziellen Investoren und anderen Interessenten nicht kommunizieren können, was der Sinn ihrer Erfindung ist; weil sie reine Theoretiker oder Fachidioten sind; weil es kein reales Problem gibt, das ihre Erfindung löst; oder weil sie das Richtige zur falschen Zeit erfinden. Der Flettner-Rotor kam in den 1920ern zu spät, um den Schiffsdiesel noch auszubremsen. Er kam aber gleichzeitig zu früh: Heute baut das Windenergieunternehmen Enercon in Emden das sogenannte E-Ship. Der Antrieb besteht aus vier 27 Meter hohen Rotoren, die von Elektromotoren in Rotation versetzt werden. Treibstoff ist inzwischen so teuer, dass es sich lohnt, durch die Rotoren gegenüber einem konventionellen Antrieb 30 bis 40 Prozent des Kraftstoffverbrauchs einzusparen.

Natürlich kann man nicht immer steuern, wann man eine Erfindung macht. Vieles hängt von der Inspiration ab, von dem Zeitpunkt, an dem sich eine geniale Lösung für ein Problem abzeichnet, von den Vorarbeiten anderer, von Erfindungen und Entdeckungen, die sich weiterdenken lassen und geniale Visionäre inspirieren. Öffnet sich aber ein solches Zeitfenster, haben die Macher in der Regel lediglich diese eine Chance. Nur wer sie beherzt nutzt, hat die Gelegenheit, Geschichte zu schreiben. Doch das wagt nicht jeder. Josef Moser etwa hatte eine große Möglichkeit, den Durchbruch für seinen Einflügler zu erreichen. Und er konnte sie nicht nutzen.

Den Rotor, der ohne Schmiermittel im Getriebe auskommt und aus Wind sehr viel mehr Strom macht als andere Windanlagen, konzipierte Moser Mitte der 1990er Jahre. »Dass ich auf eine bestimmte Form und eine bestimmte Oberflächenstruktur gekommen bin, ist wohl meiner Begabung als Künstler, anders zu denken, geschuldet.« Moser tüftelte und entwarf – und als das Konzept stand, baute er ein drei Meter großes Modell. Da standen die Interessenten bei ihm Schlange. Doch der richtige Partner, um tatsächlich einen Prototyp der 200 Meter hohen Anlage zu bauen, war nicht darunter. Die Idealisten, die vorsprachen, hatten nicht genug Kapital. Und die großen Firmen, die vorsprachen, waren nicht an einer ehrlichen Kooperation interessiert, sondern daran, sein Know-how anzuzapfen, sagt Moser. »Ehe die Firmen einem helfen, beuten sie einen aus, damit sie selber reich werden. Die Industrie gibt lieber 100 000 Euro aus, um eine Erfindung zu vernichten, bevor sie einen Erfinder mit 10 000 Euro entlohnt«, ärgert er sich. »Siemens-Chef Heinrich von Pierer hat mal gesagt: ›So gut kann eine Erfindung nicht sein, dass Siemens von einem freien Erfinder etwas kauft.‹«

Die Weltausstellung Expo 2000 in Hannover wäre Mosers Chance gewesen, es von Pierer zu zeigen und seine Erfindung der Welt zu präsentieren. Bei den Expo-Machern hatte er seine Erfindung vorgestellt – und war eingeladen worden, seinen Rotor dort aufzubauen. Moser hatte alle nötigen Patente in der Tasche, und für dieses Projekt wäre eine Finanzierung auch zu machen gewesen, sagt er. Aber es waren nur noch zweieinhalb Jahre bis zur Eröffnung der Expo, als die Zusage kam. Das klingt viel, doch für so ein Riesenprojekt ist das wenig Zeit. »Ich habe kalte Füße bekommen«, gibt Moser zu. »Ich kann nicht mal eben einen 200-Meter-Flügel bauen. Kein Mensch hatte damit Erfahrungen. Selbst ich hatte ja bis dahin nur ein Drei-Meter-Modell gebaut.« Er hätte aus dem Nichts einen Trupp Spezialisten rekrutieren und koordinieren müssen, um den Prototyp parallel zu Ende zu konstruieren und aufzubauen. Manche stellen in so einer Situation trotzdem ein Team zusammen und versuchen das Unmögliche. Gut möglich, dass Mosers Rotor ein triumphaler Höhepunkt der Expo-Weltausstellung gewesen wäre. Sicher wird man das niemals wissen. Moser verzichtete auf den Versuch. Das Risiko, mit dem Megaprojekt zu scheitern, schien ihm zu groß.

Ein Trost für alle Gescheiterten ist vielleicht, dass einer, den viele heute für den größten Erfinder der Welt halten, ebenfalls am Ende scheiterte: Nikola Tesla. Edisons Gegenspieler im Stromkrieg ist das Musterbeispiel eines brillanten Erfinders und wilden Visionärs, der sich aber zeit seines Lebens schwertat, die Früchte seiner Arbeit zu ernten. Seine Erfindungen für Westinghouse hatten ihn zwar reich gemacht. Zwölf Millionen Dollar an Lizenzgebühren schuldete der Industrielle seinem Superhirn im Jahr 1896. Hätte er Tesla ausbezahlt, wäre sein Konzern pleite gewesen. Tesla zerriss den Vertrag und schenkte seinem alten Förderer damit sein Vermögen.

Über Edison sagte Tesla der *New York Times* im Jahr 1931: »Müsste Edison eine Nadel im Heuhaufen finden, würde er einer fleißigen Biene gleich Strohhalm um Strohhalm untersuchen, bis er das Gesuchte gefunden hat. Es tat mir leid, in dem Wissen diesem Treiben zuzusehen, dass ein wenig Theorie und Kalkulationen ihm 90 Prozent seiner Arbeit erspart hätten.« Tesla fühlte sich dem Mann, der einen Mangel an konzeptioneller und visionärer Kraft mit seiner Erfinderarmee und reichlich Geld kompensieren musste, weit überlegen. Reich zu werden war für Tesla kein erstrebenswertes Ziel. Das Erfinden war für ihn eine Kunst. Er unterschied sich darin massiv von Charakteren wie Edison oder später auch Bill Gates, dem Gründer von Microsoft, dem bis heute nachgesagt wird, dass er vor allem durch seine Geschäftstüchtigkeit und seine hemdsärmeligen Methoden, Wettbewerber auszubremsen, Microsofts Software zum Standard für den Personal Computer machen konnte – nicht aber, weil Windows im Vergleich mit anderen Anbietern das bessere Programm war.

Man mag Gates und Edison für gierig halten und es unfair finden, dass sie sich durchgesetzt haben. Wer mit seinen Ideen und Produkten die Welt verändern will, braucht aber einen realitätstauglichen Durchsetzungsinstinkt, und der hat nicht unbedingt etwas mit Nettigkeit, Kultiviertheit oder intellektueller Brillanz zu tun. Edison und Gates schufen vielleicht nicht die konzeptionell besten Produkte in den Märkten, die sie eroberten. Aber sie schafften es, schlagkräftige Organisationen aufzubauen, die dafür sorgten, dass ihre technologischen Ansätze sich durchsetzten. Edison musste im Stromkrieg eine schmerzliche Niederlage hinnehmen, er verkaufte aber weiterhin Stromleitungen, Fonografen, Telefone, Telegrafen und vieles mehr. Er war ein erfolgreicher Unternehmer und ein cleverer Geschäftsmann. Tesla dagegen fehlte zeit seines Lebens eigenes Geld, um seine Projekte zu verwirklichen. Er war immer davon abhängig, ob das, was er erfinden wollte, auch seinen Gönnern und Förderern gefiel.

Tesla war aber nicht nur ein schlechter Kaufmann, sondern auch kein großer Kommunikator. Man tut ihm kein Unrecht, wenn man ihn als extrem exzentrisch bezeichnet. Er hatte eine krankhafte Angst vor Bakterien. Ihm wurde übel, wenn er Pfirsiche, Perlen oder Frauen mit Ohrringen sah oder versehentlich Haare berührte. Er zählte seine Schritte, und vor dem Essen errechnete er zwanghaft den Kubikinhalt von Schüsseln und Tellern. Haus- und Zimmernummern mussten durch drei teilbar sein, wenn er dort wohnen sollte. Was er einmal begann, musste er zwanghaft zu Ende führen. Als er angefangen hatte, Voltaires Werke zu lesen, konnte er auch nicht aufhören, als er voller Entsetzen feststellte, dass »dieses Monster gut 100 klein gedruckte Bände veröffentlicht hat«.

Diese Exzentrik macht es schwer zu beurteilen, ob Tesla tatsächlich das größte Genie seiner Zeit war oder ob ein Teil seiner Visionen und seiner unzähligen Ideen eher als Wahnvorstellungen einzustufen sind. Sicher ist, dass die Zwangsstörungen des Erfinders seine Zeitgenossen verleiteten, seine Ideen weniger ernst zu nehmen, als diese es verdient hatten. Teslas Innovationsleistungen werden bis heute unterschätzt. Viele Schulbücher feiern Edison als Vater der Elektrifizierung der Vereinigten Staaten. Und als Erfinder der drahtlosen Telegrafie gilt Guglielmo Marconi, obwohl Tesla bereits drei Jahre vor ihm, nämlich 1893, ein Patent für die Übertragung von elektrischen Wellen durch die Luft angemeldet hatte. Unter Kennern gilt Tesla deshalb nicht nur als Radiopionier, sondern auch als Vordenker von Mobilfunk- und Funknetzwerken.

Schon früh hatte ihn die Idee völlig gefesselt, Elektrizität ohne Kabel durch die Luft zu übertragen. Wer aber mit großen Visionen seiner Zeit weit voraus ist und zudem nicht gut kommunizieren kann oder über eigenes Geld für große Projekte verfügt, scheitert fast zwangsläufig. Ehemalige Gönner und Investoren wie Westinghouse oder J. P. Morgan sprangen nach und nach ab. Seine Projekte klangen zu wirr, und sie passten mitunter auch nicht in das strategische Kalkül seiner Geldgeber. Morgan etwa gehörte ein großer Teil des Telefonkonzerns AT & T, der mit kabelbasierten Telefonaten und Telegrammen viel Geld verdiente. Signale ohne Kabel zu übertragen hätte seinem Geschäft ebenso geschadet, wie heute die Nutzung von Mobiltelefonen die Festnetzumsätze der Telekommunikationsfirmen schmälert. Aber die Gabe zu erkennen, welche seiner Ideen strategisch zu den Zielen etwaiger Geldgeber passte, hatte Tesla einfach nicht.

»Die Welt war darauf nicht vorbereitet. Er war seiner Zeit zu weit voraus«, kommentierte er seinen am Geldmangel gescheiterten Versuch, auf Long Island in einem mehr als 60 Meter hohen Turm einen gigantischen Elektrowellentransmitter zu bauen. Die Welt wäre für die Elektrowellen sehr wohl bereit gewesen, wenn jemand erkannt hätte, für was sie gut sind. Den konkreten Nutzen konnte Tesla aber niemandem begreifbar machen. Teslas Pläne, zum Beispiel Schiffe und Flugzeuge aus der Ferne mit Strom zu versorgen, waren damals unrealistisch und lassen sich auch mit dem heutigen Stand der Technik nicht umsetzen. Vollkommen abwegig war der Plan mit den Elektrowellen allerdings nicht. Heute, wo Mobiltelefone zum Alltag gehören, ist für jeden klar, in welche Richtung Teslas Erfindungen hätten führen können.

Für den Visionär wurde die Idee, Energie verlustfrei durch die Luft zu übertragen, in seiner zweiten Lebenshälfte zur Obsession. Immer verzweifelter versuchte das Genie, für seine Ideen zu werben, um doch noch einen Gönner zu finden. Seine späten Vorschläge, die Elektrowellen zu nutzen, fanden jedoch nur Eingang in die verschiedenen Genres der Science-Fiction: zum Beispiel, die Vereinigten Staaten mit einem undurchdringlichen Energieschild zu umgeben oder den Weltfrieden mit Hilfe einer Strahlenkanone zu sichern. »Dieses Jahr feierte er seinen 71. Geburtstag, aber Nikola Tesla sagte nichts, das er nicht auch schon an seinem 61. Geburtstag gesagt hatte – oder, wenn man es genau nimmt, auch an seinem 41. Geburtstag«, schrieb ein enttäuschter Reporter der *New York Times* im Juli 1925. »Nikola Tesla, dieses außergewöhnliche Elektrizitäts-Genie, hat letzte Woche wieder einmal prophezeit, was er seit 1895 vorhersagt: Enorme Strommengen werden eines Tages per Radiowelle ausgestrahlt werden. Wenn das möglich ist, werden Flugzeuge keinen Treibstoff mehr brauchen.«

1943 starb Tesla im Alter von 86 Jahren einsam und völlig verarmt in einem billigen Hotel in New York. Ihm ist jedoch, wie Flettner mit dem

E-Schiff, ganz aktuell eine späte Ehrung vergönnt. Das Start-up-Unternehmen Tesla Motors aus dem Silicon Valley hat nicht nur die Firma, sondern auch ihr erstes Produkt nach dem Stromvisionär benannt: ein schnittiges Elektroauto, das sich gerade anschickt, die alteingesessenen Autokonzerne auf Trab zu bringen. In die Entwicklung des Tesla Roadster haben vor allem Internetpioniere wie die Gründer der Suchmaschine Google investiert.

KAPITEL 8

Der Traum vom Jackpot: Wie die Tüftler in den Nischen überlebt haben

Vor einer unauffälligen Scheune im Norden Münchens fährt im Sommer 2003 der Wagen des Radrenn-Teams Bianchi vor. Stefan Ullrich holt für seinen Bruder Jan Räder für die Tour de Suisse ab. Jan Ullrich hat 1997 die Tour de France gewonnen, er ist der König des Radrennsports. Trotzdem darf sein Bruder nicht in das fensterlose Gebäude, in dem die Räder hergestellt werden, er muss draußen unter der Pergola warten. Heinz Obermayer und sein Tüftel-Kompagnon Rudolf Dierl wollen verhindern, dass jemand dahinterkommt, wie sie die weltweit ersten Vorder- und Hinterräder aus Vollcarbon produzieren. Deshalb hat außer den beiden Tüftlern selbst niemand Zutritt.

Heinz Obermayer genießt solche Augenblicke. Dass selbst die Emissäre der erfolgreichen Radrennfahrer vor der Tür warten müssen, zeigt, wie gut die Räder sind. Sein Leben lang hat er gebastelt. Und nun endlich, nach fast 40 Jahren Arbeit, ist der Erfolg da. Bis Ende der 1990er Jahre waren die Carbonlaufrad-Bauer nur Eingeweihten bekannt. Einsame, brillante Tüftler wie sie, die stoisch ihre Projekte vorantreiben, tun das im fantasielosen Zeitalter der Großkonzerne in der Regel unterhalb des Radarschirms der öffentlichen Wahrnehmung. Die gute Nachricht: Es gibt sie noch, die Vertreter der Wild Economy.

Das Basteln und Erfinden in den Garagen hat nie aufgehört. Auch wenn selten darüber berichtet wird. Deutschland ist noch immer ein Land der Tüftler und Macher, obwohl das Gros von ihnen unbemerkt seine Arbeit verrichtet. Und manche dieser Individualisten schaffen es, mit besseren Ideen und cleverer Technik sehr viel größere Konkurrenten zu schlagen. Eigentlich bekam Ullrich die Räder für seine Rennräder vom noblen italienischen Hersteller Campagnolo. Doch die Carbonlaufräder waren einfach besser. Die superleichten, aerodynamischen Wunderwerke werden heute praktisch bei allen wichtigen Profirennen eingesetzt.

Daran, dass die klugen Kleinen mit ihren Tüfteleien mitunter die selbstzufriedenen Großen schlagen, hat sich bis heute nichts geändert. Der japanische Gangschaltungshersteller Shimano mit seinen 9600 Mitarbeitern etwa blickt regelmäßig voll Sorge nach Kassel, wo der Erfinder Bernhard Rohloff arbeitet. Der stellte 1988 die erste Fahrradkette für Fahrräder mit 27 Gängen vor. »So viele Gänge braucht kein Mensch«, höhnte die etablierte Konkurrenz damals. Heute sind die 27-Gang-Fahrräder zum Standard geworden.

1998 verblüffte er den Weltmarktführer mit einer in die Radnabe integrierten Gangschaltung, die auf diese Weise vor Wasser und Sand geschützt ist. Ein verdorbener Fahrradurlaub an der französischen Atlantikküste, bei dem Wellen und Sand seine Gangschaltung außer Gefecht setzten, hatte Rohloff zu dieser Erfindung inspiriert. Auch Shimano wollte so eine Schaltung herstellen, aber der deutsche Bastler war schneller. Shimano beherrscht bis heute das Massengeschäft. Fahrradfreaks aber wissen, dass die wirklichen Neuerungen im Bereich Kette und Schaltung in Nordhessen erdacht werden.

Aus dem einsamen Tüftler ist inzwischen der Chef eines eigenen Unternehmens geworden, in dem 45 Mitarbeiter Fahrradketten, Schaltungen und Naben herstellen. Es gibt jedoch nach wie vor auch unbekannte Einzelkämpfer, die versuchen, mit einer Idee ihr Glück zu machen. Sie treffen sich auf Fachmessen wie der Ideen-Erfindungen-Neuheiten-Ausstellung (iENA) in Nürnberg oder auf der Internationalen Erfindermesse in Genf. Dort stellen Menschen wie Werner Dutz aus dem niedersächsischen Werlte ihre Innovationen vor. Seine wurde im Jahr 2009 sogar preisgekrönt. Es ist ein Gerät, das so ähnlich aussieht wie eine überdimensionierte Kaffeemaschine: ein Apparat zum Portionieren von Butter. Er macht aus großen Blöcken kleine streichfähige Portionen.

Der Blick auf ein Frühstücksbuffet in einem Hotel hatte den Unternehmensberater auf einer seiner vielen Dienstreisen inspiriert. Ein Gast nieste in eine Schüssel, in der Butterportionen in Eiswasser schwammen. Werden die Butterstücke erst dann portioniert, wenn man sie braucht, gibt es solche Hygieneprobleme nicht. Acht Jahre bastelte Dutz zusammen mit Ingenieuren und Technikern, die ihn unterstützten, an dem Spender. Am kniffeligsten war es, einen Weg zu finden, die Butter zu kühlen und gleichzeitig sicherzustellen, dass sie unmittelbar nach der Portionierung außerhalb des Spenders einsatzfähig ist. »Wir haben allein rund vier Jahre gebraucht, bis die Butter endlich das tat, was wir von ihr wollten: als appetitliche und streichfähige kleine Portion auf einem Teller zu landen«, sagt Dutz.

Mühsame Detailarbeit ist nötig, um solche Probleme zu lösen und herauszufinden, an welcher Kleinigkeit es gerade hakt. Menschen wie Werner Dutz, die genau dann nicht lockerlassen, ist es zu verdanken, dass der kreative und produktive Wildwuchs in Nischen überlebt hat.

Die Carbonpioniere Dierl und Obermayer waren so mit Detaillösungen beschäftigt, dass sie nie Zeit hatten, die großen Erfindermessen zu besuchen. Seit 1964 setzen die beiden gelernten Werkzeugmeister, die sich bei ihrer Arbeit für den Triebwerksbauer MTU kennengelernt haben, nach Feierabend ihre Ideen praktisch um. Obermayer hat schon immer für sein Leben gern gebastelt. »Die ersten Blechautos zum Aufziehen hab ich als Bub schon zerlegt, weil ich wissen wollte, wie etwas funktioniert«, sagt er. Noch heute versucht er, defekte Haushaltsgeräte erst einmal auseinanderzubauen und zu reparieren. »Nicht weil ich sparsam, sondern weil ich neugierig bin.«

Dierl war genauso ein Tüftler – aber er brauchte Geld, denn er hatte Familie. Also drängte er darauf, die Talente der beiden zu kombinieren, um etwas dazuzuverdienen. In der Garage von Heinz Obermayers Bruder produzierten sie Glasfaserspoiler, mit denen Porsche-Fans ihre Sportwagen aufmotzten. Ihre kleine Gussfabrik bestand aus einem Formenarsenal, das sie geschickt aus Holzblöcken oder Kunstharz schnitten, um alle erdenklichen Kunststoffteile tiefziehen zu können, und Lampen mit UV-Licht zum Aushärten der Glasfasermatten. »Andere Firmen brauchten riesige Maschinen, wir hatten einfach nur unsere simplen Formen«, erinnert sich Obermayer. »Wir konnten vieles mit wenig Geld sehr effizient herstellen.«

Auch Mercedes-Fans verlangten irgendwann nach den Spoilerstoßstangen und Türschwellern aus Glasfaser. Lange Abende fummelte das Duo mit den Formen, bis die Spoiler perfekt waren. Das nächste Projekt waren Räder für Sulkys. Das Duo verkaufte 200 Stück. Danach produzierten die beiden Abdeckungen für die Hinterräder von Fahrrädern, die Kinder davor schützen, mit den Beinen in die Speichen zu kommen, wenn sie im Kindersitz auf dem Gepäckträger sitzen. Ohne Businessplan oder Entwicklungsbudget fanden sie immer neue Nischen für ihre Kunststoffprodukte. Obermayer und Dierl produzierten mit Hingabe immer das, was der Markt – oder besser: der Bekanntenkreis, über den sie ihre Produkte absetzen konnten – verlangte.

Reich wurden sie damit nicht. »Wir schafften es halt nie, einen gescheiten Vertrieb aufzubauen, und viele, die behaupteten, uns dabei zu unterstützen, waren Schlawiner, die eher ihren eigenen Vorteil im Auge hatten«, erinnert sich Obermayer. Viel Geld für die Miete war deshalb nie übrig. Sie werkelten dort, wo Platz war: in Garagen, in einem leeren Gewächshaus, im Schuppen eines Bauern und am Ende in einem umgebauten Pferdestall. »Die Holzmodelle für die Negativformen zu bauen war immer viel, viel Arbeit«, sagt Obermayer. »An vielen haben wir stundenlang gesessen und mussten sie dann doch wieder wegwerfen. In den Stunden, die wir nach Feierabend damit verbracht haben, sind andere zum Baden gegangen. Aber uns hat das einfach Spaß gemacht.«

Versuch und Irrtum – so lernten die beiden, unterschiedliche Kunststoffsorten zu beherrschen, die Vor- und Nachteile der verschiedenen Materialien im Detail einzuschätzen. »Wir hatten ja eigentlich keine Ahnung von Kunststoff«, meint Obermayer. »Da musste man eben ausprobieren. Ich hab immer gesagt, was ich nicht ausprobiert hab, das glaub ich nicht.« Im Jahr 1990 – ein Vierteljahrhundert nachdem sie mit ihren Tüfteleien begonnen hatten – stießen sie durch Zufall auf das Produkt, das nicht nur im Freundeskreis gut lief. »Ein Bekannter kam zu uns und sagte, er habe von unseren Sulky-Rädern gehört, aber Rennrad-Räder könnten wir bestimmt nicht bauen«, sagt Obermayer. »Da waren wir bei unserer Ehre gepackt.« Mit dem Fahrradrennsport konnten beide privat genauso wenig anfangen wie mit den Porsche-Spoilern. Trotzdem war ihnen klar: Wenn sie schon Rennrad-Räder produzieren würden, sollten es natürlich die besten der Welt sein.

Wie besessen begannen sie, monatelang Abend für Abend auszuprobieren, wie man überhaupt solche Räder aus Kunststoff herstellen kann. Das Duo besorgte sich Bauschaum aus dem Baumarkt, der als Trägermaterial für das Speichengeflecht dienen sollte. »Das kostete uns Pfennige, aber wir haben uns Stunden darüber den Kopf zerbrochen, wie wir aus ihm runde Rohlinge machen konnten«, sagt Obermayer. Schließlich schafften sie es, eine passende Holzform zu bauen, in die sie den Schaum spritzten. »Als der Rohling fertig war, umwickelten wir ihn mehr als 100-mal mit einer Kunststofffaser«, erklärt Obermayer. Sie entschieden sich, als Werkstoff

Carbon zu nutzen, eine mit Harz getränkte Faser. Und um die Abgüsse auszuhärten, bauten sie aus einer Lastwagenheizung und Pappkartons eine Anlage, in der 130 Grad heiße Luft in die anderthalb Meter großen Gussformen geblasen wird.

Carbon ist extrem leicht, aber sehr stabil und beliebig formbar. Als entscheidend für die Stabilität erwies sich, dass die Carbonfasern in bestimmten Richtungen um die Rohlinge für die Nabe, die Speichen und die Felge verklebt werden. Die Fasern an allen Stellen in der optimalen Richtung zu einem extrem feinen Geflecht zu verzwirbeln erfordert viel Geduld. Am Ende dieser Fleißarbeit steht ein komplettes mattschwarzes Rad mit erstaunlich wenigen und sehr schlanken Speichen, auf das ein Reifen aufgezogen werden kann. Schon die Kunststoffräder der ersten Generation hatten eine außergewöhnliche aerodynamische Form, sie waren leicht und extrem stabil. Fahrradkenner zeigten sich beeindruckt. Beim Sechstagerennen in München 1990 traten die ersten Fahrer mit ihnen an.

Nun hatten die beiden Bastler Blut geleckt. Sie wollten noch robustere Räder entwickeln. Die Speichen, die sie ausgetüftelt hatten, verbogen sich bereits deutlich weniger als die üblichen Stahlspeichen, die, wenn Radrennfahrer Vollgas geben, nach kurzer Zeit neu justiert werden müssen. Doch auch dieses Vorhaben war eine Herkulesarbeit. »Wir hatten ja von der Statik keine Ahnung«, sagt Obermayer. Vorderräder herzustellen schafften sie schnell. Die bestehen üblicherweise aus einem symmetrischen Metallspeichengeflecht. Ihre Form durch ein Carbongeflecht zu ersetzen ist kein Problem. Hinterräder sind aber asymmetrisch, an einer Seite der Hinterradnabe schließt sich der Zahnkranz für die Kette an. Wie genau musste hier das Netz aussehen, das die beiden aus Carbon spinnen wollten? Wie musste das Rad geformt sein, damit es zum einen stabil und zum anderen aerodynamisch war? Und würde das Carbon dem Druck im Zentrum des Rades standhalten?

Obermayer kaufte im Baumarkt eine Drehbank, um Belastungstests mit den Rädern durchzuführen. Geduldig wie in den Jahren zuvor probierte das Duo eine Radform nach der anderen aus. Sie entwickelten eine Form, testeten sie, modifizierten sie leicht und testeten sie erneut. »Mein Vater hat immer gesagt: Wenn man's nicht probiert, weiß man nicht, ob's funktioniert«, meint Obermayer. Mitunter nahmen sie Einzelteile in die Firma mit, in der sie noch immer arbeiteten. Dort führten sie auf den Industriemaschinen heimlich weitere Belastungstests durch. So wie Nobel oder

Focke tasteten sie sich Schritt für Schritt an die optimale Version ihrer Erfindung heran.

Fünf Jahre brauchte das Duo. Irgendwann aber waren die Lightweight Wheels aus Carbon tatsächlich fertig. Die Nachricht von den ultraleichten und superstabilen Rädern verbreitete sich unter den Radsportprofis wie ein Lauffeuer. Der Däne Bjarne Riis fuhr einige Etappen der Tour de France mit ihnen, und auch Jan Ullrich rollte bei seinem triumphalen Tourerfolg 1997 auf Carbonrädern über die Berge Frankreichs. Auf denen klebten zwar die Logos der offiziellen Sponsoren, aber in der Fachwelt wusste man, worauf die Profis wirklich fuhren. Bei Dierl und Obermayer stand das Telefon nicht mehr still. Die beiden fanden sich inmitten der Radsportszene wieder, ohne dass sie sich bei den Protagonisten oder in dem Sport auskannten. »Als Christian Henn, der 1996 deutscher Straßenmeister geworden war, anrief, fragte Rudolf Dierl ihn erst mal, wer er überhaupt sei«, lacht Obermayer. Aber auf Eitelkeiten nehmen sie keine Rücksicht. Geliefert wird auch bei Weltmeistern nur gegen Vorkasse.

Pro Tag schafften es Dierl und Obermayer, einen Satz der Räder herzustellen. Gearbeitet wurde hinter zugezogenen Gardinen in einer Garage in Feldmoching im Münchner Norden. »Alle sagten zu uns: Ihr müsst investieren, eine Fabrik aufbauen«, erzählt Obermayer. »Aber das Geschäft ließ sich so gut an, dass wir keine Fremden in der Werkstatt wollten. Auch keine Geldgeber. Die Räder zu patentieren war zu teuer, also dachten wir, wir behalten lieber das Produktionsverfahren für uns.« Niemand durfte zuschauen, wenn die Firma Leightweight, die nur aus Dierl und Obermayer bestand, Räder herstellte oder reparierte. Deswegen musste auch Jan Ullrichs Bruder draußen bleiben. Große Fahrradteilehersteller wie Campagnolo wollten den beiden ihr Know-how abkaufen, doch die Italiener boten zu wenig Geld. Und der Laden lief. Von Jahr zu Jahr verkauften Obermayer und Dierl 30 Prozent mehr Lightweight Wheels als im Vorjahr.

Auch die Firma CarbonSports, die Fahrradrahmen und Flugzeugteile aus Carbon herstellt, ließen die beiden Ende 2002 zunächst auflaufen. An einer Zusammenarbeit habe man kein Interesse, wurde dem Management beschieden. »Wir sagten: Zum Reden haben wir keine Zeit. Wir müssen arbeiten«, erinnert sich Obermayer. »Ihr könnt uns ja kaufen, dann reden wir mit euch.« Die CarbonSports-Macher griffen zu. Im Oktober 2003 erwarben sie die Firma Lightweight. Mit Ausnahme des Ofens aus der Lkw-Heizung werden weiterhin die Originalwerkzeuge und -verfahren genutzt, die Dierl und Obermayer erfunden und hergestellt hatten. Und die Räder sind noch immer ein Exportschlager.

Mit dem Verkauf hatten es Dierl und Obermayer nach fast 40 Jahren gemeinsamer Tüftelei endlich geschafft. Die Mühen und Entbehrungen haben sich gelohnt. Obermayer ist noch immer als Berater für CarbonSports tätig und besucht oft das neue Werk, in dem die Superreifen heute gebaut werden. Dierl hat sich komplett vom Basteln zurückgezogen und genießt das Leben als Privatmann.

Die Wild Economy bietet nach wie vor Chancen, Geld zu verdienen. Und der Wunsch vieler Bastler, mit einer Superidee den Jackpot zu knacken, ist der wesentliche Beweggrund, ein selbstertüfteltes Garagenprodukt tatsächlich auf den Markt zu bringen. Zugegeben: Die Erkenntnis, dass viele Tüftler, die in den Nischen überlebt haben, vor allem der Wunsch bei der Stange hält, mit einer tollen Idee reich zu werden, hat etwas Ernüchterndes. Sie will nicht so recht zu dem romantischen Bild passen, das man von genialen Visionären gemeinhin hat. Der Traum vom plötzlichen Reichtum ist und bleibt aber etwas Positives, denn er beflügelt viele brillante Bastler. Er motiviert in mageren Zeiten und sorgt dafür, dass Projekte auch dann zu Ende geführt werden, wenn die Chancen auf Erfolg denkbar schlecht stehen.

Heinz Obermayer wäre möglicherweise lediglich einer der vielen Hobbybastler geblieben, die nur im Hobbykeller werkeln, wenn Rudolf Dierl ihn nicht mit seinem Plan, Geld zu verdienen, und mit seiner Zuversicht, dass man das auch schaffen kann, angesteckt hätte. Auch Werner Dutz hofft mit seiner Firma Ilotec, die den von ihm entwickelten Butterspender vermarktet, auf Millionenumsätze. Im Sommer 2010 begann die Serienfertigung und die Markteinführung. Kreuzfahrtschiffe, Kantinen, Mensen, Fast-Food-Ketten, Altersheime, Ganztagsschulen, Molkereien – und natürlich die 200 000 Hotels, die es in Europa gibt, sollen den Butterspender kaufen. Erste Anfragen von Kreuzfahrtunternehmen gibt es bereits. Ob Dutz der große Reichtum winkt, muss sich noch zeigen. Viele vor ihm mussten erkennen, dass sie selbst mit einer brillanten Idee den Jackpot doch nicht knacken konnten.

Doch einzig und allein um das Geld geht es den wilden Tüftlern ohnehin nicht. Wer an etwas schraubt und seine Grundidee immer weiter perfektioniert, weiß in der Regel ziemlich genau, dass der Traum vom Reichtum nur das ist: ein Traum. Meist bleibt er unerfüllt. Er ist deshalb bei den Vollbluterfindern nie die einzige Motivation. »Ich hatte immer den Anspruch, mit einfachen Mitteln und wenig Geld etwas Tolles herzustellen«, sagt Obermayer. »Es richtig gut zu machen, das treibt einen an und lässt einen nicht los.«

Der Wunsch, etwas Großartiges zu tun und vielleicht mit Hilfe einer eigenen Idee Erfolg zu haben, ist dafür verantwortlich, dass die Wild Economy ihre erstaunliche Produktivität entwickelt. Jede zehnte Patentanmeldung kommt in Deutschland von freien Erfindern, die außerhalb der etablierten Wirtschaft und Forschung auf eigene Rechnung und eigenes Risiko arbeiten. Das ist eine beeindruckende Zahl, wenn man bedenkt, dass nicht nur in den großen Konzernen, sondern auch in den kleinen und mittelständischen Unternehmen Tausende tüfteln und Millionenbeträge in den Ausbau der Patentbestände gesteckt werden.

Im Jahr 2009 wurden dem Deutschen Patent- und Markenamt zufolge trotz der Finanz- und Wirtschaftskrise 59 583 Erfindungen zum Patent angemeldet. Rund 6000 von ihnen gehen auf das Engagement von Einzelkämpfern zurück. Angesichts der Tatsache, wie aufwendig die Anmeldung eines Patents für einen Einzelkämpfer ist, der natürlich auf keinen Hausjuristen zurückgreifen und sich oft keinen eigenen Patentanwalt leisten kann, deutet diese Zahl auf eine beträchtliche »Dunkelziffer« an Bastlern und Tüftlern hin.

Dass die Vertreter der Wild Economy angesichts der gegebenen Umstände derart viel zuwege bringen, macht eines deutlich: Unter etwas besseren Rahmenbedingungen könnten kluge Tüftler, die an einer wirklich guten Idee arbeiten, eine ungeheure Produktivkraft entfalten. Weil sie selbstbestimmt an Dingen arbeiten, die sie begeistern – unabhängig von dem bremsenden Motto »Bloß weiter wie gehabt«, frei von aufgeblähten Managerapparaten und kurzfristigem Gewinndenken. Diese 10 Prozent zeigen, dass jenseits der Konzernlabore und Werkshallen etwas Großes im Gange ist.

KAPITEL 9

Die Start-up-Revolution oder: Wie die Internetwirtschaft für radikale Visionäre neue Chancen eröffnet

Hamburg, im Sommer 2000: Ein Plenum tagt. Junge Menschen sitzen in einem großen Kreis. Einmal die Woche tun sie das. Wer etwas sagen will, spricht frei von der Leber weg. Aber dies ist kein Zusammentreffen von Hausbesetzern oder einer ökologisch angehauchten Kommune. Bei der Hamburger Firma Cyquest, Anbieter von Online-Spielen zur Mitarbeiterwerbung, ist der wöchentliche Gedankenaustausch normal. Firmengründer Joachim Diercks weiß, dass er die Ideen seiner Leute braucht. »Ich habe nicht die Weisheit mit Löffeln gefressen, nur weil ich Chef bin«, sagt er. »Es gibt so viele Trends und Entwicklungen, die kann gar kein Einzelner wahrnehmen. Um das Unternehmen weiterzuentwickeln, müssen alle selbständig denken können, sonst sind die Kapazitäten schnell erschöpft.«

Wer in einem Großkonzern arbeitet, wird solche Sätze möglicherweise in den Jahrzehnten, die er dort sitzt, nie zu hören bekommen. In den jungen Unternehmen der Start-up-Szene, die sich seit Ende der 1990er Jahre anschickten, mit neuartigen Internetanwendungen die Verhältnisse in Wirtschaft und Gesellschaft zum Tanzen zu bringen, sah das anders aus. Diercks war von Anfang an klar: Die Cyquest-Programmierer waren gut, und sie waren schnell. Aber gute Programme, mit denen Firmen Mitarbeiter über das Web rekrutieren, entwickelten auch andere Start-up-Unternehmen. Um mithalten zu können, brauchte man Ideen, und alle mussten mitdenken. Cyquest ist heute, zehn Jahre später, eine von vielen kleinen Softwarefirmen, keine Überfliegerfirma wie Google. Aber wenn Diercks nicht begriffen hätte, dass das Aufkommen der Informationstechnik, die weltweite Vernetzung und die Digitalisierung von immer mehr Produkten, Inhalten und Produktionsprozessen die Spielregeln in der Wirtschaft grundlegend verändern, wäre seine Firma schon längst von der Bildfläche verschwunden.

Die Start-up-Ökonomie lebte vor allem von in Softwarecode gegossenen Ideen. Sie wurde zum neuen Refugium für viele geniale Visionäre, die vorher nur vereinzelt an ihren Projekten gearbeitet hatten. Um durchzustarten, war kein Stahlwerk mehr nötig, ja nicht einmal mehr eine Fräse in einer Garage. Ein paar Computer genügten. Umso wichtiger war es, dass alle Beteiligten ihr Wissen und ihre Ideen in die Arbeit einbrachten. Freiwilligkeit war der Antrieb, nicht Zwang. Individualisten, die mit einem eigenen Kopf Lösungen für Probleme suchten, waren gefragt. Stromlinienförmige Jasager halfen diesen Firmen nicht weiter. Offenheit, Dialog und Gleichberechtigung wurden zu unabdingbaren Voraussetzungen, damit ein Team von klugen Köpfen sich im Wettstreit der Wissensarbeiter und der smarten Organisationen erfolgreich behauptete.

Alle, die ein bisschen was vom Programmieren verstanden, profitierten von dieser Entwicklung. Sie waren gefragt wie keine andere Berufsgruppe seit langem und hatten in dieser Zeit in der Regel nur eine Sorge: die um ihre Figur. Jeden Morgen zwischen neun und elf türmten sich in der Berliner Multimedia-Agentur Aperto und in anderen Start-up-Unternehmen die Frühstücksbuffets. Obst und frische Brötchen gab es dort, die Firmen spendierten Kaffee und Softdrinks. Wenn die Projektarbeit sich in den Abend hinzog, gab es Pizza auf Rechnung des Hauses. Die Pixel-Factory in Offenbach lockte mit einer immer gefüllten Eistruhe. Es war die Blütezeit der New Economy. Die neue, internetbasierte Wirtschaft versprach riesige Chancen für die Schnellen und Wendigen. »Vor 30 Jahren brauchte man eine enorme Größe, um ein weltweites Vertriebsnetzwerk, um ein Global Player zu sein. Heute kann man die Vorteile der Technologie nutzen und weltweit tätig sein, obwohl man sehr klein ist. Das ist ein Paradigmenwechsel«, erklärt der Start-up-Unternehmer Niklas Zennström.

Die smarten Nerds konnten das Netz nutzen, um den behäbigen Industriegiganten ein Schnippchen zu schlagen. Von den Vereinigten Staaten ausgehend, erfasste das Internetfieber bald die gesamte Welt. Bücher, CDs, Mode und Tierfutter wurden auf einmal auch über das Netz verkauft. Der Online-Buchhändler Amazon mauserte sich vom belächelten Newcomer zum Handelsgiganten. Ebay startete ein weltweites Internet-Auktionshaus, Yahoo und Google programmierten Suchmaschinen. Die bis dahin unbekannte Firma Netscape entwickelte einen Internetbrowser, der dem Softwareriesen Microsoft große Marktsegmente abtrotzte. Und Zennström brachte erst die Musikindustrie und danach die etablierten Unternehmen aus der Telekommunikationswirtschaft in große Bedrängnis, indem er mit Kazaa und Skype zwei der populärsten Programme des vergangenen Jahrzehnts entwickelte.

Der 1966 geborene Schwede gab im März 2001 seinen Job als Manager bei der Telekommunikationsfirma Tele2 auf, um mit seinem Partner, dem zehn Jahre jüngeren Janus Frijs, einem dänischen Programmierer, die Internet-Tauschbörse Kazaa zu gründen. Über diese Plattform konnten Internetnutzer wie bei der berüchtigten File-Sharing-Seite Napster Dateien austauschen. Die große Mehrzahl der Dateien waren Kopien von Musikstücken, die Hörer an Plattenfirmen und Künstlern vorbei austauschten. Napster hatte zentrale Server benötigt, um den Datenaustausch zu ermöglichen. Und diese Server wurden von den amerikanischen Behörden nach Klagen der Musikindustrie stillgelegt.

Zenntröm lernte daraus, dass Netze, bei denen die steuernde Intelligenz nicht zentral auf einigen wenigen Rechnern hinterlegt ist, weniger angreifbar sind. Er setzte auf das sogenannte Peer-to-Peer-Prinzip (P2P), den Datenaustausch unter Netzteilnehmern, die aus technischer Sicht gleichberechtigt sind. Jeder Benutzer hatte Software auf dem Rechner, die geeignet war, Dateien herunterzuladen, zugleich aber auch ein kleines Stück der Kazaa-Steuerintelligenz trug. Wer ein Musikstück suchte, schickte die Anfrage nicht an einen zentralen Server, sondern durch das gesamte P2P-Netz. Sie sprang von Rechner zu Rechner. Kazaa war für die Musikindustrie praktisch unangreifbar, weil es keine Zentrale gab, die man hätte schließen können. Dass die Manager der Musikindustrie und ihre Anwälte schäumten, war den Netznutzern egal. Bis 2004 luden sich 320 Millionen Menschen Kazaa-Software auf ihre Rechner. Zeitweise benutzten 110 Millionen Surfer gleichzeitig das Tauschnetz. Kazaa wurde so populär, dass der Datenaustausch über diese Software mitunter für die Hälfte des gesamten Datenverkehrs auf der Welt verantwortlich war.

Reich geworden ist Zennström mit Kazaa nicht – im Gegenteil. Er wurde mit einer Flut von Prozessen von Plattenfirmen auf der ganzen Welt überzogen. Hastig übertrug er die Verantwortung für die Software auf Sherman Networks, eine undurchsichtige, auf der Pazifikinsel Vanuatu registrierte Firma, die noch heute Kazaa weiterentwickelt. Die Nutzer kehrten dem Programm aber nach und nach den Rücken und begannen, über neue File-Sharing-Systeme wie eMule und Bittorrent Dateien zu tauschen. Trotzdem war Kazaa kein Flop, im Gegenteil: Die P2P-Architektur hatte sich nicht nur als fast unangreifbar erwiesen, sondern auch als ungemein effizient und billig. Viele andere Programmierer wurden durch Kazaa zu eigenen Programmen inspiriert.

Der nächste Hit, den Zennström landete, war die Software Skype, die Telefonate über das Internet ermöglicht. Schon der Entstehungsprozess der Tauschbörsen-Software Kazaa zeigte die typischen Merkmale des anbrechenden Internetzeitalters. Die Macher saßen in drei verschiedenen Ländern, trafen sich nur alle paar Monate und kommunizierten ansonsten per Mail oder Telefon. »Ich war in Stockholm, Janus saß in Dänemark, unsere Softwareentwickler arbeiteten in Estland. So kamen wir darauf, dass es einen Markt für etwas wie Skype geben musste. Wir konnten es ja selbst gebrauchen«, erinnert sich Zennström.

2003 entwickelten Zennström und Frijs auf Grundlage der P2P-Technologie ihr Internet-Telefonprogramm. Skype wurde so beliebt, dass die Software die Telekommunikationsindustrie ebenso stark erschütterte wie die Tauschbörsen-Technologie die Musikbranche. Zennström sagt selbstbewusst: »Als wir Skype starteten, war es unsere Vision, ein Unternehmen aufzubauen, das die Telekommunikationsindustrie grundlegend transformieren würde, indem man die ganze Welt umsonst miteinander sprechen lässt.«

Auch bei Skype ist jeder Teilnehmer, ohne dass er es groß merkt, ein Teil der Netzinfrastruktur. Während andere Firmen versuchten, zentral gesteuerte Netztelefondienste aufzubauen, und immer wieder an Finanzierungsgrenzen stießen, konnte Skype durch die P2P-Architektur den Nutzern kostenlose Telefonate innerhalb des Skype-Netzes und extrem billige Anrufe in die Telefonnetze rund um die Welt anbieten. Rechneten die klassischen Telekommunikationsanbieter in Euro-Schritten, wenn ein Deutscher in Sydney anrief, kalkulierte man bei Skype mit Cent-Beträgen. Für das Telefonieren Unsummen zu bezahlen wurde zu einem Phänomen, das in das vergangene Jahrhundert passte, aber nicht mehr in die Kommunikationswelt des 21. Jahrhunderts.

Die Telekommunikationsriesen konnten nur zuschauen, wie sich die Idee, dass man fürs Telefonieren nicht mehr bezahlen muss, rasend schnell rund um die Welt verbreitete. Für Marketing brauchten Zennström und Frijs kein Geld auszugeben. Skype wurde durch Mund-zu-Mund-Propaganda populär. Dass die Kazaa-Rebellen hinter dem Projekt steckten, war ein überzeugendes Empfehlungsschreiben. Im Oktober 2005 kaufte Ebay den Gründern Skype für die sagenhafte Summe von 2,1 Milliarden Euro ab. Zu diesem Zeitpunkt nutzten 220 Millionen Menschen die Telefonsoftware. »Wir skypen« ist heute zum Synonym für die Sprachkommunikation über das Netz geworden. Zennström hielt Wort. Skype hat die Verhältnisse in der Telekommunikationsindustrie kräftig in Bewegung gebracht. Heute bieten alle Netzbetreiber Flatrates an, die Preise für Telefongespräche befinden sich im freien Fall.

Auch in Deutschland brachten Start-up-Unternehmen ab Ende der 1990er Jahre neuartige Produkte auf den Markt. Endlich trauten sich wieder einfallsreiche Macher, mit ihren Ideen Unternehmen zu gründen. Und sie fanden Investoren, die bereit waren, in ihre Vorhaben zu investieren. Firmen wie Intershop aus Jena verkauften E-Commerce-Software für den elektronischen Handel über das Netz. Netviewer programmierte Web-Konferenz-Software. Die Scout24-Gruppe entwickelte Online-Marktplätze wie AutoScout24, eine Plattform für den Gebrauchtwagenhandel, die Immobilienbörse ImmobilienScout24 oder die Stellenvermittlung JobScout24.

Auch Firmen, die andere Unternehmen bei ihren ersten Schritten ins Netz unterstützten, schossen wie Pilze aus dem Boden. Der Aufbau einer adäquaten Internetpräsenz und Investitionen in Einkaufsplattformen zählten nun bei den etablierten Firmen zu den dringendsten Aufgaben für das neue Jahrtausend. Multimedia-Agenturen wie Pixelpark, Aperto, Kabel New Media, SinnerSchrader oder Antwerpes hatten alle Hände voll zu tun. Investoren überschütteten Unternehmen aus der digitalen Wirtschaft mit Geld, aus Angst, das nächste große Ding zu verpassen. Zugleich fehlten Computerfachleute an allen Ecken und Enden.

Brötchen und Gratiseis in den Agenturen waren aber nicht nur Tricks im Ringen um dringend gesuchte Talente. Sie symbolisierten einen Kulturwandel. Es wurde lange und hart gearbeitet. Aber mit Begeisterung. Viele Firmen rekrutierten die Mitarbeiter in erster Linie über den Freundeskreis. Der Job war nicht mehr nur Lohnarbeit, Projekte machten Spaß, auch wenn dafür bis in die Nacht geschuftet wurde. Anschließend ging man gemeinsam feiern. Die Mischung aus reichlich fließenden Investorengeldern, Fachkräftemangel, Auftragsboom und Netzeuphorie erzeugte eine einmalige Stimmung. Eine andere Arbeitswelt schien möglich. Die Controller, die auf jeden Cent achteten, waren in der aufstrebenden Sparte eine Zeitlang entmachtet.

Die Umwälzungen für die Arbeitswelt waren enorm. In der als Old Economy geschmähten klassischen Wirtschaft der etablierten Großunternehmen standen der Arbeitgeber und seine Repräsentanten, die Manager, oben und der Arbeitnehmer unten. Trotz aller Lippenbekenntnisse und Sonntagsreden der Konzernlenker waren sie kaum mehr als reine Befehlsempfänger. In der New Economy wurden die Arbeitnehmer zu Co-Managern – zu Fachleuten, die selbständig wichtige Entscheidungen treffen sollten. Und so wollten sie auch behandelt werden. Ein Hauch von Alternativkultur wehte durch die frisch gegründeten Betriebe. Teamarbeit, Projektorientierung und flache Hierarchien ersetzten internes Konkurrenzdenken, Dienst nach Vorschrift und Anweisungen, denen widerspruchslos Folge zu leisten war.

Mahlzeiten und Massagen am Arbeitsplatz, Flipperautomaten auf dem Flur waren keine Statussymbole, mit denen sich Leute brüsteten, die man mit einem Dienstwagen nicht locken konnte. Sie waren Signale. Die Unternehmen zeigten damit, dass sie nicht nur an der Arbeitskraft des Einzelnen interessiert waren, sondern an ihm als Menschen. Seine Bedürfnisse wahrzunehmen und ihnen entgegenzukommen war ein Versuch, den Gegensatz von Arbeit und Leben ein Stück weit aufzuheben und die gesamte kreative Schaffenskraft des Individuums zu nutzen, nicht nur den kleinen Ausschnitt, der sich auf das angelernte Fachwissen beschränkt. Die Ideenwirtschaft fand zu einer neuen Blüte.

Ein anderes Denken hielt in den Unternehmen Einzug. Ein typisches Dokument für den Aufstieg der Start-ups ist das von einigen Internetunternehmern verfasste »Cluetrain-Manifest«. Fragen wie Respekt und Hierarchie wurden neu diskutiert – mit Blick auf die Kunden, aber auch mit Blick darauf, wie innerhalb der Firmen kommuniziert wurde. »Befehls- und Kontrollmanagement wurzeln in und verstärken die Bürokratie, die Ellbogenmentalität und eine allgemeine Kultur der Paranoia«, hieß es in dem Manifest. Und weiter: »Paranoia tötet das Gespräch. Das ist ihr Zweck. Aber ein Mangel an offenem Gespräch tötet Unternehmen.« In früheren Zeiten der Wirtschaft, »als Pläne von der Spitze einer steilen Managementpyramide aus umfassend verstanden und detaillierte Arbeitsaufträge von oben nach unten durchgereicht werden konnten«, hätten streng hierarchische Organisationsmodelle noch funktioniert. Doch in der vernetzten Welt, in der der

Nächstbeste einen mit einer großartigen Idee und ein paar Programmierern vom Markt fegen könne, greife dieses Denken nicht mehr. Wer nur kommandieren und kontrollieren wolle, dürfe nicht darauf zählen, dass die klugen Köpfe in seinem Unternehmen ihn mit aller Kraft unterstützten. »Kommando und Kontrolle erwecken bei vernetzten Wissensarbeitern Feindseligkeit«, schrieben die Verfasser des Cluetrain-Manifests.

Die Start-up-Unternehmen schafften es, ein neues Modell für die Kommunikation und die Zusammenarbeit in den Unternehmen zu entwerfen, das den Anforderungen Rechnung trug, die durch Vernetzung, Digitalisierung und allgemeine Verfügbarkeit von Informationstechnologie entstanden waren. Dies, und nicht die überzogenen Börseneskapaden und Zockereien rund um die Technologie-Indizes Nasdaq und Neuer Markt, machte die sogenannte New Economy zu einem wirklich bedeutsamen Phänomen.

Das große Interesse von Wagniskapitalfirmen, Kleinanlegern und anderen Investoren an den IT-Start-ups war verständlich, auch wenn die Finanzexzesse die ganze Branche im Nachhinein diskreditiert haben. Die Erwartungen an die digitale Wirtschaft waren gigantisch, denn die Digitalisierung und die weltweite Vernetzung versprachen eine Produktionsrevolution, vergleichbar mit den Effekten der Einführung der Dampfmaschine, der Eisenbahn oder des Telefons. Eine neue Welle bekam hier ihren Startimpuls. Computer und Internet erlaubten es nicht nur, altbekannte Probleme wie etwa die Berechnung von Wahrscheinlichkeiten oder das Durchsuchen großer Informationssammlungen so schnell durchzuführen, dass allein wegen der Beschleunigung dieser Prozesse Neues entstand. Sie sorgten auch dafür, dass sich in vielen Sektoren die Spielregeln insgesamt veränderten.

Virtualisierung und globale Vernetzung haben Konstruktion und Produktentwicklung in fast allen Branchen in die virtuelle Welt verlegt. Online-Banken, die ohne Filialen auskommen, sind ebenso ein Ausdruck dieser Umwälzungen wie Firmen, die keine gemeinsamen Büros mehr haben, sondern, wie das Softwareunternehmen Propertybase in München, ihre Mitarbeiter weltweit online organisieren. Im Bereich der Medien und der Unterhaltungsindustrie, wo früher einige wenige etwas herstellen konnten, machten sie aus reinen Konsumenten Produzenten. Sie demokratisierten die Verteilung von Wissen, das bisher nur wenige besaßen. Und völlig neue Unternehmen beginnen, die Welt und unser Zusammenleben zu prägen: Online-Riesen wie Google, die Informationen und Werbung vermitteln, oder soziale Netzwerke wie Facebook, die eine neue Organisationsplattform für die Beziehungen zwischen Menschen bereitstellen.

Die meisten der Firmen, die auf dieser Welle reiten, sind ebenfalls von Charakterköpfen gegründet worden, die anders sind als diejenigen, die in den etablierten Großunternehmen ihren Dienst tun. Mit der Informationstechnologie bekamen viele in der Wild Economy den perfekten Werkzeugkasten an die Hand. Und die, die in anderen Bereichen als Software und Hardware tüfteln, haben durch sie zumindest Möglichkeiten gewonnen, das, was sie tun, sehr viel genauer und besser zu erledigen. Durch die Informationstechnik sind Dinge möglich geworden, die vorher zu viel Zeit oder zu viele Ressourcen verschlungen hätten. Sie ist eine Produktivitätsmaschine, wie sie die Menschheit noch nicht gesehen hat. Tatsächlich hat der IT-Sektor sich seit Anfang der 1990er Jahre rasanter entwickelt als jede andere Technologie zuvor, und er hat die Karten in allen Bereichen der Wirtschaft neu gemischt. Natürlich ist auch dieses Phänomen nicht vom Himmel gefallen.

Exkurs: Die Produktivitätsmaschine entsteht

Schon die mechanischen Rechenmaschinen, die der französische Versicherungsdirektor Charles Xavier Thomas ab 1850 verkaufte, erlaubten denen, die sie einsetzten, produktiver und schneller zu arbeiten. Thomas verkaufte um die 100 Geräte jährlich. Seine Kunden waren Versicherungsgesellschaften, die schon früh begannen, ihre Tarife maschinell zu kalkulieren. Auch die Lochkartenmaschinen von Hermann Hollerith, die die »International Business Machines Corporation«, der Vorläufer des heutigen Computerriesen IBM, zu Beginn des 20. Jahrhunderts industriell fertigte, halfen den Anwendern beim Sortieren und Auswerten von riesigen Zahlenmengen. Sie kamen bei Volkszählungen zum Einsatz, aber auch beim organisierten Massenmord der Nationalsozialisten, die mit Hilfe der IBM-Maschinen unter anderem Menschen mit jüdischem Hintergrund aus den Einwohnermelderegistern aussiebten.

Der Berliner Bauingenieur Konrad Zuse, der ab 1936 in der Wohnung seiner Eltern in Berlin ein eigenes Rechengerät baute, war im Gegensatz zum britischen Mathematiker Alan Turing, der zur gleichen Zeit viele theoretische Grundlagen für die Computerwelt definierte, ein Bastler. Er schnitt mit seinen Freunden Tausende von kleinen Schaltblechen per Hand aus, lötete, hämmerte und probierte, um ein Gerät zu konstruieren, das ihm die Arbeit bei immer wiederkehrenden statischen Berechnungen erleichtern sollte. 1938 wurde die Z1 fertiggestellt.

Zuse war ein radikaler Tüftler, der ganz im Sinne Nobels, Daimlers, Diesels und Fockes bewusst nicht alte Erfolgstechnologien schrittweise verbessern, sondern gänzlich Neues in Angriff nehmen wollte. »Das Aufregende war, dass ich erkannte, wenn ich eine Maschine für den Wissenschaftler und Ingenieur bauen wollte, dass ich dann am besten grundsätzlich neue Wege gehe und mich gar nicht lange an die traditionelle Rechenmaschinentechnik halte«, erklärte er in einem Interview. Zuse brauchte eine Rechenmaschine, die flexibel an neue Aufgaben angepasst werden konnte und nicht, wie etwa der Abakus, durch seine Mechanik auf einige wenige Aufgaben beschränkt war. Das war das wirklich Neue an seinen zimmergroßen Ungetümen. Sie ließen sich programmieren – und zwar direkt durch Eingaben an der Maschine und nicht durch Hilfsmedien wie Lochkarten.

Die Z3, die Zuse 1941 in seiner Wohnung in Kreuzberg baute, gilt als der erste echte Computer. Er arbeitete mit einem binären Zahlensystem, die Signale wurden von elektromechanischen Relais weitergeleitet. Sogar eine eigene Programmiersprache namens »Plankalkül« hatte Zuse entwickelt. Nach dem Krieg gründete Zuse ein Unternehmen für den Computerbau, das mit der Z4 den ersten kommerziellen Computer der Welt verkaufte. Doch das Interesse an der Computertechnik war in Deutschland gering. 1965 übernahm Siemens die Firma.

In den Vereinigten Staaten, dem Heimatland von IBM, stieß die Computertechnologie auf sehr viel mehr Interesse. Dort konstruierte der Mathematikprofessor Howard H. Aiken 1944 mit seiner Arbeitsgruppe den »Superrechner Mark I«, ein 35-Tonnen-Ungetüm aus 700 000 Einzelteilen, das noch mit Lochkarten und dem Dezimalsystem arbeitete. Das zum Großteil von IBM finanzierte Gerät war deutlich langsamer als Zuses Z3, es brauchte sechs Sekunden für eine zehnstellige Multiplikation. Die Z3 beendete sogar Multiplikationen mit Faktoren oder Quadratwurzeln in weniger als drei Sekunden. Das Geld der Army und IBM-Investitionen sorgten dafür, dass die US-Computerhersteller schnell aufholten. Den 1945 gebauten, 27 Tonnen schweren ENIAC nutzte die Armee, um die Flugbahn von Geschossen zu kalkulieren. Nach dem Zweiten Weltkrieg entwickelten die Lochkartenpioniere von IBM kommerzielle Großrechner wie den

SSEC, der unter anderem die Mondumlaufbahn berechnete und damit die Voraussetzung für die späteren Mondflüge schuf. Das Militär, die NASA und Universitäten begannen, Computer zu bestellen. Den IBM 650 in der Größe eines massigen Klaviers verkaufte IBM 1954 bereits 1800-mal.

Die Entwicklung der Halbleitertechnologie nach dem Zweiten Weltkrieg bot die Chance, die Rechner radikal zu verkleinern und billiger zu machen. Zuvor arbeiteten sie mit Röhren oder Relais, wie sie Zuse per Hand aus Blech ausgeschnitten hatte. Das Herstellen der Speicherchips, die sie ersetzten, wurde zum Milliardengeschäft, in das Pioniere wie Jack Kilby, Robert Noyce und Gordon Moore mit ihrer Firma Intel einstiegen. Moore sagte 1965 voraus, dass sich die Zahl aller auf einem Siliziumchip befindlichen Transistoren etwa alle 18 Monate verdoppeln und sich gleichzeitig der Herstellungspreis halbieren würde. »Moore's Law« ist bis heute gültig. Je mehr Transistoren auf den winzigen Plättchen Platz fanden, desto schneller sowie gleichzeitig kompakter und leistungsfähiger konnten die Rechner werden. Waren beim Prozessor Intel 4004 aus dem Jahr 1971 noch 2300 Transistoren auf eine nur wenige Quadratmillimeter große Siliziumplatte gepresst, waren es beim Intel-Pentium-Chip von 1993 bereits 3 100 000. Auf dem Intel Itanium 2 aus dem Jahr 2006 sind 1 720 000 000 Transistoren verbaut. Ein Megabyte Speicherkapazität kostete im Jahr 1963 noch anderthalb Millionen Mal so viel wie im Jahr 1997. Heute überschreiten die Vergleichszahlen unser anschauliches Fassungsvermögen.

In den 1960er Jahren begann auch die Wirtschaft, Computer als Universalmaschinen für alle möglichen Kalkulations- und Verwaltungsaufgaben einzusetzen. 1968 wurde bereits jeder zweite der 14 700 verkauften Computer von einem Unternehmen erworben. Mit etwa 3000 verkauften Computern im Jahr 1966 stand die Bundesrepublik an zweiter Stelle hinter den USA. Von 1970 bis 1979 stieg hier die Zahl der Rechneranlagen von 7260 auf 180 000. Mit dem Personal Computer, der ab 1975 von Herstellern wie Altair auf den Markt kam, begann die Zahl der Rechner zu explodieren. Der fünf Kilo schwere Apple II, den Steve Jobs und Steve Wozniak 1977 vorgestellt hatten, verkaufte sich bis 1985 zwei Millionen Mal. Die beiden Tüftler hatten die Firma durch den Verkauf von Jobs VW-Bus finanziert; ihre Rechner bauten sie anfangs in einer Garage in der kalifornischen Kleinstadt Los Altos zusammen.

1981 stieg auch IBM in das Geschäft mit PCs ein. Man hoffte, in fünf Jahren 240 000 Geräte abzusetzen. Es zeigte sich, dass Big Blue jeden Monat so viele Computer verkaufen sollte. Mit ihnen wurde das Betriebssystem MS-DOS ausgeliefert, das der clevere Geschäftsmann Bill Gates binnen kürzester Zeit auf Grundlage eines angekauften Betriebssystems namens QDOS entwickelt hatte. Als die IBM mit ihren PC-Plänen an ihn herangetreten war, hatte Gates kein Betriebssystem, das er verkaufen konnte. Er und der Firmenmitgründer Paul Allen waren aber klug, selbstbewusst und kaltblütig genug, den Lieferantenvertrag trotzdem zu unterschreiben. Obwohl MS-DOS deutlich hinter dem Stand der Technik zurückblieb, wurden die Rechner ein riesiger Erfolg, weil IBM als starker Markenanbieter viel Vertrauen bei den Kunden genoss. Microsoft sorgte mit großzügigen Rabatten und anderen Vertriebstricks dafür, dass MS-DOS und später das Betriebssystem Windows auch von anderen Hardware-Herstellern als System ihrer Wahl auf den verkauften Rechnern vorab installiert wurde. Konkurrenzprodukte wurden mit Methoden ausgebremst, auf die Edison stolz gewesen wäre. Einige Vorabversionen von Windows 3.1 zeigten etwa vorgetäuschte Fehlermeldungen an, wenn man statt MS-DOS das Konkurrenzprodukt DR-DOS auf dem Rechner installiert hatte.

Grafische Benutzeroberflächen, wie sie zum ersten Mal 1984 beim Apple Macintosh zur Standardausrüstung eines viel verkauften Computers gehörten, und die Computermaus machten die Bedienung der Rechner immer komfortabler. Dank der Flexibilität, mit der eine entsprechende Software so gut wie jede Aufgabe ausführt, wurde der PC zur Maschine für jedermann, die alles kann. Deutsche Firmen wie Siemens verschliefen allerdings diese Entwicklung, weil sie nach wie vor auf Großrechner fixiert waren.

Mit der Entwicklung des ersten Internetbrowsers durch Tim Berners-Lee gewann 1989 auch die Vernetzung von Computern, die mit dem Aufbau des US-Militärnetzes Arpanet in den 1960er Jahren begonnen hatte, an Fahrt. Mittlerweile verhundertfacht sich das weltweite Datenaufkommen alle zwei Jahre, und die Zahl der Rechner, die an das weltweite Datennetz angeschlossen werden, steigt fast ebenso schnell.

Durch die Vernetzung wurden Märkte transparenter. Die ganze Welt steht als Absatzmarkt und Einkaufsquelle zur Verfügung. Heute ist für den Manager in der Automobilindustrie mit einem Mausklick zu erkennen, wer wann ein bestimmtes Bauteil für eine Karosserie oder einen Autositz liefern kann. Genauso schnell kann ein Bücherwurm in Deutschland einen Titel ordern, der nur in einem Antiquariat an der amerikanischen Westküste verfügbar ist. Flüge und Hotels bucht man online, dort findet man Partner und seine Lieblingsmusik.

Softwarecode wird in Osteuropa entwickelt und in deutschen Banken genutzt, während ein indischer Dienstleister dafür die Netzwerke bereitstellt. Flugzeuge werden von Teams rund um die Welt konstruiert, die sich über Videokonferenzen absprechen und an virtuellen Modellen arbeiten, die irgendwo im Netz gespeichert sind. Die Zusammenarbeit von Fachleuten rund um die Welt ist in Echtzeit möglich, Ort und Distanz haben an Bedeutung verloren. Wissen und Wertschöpfung sind nicht mehr ortsgebunden. Die Informationstechnologie hat die Welt geprägt – und wird auch weiterhin Einfluss auf Entwicklungen in fast allen Lebens- und Produktionsbereichen haben. »Der digitale Medienfluss verwandelt sich in eine Umweltbedingung – etwas, das überall und immer da ist«, sagt der Journalist und Netzexperte Peter Glaser.

Das Versprechen der New Economy war, der gesamten Wirtschaft Werkzeuge bereitzustellen, die eine auf Internet, Netztechnologie, Kommunikation und Wissensaustausch basierende Wirtschaftsweise ermöglichen. Nicht alle Regeln der alten Wirtschaft wurden durch sie außer Kraft gesetzt, aber einige – etwa die, wie man Wissensarbeiter vernetzen muss, um in einem dynamischen Wirtschaftsumfeld fortlaufend Erfolg zu haben.

Die Flaggschiffe der New Economy sind nicht gescheitert, weil kluge Köpfe es wagten, Ideen aus der Informationstechnologie in Eigenregie zu verwirklichen. Sie gingen nicht unter, weil die Kosten für Eis und Brötchen die Kapitalbasis zu schnell abschmelzen ließen. Sie gingen daran zugrunde, dass die neuen Code- und Ideenschmieden von Investoren mit Erwartungen überfrachtet wurden, die selbst die besten Senkrechtstarter nicht erfüllen konnten. Zudem sprangen windige Geschäftemacher auf den Start-up-Zug auf, die auch ein Stück vom Kuchen abhaben wollten. Während der Blütezeit der Start-ups waren Investoren auf einmal bereit, Geld in die abenteuerlichsten Geschäftsideen zu stecken, solange sie nur irgendetwas mit dem World Wide Web zu tun hatten. Die Kurse der am Neuen Markt gehandelten Aktien schossen aufgrund von völlig unrealistischen Zukunftsszenarien in luftige Höhen. Bis zum Jahr 2006 sollte der Online-Einzelhandel in Europa einer Prognose der Marktforscher Forrester aus dem Jahr 2002 zufolge 22 Prozent des gesamten Handels ausmachen und auf ein Volumen von unglaublichen 2200 Milliarden Euro anwachsen – Werte, die bis heute nicht ansatzweise erreicht werden.

Angesichts der Euphorie spielte es keine Rolle, dass Online-Auktionshäuser wie Ricardo oder Allando lediglich Ebay kopierten, virtuelle Einkaufsgemeinschaften wie Letbuyit.com und Internet-Modefirmen wie Boo.com kein echtes Geschäftsmodell vorweisen konnten oder Netzzugangsanbieter wie Gigabell Verbrauchern und Anlegern das Blaue vom Himmel versprachen, obwohl sie noch nicht einmal über eine funktionierende Buchhaltung verfügten. Einige der am Neuen Markt notierten Unternehmen, etwa die Skandalfirma Flowtex, basierten sogar ausschließlich auf Betrug. Als zu viele Profiteure, Abenteurer und Nachmacher auf den Zug aufgesprungen waren, den einige innovative Köpfe in Gang gebracht hatten, kam die Start-up-Lokomotive abrupt zum Stillstand. Im Laufe des Jahres 2000 platzte die Dotcom-Blase. Mit dem britisch-niederländischen Designermodehändler Boo.com brach im Mai das erste bedeutende Internetunternehmen in Europa zusammen. Das Start-up-Sterben begann. Hohe Forderungsausfälle und ein allgemeiner Vertrauensverlust in die New Economy brachten auch gut aufgestellte, solide finanzierte Unternehmen ins Trudeln. Im Herbst 2001 übertraf die Zahl der Pleiten die der Neugründungen. Binnen zweier Jahre verschwanden 350 Internetunternehmen.

Dennoch war die New Economy ein Startschuss. Multimedia-Agenturen wie Pixelpark haben das Dotcom-Sterben überlebt. Und vielerorts ist dort auch heute noch ein achtsames Miteinander die Regel, das die Kreativität des Einzelnen belohnt und Eigeninitiative fördert, statt sie abzuwürgen. Vor allem haben die Start-ups der ersten Generation weitere Gründer inspiriert. Firmen wie Skype starteten erst nach dem Platzen der Dotcom-Blase – und hoben dann die Welt aus den Angeln. Sich wie die alten Start-ups zu organisieren ist mittlerweile zu einer Blaupause für Gründer geworden, die ungewöhnliche Ideen umsetzen wollen. Sie starten als schlanke, kleine Einheiten. Um die Gründer herum vernetzen sich Fachleute, die in unterschiedlichen Besetzungen an den Projektschritten beteiligt sind. Ein eigenes Unternehmen zu gründen, wenn man kompromisslos seine eigene Vision verfolgen will, ist durch die Start-up-Revolution einfacher geworden.

Die Start-up-Mentalität

Geschichten wie die von Dominik Reisig, dem Gründer des Hamburger Softwareunternehmens Cavi, der seinen Firmenpartner, den Programmierer Michael Bösken, über eine Freelance-Projektbörse im Netz kennenlernte, sind typisch für die Entwicklung einer neuen Generation von Hightech-Firmen. Drei Monate lang arbeiteten sie an dem Projekt und bauten erste Prototypen der Shop-Software für Online-Videos, ohne dass sich die Gründer auch nur ein Mal von Angesicht zu Angesicht gesehen hatten. »Erst kurz bevor wir unseren ersten Investor besuchten, haben wir uns das erste Mal persönlich getroffen«, erinnert sich Reisig.

Cavi entwickelt Software, mit der man Online-Shops in Videos integrieren kann. Wenn die Zuschauer zum Beispiel auf das Video einer Rockband klicken, öffnet sich ein Fenster, und ein Shop für CDs, Band-Shirts und Konzerttickets wird sichtbar. Wenn das Geschäft funktioniert, wäre das eine Sensation. Denn der Betrieb der ungeheuer beliebten Videoplattformen ist ein Zuschussgeschäft, die Werbeeinnahmen decken in der Regel nicht die Kosten. Bisher beißen sich Fachleute an der Frage, wie YouTube und Co. Geld verdienen, die Zähne aus. Die In-Video-Shopping-Technologie könnte das ändern.

»Ich wollte schon immer mein eigenes Ding machen. Ich finde Geschäftsideen einfach spannend«, sagt Reisig. »Und wenn man die Chance hat, einen ganzen Markt zu revolutionieren, ist das als Projekt natürlich sehr viel spannender, als irgendwo ein Praktikum zu machen oder als Trainee einzusteigen.« Diese Haltung ist seit der Start-up-Ära auch im risikoscheuen Deutschland bei einem Teil der jungen Fachkräfte durchaus verbreitet. Macher wie Reisig haben keine Angst, ihre große Idee auch durchzuziehen.

Die Start-up-Mentalität inspiriert mittlerweile auch außerhalb der Softwareindustrie kluge Köpfe. Der Chemiker Peter Holme Jensen gab einen gut bezahlten, sicheren Job bei einer Biotechnologie-Firma auf, um mit seinem Kopenhagener Biotechnik-Unternehmen Aquaporin das sauberste Wasser der Welt herzustellen. Aquaporine sind Proteine, also aus großen Molekülen aufgebaute Eiweißstoffe. Sie haben aber eine erstaunliche Eigenschaft: Sie tun genau das Gegenteil von herkömmlichen Filtern, bei denen Wasser mit viel Kraft gegen ein feinporiges Sieb gedrückt wird. Aquaporine ziehen selbst die Wassermoleküle aus jeder Flüssigkeit, die sich hinter einer

Zellmembran befindet. Ein solches Reinigungsverfahren verbraucht im Gegensatz zum klassischen Filter keine Energie. Es erzeugt sogar welche.

Als der Biochemiker Peter Agre 2003 den Chemie-Nobelpreis für die Erforschung von Kanälen in Zellmembranen erhielt, wurde in einem Animationsvideo auf einer Webseite dargestellt, wie der Transport von Wasser durch die Zellwand funktioniert und welche Rolle die Aquaporine als Antreiber dieses Prozesses dabei spielen. Jensens Partner Morten Østergaard zeigte ihm das Video, und der Biotechnologie-Experte war begeistert. »Das ist der beste Filtermechanismus der Welt«, sagte Jensen. »Warum nutzen wir nicht ihn statt dieser komplizierten Filter, die Ingenieure bauen? Wir können nicht besser sein als die Natur.« Das Duo entschloss sich, mit Hilfe der erstaunlichen Proteine ein revolutionäres Verfahren zur Wasserreinigung zu entwickeln.

Nach seiner Kündigung suchte Jensen ein halbes Jahr lang mit seinem Partner nach Investoren und sammelte staatliche Fördergelder. Dann nahm die Firma die Arbeit auf. In Labors begann er mit einem kleinen Team, Zellmembranen wachsen zu lassen, die so stabil sind, dass sie in Reinigungsanlagen eingesetzt werden können. Die Anlagen selbst will Jensen nicht bauen, und um die Membranen nach den Verfahren, die er entwickelt, im ganz großen Maßstab zu züchten, hat er einen Vertrag mit einer befreundeten Biotechnologie-Firma geschlossen. »Das können andere besser«, sagt er. »Wir bleiben lieber klein und flexibel, statt die Fehler der großen Unternehmen zu wiederholen« – zum Beispiel einen großen, schwerfälligen Apparat aufzubauen, der bald eher ein Selbstzweck ist, als dass er hilft, Ideen zu entwickeln, Gewagtes anzudenken und das Unmögliche umzusetzen.

In der Wasserbranche wird das Membran-Start-up möglicherweise ebenso tiefe Spuren hinterlassen wie Skype bei den Telefonfirmen. Auch im Geschäft mit sauberem Wasser ist aber derzeit noch zu beobachten, dass die alten Giganten die Entwicklung verschlafen. Die großen Trinkwasserkonzerne wie Veolia oder Suez, die in der Regel nicht einmal ein Prozent ihres Umsatzes für Forschung und Entwicklung ausgeben, stehen der Idee, Wasser mit Biomembranen billiger und besser als bisher zu reinigen und mit den Anlagen zugleich auch noch Energie zu gewinnen, noch ausgesprochen reserviert gegenüber. »Die Branche setzt auf Filtertechnologie, die drei Jahrzehnte alt ist«, sagt Jensen. »In so einer altmodischen Branche neue Ideen zu verankern ist eine riesige Herausforderung. Wie groß sie ist, war mir vorher nicht klar.«

Die neuen Ultrafilter werden vermutlich erst von anderen Anbietern und nicht von den Platzhirschen auf dem Wassermarkt eingesetzt. Gut möglich, dass sie damit nach und nach auch die alten Wasser-Giganten ins Wanken bringen. Bis die Aquaporin-Filter Massenware werden, setzt Jensen auf eine andere Abnehmerschaft: Extrem sauberes Wasser brauchen zum Beispiel die Pharmaindustrie und die Halbleiterhersteller für ihre Produktion. Ein Chiphersteller allein verbraucht pro Tag zehn Millionen Liter ultrareines Wasser. »Es wird noch dauern, bis Aquaporin ein geschäftlicher Erfolg wird«, sagt Jensen. »Aber für mich ist es schon ein Erfolg, dass ich tue, was ich tue. Ich hatte einen Job, bei dem ich dauernd auf die Uhr schaute, ob schon Feierabend ist. Jetzt habe ich ein paar Gänge hochgeschaltet und tue etwas Sinnvolles. Schließlich haben 1,7 Milliarden Menschen keinen Zugang zu sauberem Trinkwasser.«

TEIL 3

Durchstarter: Was Erfinder heute erfolgreich macht

KAPITEL 10

»Man kann nicht damit leben, dass irgendwo eine Blackbox ist«

Warum Spieltrieb und Neugier die besten Ideengeber sind

Das Buch, ohne das Rouven Malecki derzeit nicht leben kann, ist 5000 Seiten stark und für normale Menschen eine absolut unverdauliche Lektüre. Das *Blu-Ray Manual* ist ein Handbuch, in dem haarklein alle technischen Details der neuen Blu-Ray-Technologie beschrieben sind, die sich anschickt, die DVD als Trägermedium für Filme zu ersetzen. Alles, was in diesem Wälzer steht, hat Malecki verinnerlicht. »Ich lese täglich darin«, sagt er.

Blu-Ray-Discs haben mehr Platz für hochauflösende Fernsehbilder. Der eigentliche Clou ist aber, dass diese Silberscheiben auch programmiert werden können. Rouven Maleckis Unternehmen Sofatronic arbeitet an der Unterhaltungstechnologie für das Wohnzimmer von morgen. »Mit unserer Software kann man interaktive Inhalte auf Blu-Ray-Discs erstellen«, sagt Malecki. Das bedeutet, dass man in Zukunft auf so einer Disc nicht nur einen Spielfilm findet, den man anschauen kann, sondern auch kleine Computerspiele, Online-Shopping-Module oder Programme, mit denen man über das Internet andere Fans des Films kontaktieren kann.

Damit das aber hinhaut, muss man haargenau wissen, wie die Blu-Ray-Technik funktioniert. Für Malecki ist das kein Problem. So einen 5000-Seiten-Wälzer durchzuackern macht ihm Spaß. Er verschlingt laufend so schwere Lektüre, denn im Wohnzimmer von morgen wird nicht nur die Blu-Ray-Technik für gute Laune sorgen. Auch neue Technologien für interaktives Fernsehen wie die tru2way-Softwareplattform in den USA oder der hbbTV-Standard in Europa interessieren den Sofatronic-Macher. »Es gibt da einen Drang, jedes System verstehen zu wollen«, sagt er. »Als Tüftler kann man nicht damit leben, dass irgendwo eine Blackbox ist.«

Sich in komplexe Systeme einzuarbeiten und zu begreifen, wie eine Technologie im Detail funktioniert, hat Malecki schon als Kind fasziniert. Sein erster Rechner war ein Personal Computer, der ohne Software ausgeliefert wurde. Tolle Computerspiele konnte der 13-Jährige damit nicht spielen. »Also probierte ich vier Wochen lang einfach aus, was man mit dem Betriebssystem MS-DOS alles anfangen kann. Erst danach lernte ich Leute kennen, die Computerspiele besaßen, die ich mir kopieren konnte.« Malecki stellte fest, dass nicht nur die Spiele ihn faszinierten, sondern auch die Funktionsweise des nackten Rechners. Er lotete aus, wie er das Betriebssystem verändern konnte, und brachte sich selbst bei, die Maschine zu programmieren. »Ich bin schon immer ein Bastler gewesen«, sagt er. »Ich mag auch Leute, die in ihrer Garage an etwas herumschrauben oder Tische zusammenbauen. Wir alle tun im Grunde das Gleiche: Wir nehmen das, was da ist, und reizen dann, obwohl uns oft nur bescheidene Mittel zur Verfügung stehen, das System bis an die Grenze aus.«

Das Programmieren ist für Malecki ein Spiel, eine Nuss, die es zu knacken gilt, und keine lästige Pflicht, die er im Rahmen eines Computerkurses oder eines Informatikstudiums erledigen musste. Schon mit vierzehn waren er und seine Freunde eine Programmierer-Clique, die auf den Schulhöfen von Pinneberg für Aufsehen sorgte. Als sie fünfzehn waren, vermittelten ältere Geschwister die ersten Programmierjobs an die kleinen Tüftler. Nebenher programmierten sie wie im Rausch die Nächte durch. Sie bastelten an ihren eigenen Computerspielen, sooft sie Zeit hatten. Mit sechzehn sah er das erste Mal ein Spiel, an dem er mitprogrammiert hatte, in der Fachabteilung eines Warenhauses. »Das war schon ein irrer Moment«, erinnert er sich.

Als Malecki und die übrigen Pinneberger Codezauberer mit dem Studium anfingen, programmierten sie fleißig weiter. Mit Auftragsarbeiten für Kunden wie die Lufthansa finanzierten sie sich, bastelten zugleich weiter an Spielen. Malecki studierte Englische Literatur und Kommunikationswissenschaft. »Ich hätte mich bei den Informatikern zu Tode gelangweilt«, sagt er. »*Moby-Dick* gelesen zu haben half mir nicht direkt beim Lösen von technischen Problemen. Da ist das Wissen rund um Algorithmen, Datenstrukturen und Datenbanken entscheidend. Aber manchmal braucht man auch ungewöhnliche Ansätze, um überhaupt eine Lösung für ein Problem zu finden und sich nicht in technologischen Details zu verrennen.«

Malecki und seine Freunde verstanden sich bestens darauf, mit minimalen Möglichkeiten gute Software zu schreiben. Die Spezialität ihrer flugs gegründeten Firma Elkware wurden Spiele, die auf Mobiltelefonen liefen. Die haben sehr viel weniger Speicherplatz, Prozessorleistung und Möglichkeiten, bewegte Bilder klar darzustellen. Alles das ist aber wichtig, wenn Computerspiele Spaß machen sollen. Elkware entwickelte eine kleine Software, mit der Programme überall funktionieren konnten, unabhängig davon, welche Hardware für sie zur Verfügung steht. Durch diese Zwischenschicht aus Code zwischen dem Handy und dem eigentlichen Computerspiel war es egal, welche technischen Voraussetzungen ein Mobiltelefon mitbrachte. »Ein Spiel, das wir programmierten, lief automatisch auf allen unterschiedlichen Handys, egal was sie für einen Speicher oder Bildschirm hatten«, erklärt Malecki. »Das war unsere Innovation. Wir konnten Spiele für 350 unterschiedliche Handytypen zur Verfügung stellen.« Selbst aufwendige Games wie der Computerspiel-Knüller »Anno 1503« wurden von Elkware fürs Telefon angepasst und verkaufte sich pro Monat etwa 150 000-mal. In der Hochzeit des Unternehmens beschäftigte Elkware 85 Mitarbeiter.

Viele kleine Meisterwerke programmierten Malecki und seine Freunde, auch wenn von etlichen heute die Welt nichts weiß. Eine interaktive Telespielversion der Fernseh-Show »Wetten, dass …?« etwa. Der Clou: Sie läuft nicht auf einer Computerfestplatte, sondern auf einer schnöden DVD. »Auf DVDs kann man eigentlich nichts programmieren«, sagt er. »Es sind dumme Silberscheiben ohne Prozessor.« Also mussten er und seine Freunde tricksen. Sie nutzten die wenigen technischen Möglichkeiten, die ihnen die kargen Videofunktionen der Silberlinge boten, für das Computerspiel virtuos aus. »Trotzdem floppte das Spiel«, sagt Malecki. »Kein Händler wusste, wo er diesen Zwitter aus DVD und Computerspiel einordnen sollte. Aber ich bin trotzdem stolz auf das Spiel, weil ich weiß, was an Technik darin steckt.«

2004 verkauften die Elkware-Gründer ihr Unternehmen an den amerikanischen Computerspielkonzern Infospace für fast 20 Millionen Euro. Die Gründer hatten zugesagt, eine Zeitlang im Unternehmen weiterzuarbeiten. Doch schnell merkten sie, dass in einem 1500 Mitarbeiter großen Konzern ein anderer Wind weht als in ihrem eigenen Unternehmen. »Wir wollten Technologie entwickeln und waren stattdessen dauernd damit beschäftigt, irgendwelche Berichte für irgendwelche Leute zu verfassen«, sagt Malecki. »Das hatte viel von der Arbeit in einer Behörde. Jeder Schritt musste von irgendwem genehmigt werden. Dauernd gab es irgendwelche Meetings. Die Entscheidungswege waren lang und umständlich, und am Ende wurden dann doch alle neuen Ideen ausgebremst.«

Diese Unternehmenskultur nahm den Gründern jede Lust. Einer nach dem anderen verließ Infospace. Spielerisch komplexe technische Fragen zu lösen war unter diesen Voraussetzungen ausgeschlossen. Ende 2005 zog auch Malecki einen Schlussstrich unter das Kapitel. Doch was macht man, wenn man 28 Jahre alt ist und Millionen auf dem Konto hat? Gerade mal drei Monate hielt Malecki es aus, gar nichts zu tun. Dann gründete er mit zwei Kumpanen aus der alten Clique Sofatronic. Wieder ein eigenes Unternehmen – er und seine Freunde konnten den Takt und die Arbeitsbedingungen vorgeben, statt sich den Regeln eines anderen beugen zu müssen.

Sofatronic ist heute ein Paradies für leidenschaftliche Programmierer. Dass jemand, nur um zu sehen, ob es machbar ist, ausprobiert, ob die Webserver-Software Apache auch auf seiner Digitaluhr funktioniert, ist dort nichts Ungewöhnliches. »Das hat nicht unbedingt irgendeinen praktischen Wert. Man probiert aus, um zu sehen, ob es geht. Und dann spürt man die Genugtuung, dass man es geschafft hat«, sagt Malecki. Bis Sofatronic richtig Geld verdient, wird es noch dauern. Vieles, was die Hamburger tun, ist grundsätzliche Entwicklungsarbeit. Doch um das Geld geht es Malecki auch nicht. Die Firma ist ein ganz besonderes Stück Wild Economy: ein Vehikel, damit er weiterhin mit spielerischem Ehrgeiz technische Aufgaben lösen kann, ohne seine Zeit mit Berichten an Vorgesetzte oder in Meetings zu verplempern. Klar, sie soll schwarze Zahlen schreiben. Das genügt, auch wenn verwegene Businessplan-Strategen vielleicht mehr aus dem Programmierer-Refugium rausholen könnten. Pläne für das, was vielleicht irgendwann mal nach Sofatronic kommt, hat Malecki nicht. Aber eines ist für ihn klar: »Ich werde wohl immer Software schreiben.«

Wenn Malecki über das Programmieren spricht, klingt es so, als würde ein Maler über das Malen oder ein Musiker über das Musizieren reden. Malecki lebt für das Programmieren, er genießt es so sehr, dass er sich kaum losreißen kann. Für viele Kreative ist ihre Arbeit ihr Leben. Oft ist es schwer zu definieren, wo die Arbeit endet und wo das private Vergnügen beginnt. Diese Einstellung zur Arbeit bedeutet, dass Geld nicht die Hauptantriebskraft ist, wenn sie etwas tun. Die Tätigkeit selbst ist Erfüllung genug. Menschen wie Rouven Malecki oder Heinz Obermayer haben ihre Aufgaben verinnerlicht, lieben sie und gehen mitunter völlig in ihnen auf.

Das gleiche Phänomen ist bei vielen Tüftlern zu beobachten: Leute wie der E-Rockit-Bauer Stefan Gulas oder der Krebsforscher Hartmut Juhl, von dem noch die Rede sein wird, sind auf ihrem Fachgebiet nicht einfach nur gut. Weil sie konsequent ihrem eigenen Antrieb folgen und das, was sie gut können, ein Leben lang gerne tun, sind die Ergebnisse ihrer Arbeit oft bahnbrechend. »Wann immer etwas erreicht wird, wird es durch einen Monomanen mit einer Mission getan«, erklärt der amerikanische Wirtschaftswissenschaftler Peter Drucker. Und der kanadische Erfolgsautor und Innovationsfachmann Malcolm Gladwell geht davon aus, dass wegweisende Erfinder wie Bill Gates oder Larry Page konsequente Arbeitstiere sein müssen, um in dem, was sie tun, so herausragend zu werden. Die überdurchschnittlich Erfolgreichen hatten seiner Ansicht nach alle vor ihrem Durchbruch mindestens 10 000 Stunden Übung in dem, was sie machten. Sie investierten alle mehr als ein komplettes Jahr ihres Lebens allein in die Aufgabe, die sie fesselte, bevor sie Erfolg hatten.

Wer als Lebensaufgabe tun möchte, was ihm Spaß macht, und dabei die Kontrolle über die Arbeitsbedingungen und das Arbeitsumfeld behalten will, muss fast zwangsläufig selbst zum Unternehmer werden. Das ist eine Erkenntnis, die vielen Erfindern unheimlich ist, denn eine Firma zu führen erfordert Qualitäten, die ein guter Tüftler nicht automatisch mitbringt. Man muss organisieren und kalkulieren können, man muss planen und andere begeistern können. Ein radikaler Erfinder, der den Wunsch hat, etwas Eigenes aufzubauen, hat allerdings etwas für ein Unternehmen ungeheuer Wertvolles: Er hat eine große Idee. Er weiß, was das Unternehmen, das er auf die Beine stellen will, tun soll. Das hat er tatsächlich vielen etablierten Firmen, die nur alte Einfälle wiederkäuen, voraus. Und in den Disziplinen Buchhaltung, Rechnungswesen, Marketing und Verwaltungsorganisation muss er gar nicht selbst brillant sein. Das reine Führen der Geschäfte einer Firma ist ein Handwerk, das man, wenn man sich nicht dazu berufen fühlt, in Teilen oder in Gänze delegieren kann.

Will man die eigenen Arbeitsbedingungen kontrollieren, ist es das Beste, sein eigener Herr zu sein; das gilt unabhängig von der Branche. Es ist deshalb kein Wunder, dass ein Geistesverwandter von Rouven Malecki, obwohl er zu einer anderen Generation gehört und auf einem anderen Gebiet aktiv ist, zu genau dem gleichen Schluss kam wie der Sofatronic-Gründer. Der 46-jährige Physiker Paul Grunow wollte ebenfalls genau das tun, was er liebt. Und deshalb hat er schon das dritte Mal etwas Eigenes aufgebaut.

Grunow ist einer der Köpfe, die hinter Solon steckt, dem ersten deutschen Hersteller von Solarmodulen, der an die Börse ging. Solon wurde 1996 von einer Gruppe von Technikpionieren und Freaks gegründet. Es war ein Unternehmen, das zu Grunow passte. Geprägt wurde es vor allem von dem inzwischen verstorbenen Reiner Lemoine, einem Charismatiker mit John-Lennon-Brille, der seine Familie und die Mitunternehmer gelegentlich mit Aussagen überraschte wie »Scheiß auf den Kommerz. Lasst uns was Richtiges machen«. Auswendiglernen und Pauken hatte Lemoine als Kind gehasst. Als Student gründete der studierte Raumfahrttechniker mit Gleichgesinnten die Firma Wuseltronik, ein »Sozialistisches Ingenieurskollektiv« in Kreuzberg, das aus Prinzip seine Messgeräte nicht an die Bundeswehr lieferte.

Der Hippie Lemoine begeisterte den Physiker Grunow, der ähnlich dachte und auch heute noch keine Anzüge trägt, sondern lieber Jeans mit einem T-Shirt von den Ramones. Im Rahmen eines Gemeinschaftsprojekts Anlagen zu bauen, um die Sonne als unerschöpfliche Energiequelle anzuzapfen, war eine Aufgabe wie maßgeschneidert für Grunow. Er hatte sich am Ende seines Physikstudiums auf die Entwicklung von Photovoltaikmodulen spezialisiert und war 1995 von einem akademischen Aufenthalt in Brasilien zurückgekehrt. Die Aussichten auf dem Arbeitsmarkt waren für Physiker schlecht. »Ich bewarb mich sogar bei SAP und Microsoft auf schleimige Beraterpositionen, die mit viel Geld lockten«, erinnert er sich. Als sich die Perspektive Solon auftat, vergaß er die Bewerbungen, die er ohnehin nur widerwillig auf den Weg gebracht hatte. »Mein Anspruch ist, dass die Dinge, die ich tue, einen praktischen Nutzen haben«, sagt Grunow. »Ich habe die vielleicht naive Vorstellung, dass eine technisch gute Idee etwas verändert. Das ist etwas anderes als irgendein Wirtschafts- oder Finanzkniff, wo zwar irgendwann jemand gewinnt und wer anders verliert, aber insgesamt kein Mehrwert entsteht.«

Solon war zunächst nicht mehr als eine Idee von Techniktüftlern und Umweltvisionären, die sich mittwochs abends in einer Kneipe trafen. Grunow hielt sich mit Gitarrenunterricht über Wasser, bis erste Investoren 1996 tatsächlich von der Idee überzeugt waren, eine Fabrik für Photovoltaikmodule aus umweltverträglicher Fertigung am Wirtschaftsstandort Berlin zu bauen.

Doch die Gründungseuphorie verflog schnell. Nach dem Börsengang 1998 übernahm auf Druck einer Bank ein Geschäftsführer das Ruder bei

Solon, der vorher 30 Jahre bei Bauunternehmen wie DYWIDAG und der Citibank tätig gewesen war. »Er brachte eine neue Kultur in das Unternehmen«, erinnert sich Grunow. »Erst dachten wir, dass das gut für uns ist.« In Bereichen wie der Produktion hätte das Unternehmen eine strenge Führung gebrauchen können, sagt er, zum Beispiel damit Aufträge pünktlicher abgearbeitet werden konnten. Doch die Zusammenarbeit zwischen den Technikfreaks und dem Manager aus der Konzernwelt funktionierte nicht. Der Kommandoton demotivierte die Tüftler, und die Entscheidungen des neuen Chefs, der kaum etwas vom Photovoltaikgeschäft verstand, erwiesen sich als falsch. Die vielversprechende Produktion von Solarzellen kippte er, weil sie viele Kosten verursachte. Dafür investierte er in andere Projekte, die sich als technische Sackgassen entpuppten.

Grunow und Lemoine entschieden sich, etwas Neues anzufangen: Sie gründeten 1999 mit lediglich 60 000 Euro ein Unternehmen, das auf einem Stück Brachland in Sachsen-Anhalt die Produktion von Hochleistungssolarzellen aufnahm: Q-Cells. Doch auch Q-Cells ging an die Börse und war bald keine wilde Gründerbude mehr. Es gab überall teure Möbel und schicke Telefone, mehr als 1000 Mitarbeiter schwirrten durch die Gänge. Ein ehemaliger Consultant der Unternehmensberatung McKinsey hatte die Geschäftsführung übernommen. Aufzubauen gab es bei Q-Cells nichts mehr. Und brav als Produktmanager des Unternehmens mit Blick auf Businessplan-Vorgaben Dienst nach Vorschrift zu machen hatte Grunow noch nie gelegen.

Der Physiker und Photovoltaikexperte konnte in der Solarbranche jeden Job bekommen, den er wollte. Doch er zog es vor, ein drittes Mal sein eigenes Ding zu machen. 2006 eröffnete er mit anderen Solarfachleuten in Berlin das erste Forschungsinstitut für Dünnschichtmodule in Deutschland. Die Wissenschaftler, die dort arbeiten, testen neue Materialien und Anlagentechnologien für die Solarunternehmen. Das deckt die Kosten für das Institut. Grunow kann dort endlich wieder das tun, was er liebt: Er kann messen, entwickeln und prüfen, ohne dass ihm jemand reinredet. »Hier können wir ohne den wahnsinnigen Business-Druck arbeiten«, sagt er. »Ich bin kein Konzernmensch. Ich will nicht von jemandem gemanagt werden, der ganz anderen Zwängen unterliegt.«

Q-Cells hat dagegen seit 2009 wegen der eingebrochenen Nachfrage nach Solarmodulen und der sinkenden Preise Probleme. Ende 2003 wurden 300 Mitarbeiter entlassen. Von Mai bis September 2009 wurde am Produktionsstandort Thalheim kurzgearbeitet. Solon setzte der Preisverfall für Solarmodule und der Absturz des Geschäfts im wichtigen Markt Spanien so hart zu, dass das Unternehmen 2009 einen Verlust von 195 Millionen Euro verbuchte. Solon kämpfte ums Überleben, bis die Firma im März 2010 eine Staatsbürgschaft in Höhe von 146 Millionen Euro erhielt.

KAPITEL 11

»Warum bauen wir eigentlich kein Motorrad?«

Wieso es richtig ist, auch scheinbar verrückten Ideen eine Chance zu geben

Der Mann, der eine ausgiebige Probefahrt auf dem auffälligen Bock mit den walzenartigen Hinterreifen und dem geweihförmigen Lenker unternommen hatte, war der Entwicklungsdirektor der Robert Bosch GmbH und damit alles andere als leicht zu beeindrucken. Als er aber von der Maschine stieg, kniete er nieder und sagte nur ein einziges Wort: »Hölle!« Philipp Hitzbleck erzählt die kleine Episode mit diebischer Freude. Die Höllenmaschine, die selbst bei gestandenen Motorprofis für weiche Knie sorgt, war seine Idee. Seine Firma hat in Kiel das erste Turbodiesel-Motorrad der Welt gebaut.

Hitzbleck ist kein Motorentüftler, der in stiller Kleinarbeit in seiner Garage jahrelang das Turbodiesel-Prinzip perfektionierte. Er ist auch kein Ingenieur, der die Machbarkeit dieses Motorenkonzepts durch kühle Kalkulationen bewiesen hat. Er ist Marketingfachmann. Die Idee für das vollkommen neuartige Motorrad entwickelte er zusammen mit einem Comic-Zeichner.

1981 erschien der erste Band mit Bildgeschichten, in denen ein Kieler Motorradfreak tagtäglich kleine Kämpfe gegen Polizei und TÜV ausfechten musste, dabei regelmäßig bierselige Katastrophen produzierte und währenddessen in breitem Plattdeutsch bauernschlaue Sprüche von sich gab. »Werner« war das Alter Ego des Zeichners Rötger Feldmann, Künstlername Brösel. Die »Werner«-Comics waren ein Riesenerfolg. Die Bände verkauften sich millionenfach, Filme wurden gedreht, das Merchandising-Geschäft, das auch den Verkauf des »Werner«-Biers »Bölkstoff« einschloss, lief wie am Schnürchen. Ende der 1980er Jahre trat der Comic-Zeichner gar beim legendären »Red Porsche Killer Rennen« mit einem gut drei Meter langen Selbstbau-Motorrad mit vier hintereinandergeschalteten Horex-Motoren gegen einen Porsche an. Eine viertel Million Fans kamen auf den Flugplatz von Hartenholm in Norddeutschland, um das Rennen zu sehen.

Achterbahn hieß das Unternehmen, das »Werner« vermarktete. 1997 ging es an die Börse. Die Kassen waren voll, die New Economy elektrisierte das Land. Es war eine Zeit, in der viele ungewöhnliche und auch etliche Schnapsideen umgesetzt wurden. Eine gute Zeit für Visionäre. Hitzbleck war damals Marketingchef bei Achterbahn und ließ sich von der allgemeinen Euphorie anstecken. »Im Jahr 2000 habe ich zu Rötger Feldmann gesagt: Warum bauen wir eigentlich kein eigenes Motorrad?«, erinnert er sich. »Brösel« war von dem Marketingcoup sofort begeistert. Das Comic-Team begann, ein Motorrad zu entwickeln. Die Idee war, ein noch nie da gewesenes Bike zu bauen: mit einem Turbodiesel-Motor. Der würde eine ungeheure Beschleunigung der Maschinen ermöglichen, und genau das lieben Motorradfahrer.

Dieselmotoren haben aber einen entscheidenden Nachteil, weshalb sie bei Motorrädern praktisch kaum Verwendung finden. Sie sind deutlich größer und schwerer als Benzinmotoren. Für mehr als zwei Zylinder ist kein Platz vorhanden, falls man nicht vorhat, mit einem Wandschrank über die Straßen zu fahren. Und genau da beißt sich die Katze in den Schwanz: Ein Dieselmotor benötigt nämlich mindestens vier Zylinder, um die problematischen Vibrationen in den Griff zu bekommen, die bei Benzinmotoren kein Problem darstellen. Ansonsten würde der Biker durchgeschüttelt wie bei einem Ritt auf einem Presslufthammer. Hitzbleck brauchte einen Experten mit einer zündenden Idee, wie diese Quadratur des Kreises zu bewerkstelligen war.

»Dass mit meinem ›Werner‹-Know-how kein Motor zu entwickeln ist, war mir völlig klar«, sagt er. Martin Wimmer, Freund und Motorradrennfahrer, den die Turbodiesel-Idee begeistert hatte, brachte ihn mit dem Motorbauer Rupert Baindl zusammen. Der Konstrukteur baute bei München Motoren mit doppelter Kurbelwelle. Jeweils zwei Pleuelstangen treiben einen Kolben an, nicht eine wie bei allen anderen Motoren. Der Vorteil: Die Vibrationen, die die eine Kurbelwelle erzeugt, werden von der anderen ausgeglichen. Die Erschütterungen heben sich praktisch gegenseitig auf. Erfunden wurde die doppelte Kurbelwelle bereits vor rund 100 Jahren. Baindl hatte sie perfektioniert und auf Basis der Doppelpleuelstangen einen Benzin-Einzylinder entwickelt. Durch die doppelte Kurbelwelle war es für Achterbahn theoretisch möglich, auch einen Hochleistungsdiesel zu bauen, der ohne Erschütterungen arbeitet. Doch dann verhob sich das Unternehmen mit dem Kauf von Lizenzen für Harry-Potter-Produkte. 2002 meldete man Insolvenz an.

»Die Idee hatte mich so begeistert, dass ich nicht ans Aufhören dachte«, sagt Hitzbleck. »Ich bin da mit einer gewissen Blauäugigkeit reingestolpert. Ich habe das Projekt übernommen, weil mich die Technologie überzeugt hat. Das Motorkonzept war und ist hochaktuell, es ist jetziger Technik teilweise weit überlegen. Wir können kleine, leichte, vibrationsfreie, sparsame, aber ungeheuer starke Motoren damit bauen.« Also beschloss er, seine Ersparnisse in die Entwicklung des neuen Motors zu stecken und weiterzumachen. Er pokerte mit dem Insolvenzverwalter, spielte den Wert der Motorradtochter herunter. Ganze 2000 Euro zahlte er für die winzige Zweiradschmiede. Die neue Firma Neander Motors nahm genau in jenen Räumen die Arbeit auf, in denen einst die Firma Achterbahn residierte.

Doch nur der Start in die eigene Motorentwicklung kostete weniger als erwartet. Hitzbleck schaffte es zwar, die einst von der Vermarktungsfirma angestellten Motorbauer bei der Stange zu halten. Doch von einer Comic-Idee bis zu einem echten Motor war es ein weiter Weg. Acht Jahre dauerte die Entwicklung. Die Dieseleinspritzung und die Doppelkurbelwellentechnik so einzustellen, dass die gewünschte Leistung herauskam, erwies sich als hochkomplexe Aufgabe. Das Projekt fraß deutlich mehr Zeit und Geld als geplant. »Die letzten Schritte in der Motorentwicklung sind besonders hart«, sagt Hitzbleck. »Die letzten 5 Prozent auf der Strecke bis zur Perfektion haben genauso lange gedauert wie die ersten 95 Prozent.«

Auch wenn Hitzbleck Neander schlank aufgestellt hatte und viele Fertigungsschritte als Aufträge an externe Motorbauer vergab, wurde das Geld zusehends knapp. Der große Kommunikator Hitzbleck überzeugte das inzwischen auf 18 Köpfe gewachsene Team davon, zwischenzeitlich auch ohne Bezahlung weiterzuarbeiten. Dann endlich fand er Privatinvestoren, um die mittlerweile auf fünf Millionen Euro veranschlagten Entwicklungskosten stemmen zu können. Mit diesem Geld schafften es die Verrückten von der Förde tatsächlich, den völlig neuartigen Motor fertigzustellen und darum herum ein Motorrad zu konstruieren.

Heute hat Neander Motors sieben Gesellschafter, den größten Anteil hält mit mehr als 50 Prozent Hitzbleck selbst. Das fertige Motorrad ist eine

Wucht aus Edelstahl, Titan, Alu und Carbon; eine Maschine, die schwer, breit, cool ist und trotzdem katapultartig auf jeden Dreh am Gasgriff reagiert. Mit 214 Newtonmetern hat sie das mit Abstand höchste Drehmoment aller Serienmotorräder. Dagegen sieht selbst eine Harley-Davidson alt aus. In vier Sekunden beschleunigen 112 PS die 295 Kilo schwere Neander auf Tempo 100, ein paar Wimpernschläge später erreicht sie die Höchstgeschwindigkeit von 220. Doch das Superbike hat auch seinen Preis. Fast 100 000 Euro müssen Motorradliebhaber für eine Maschine hinblättern. Nicht mehr als 20 Maschinen pro Jahr will Neander Motors in Handarbeit bauen. Doch mit Bikes reich zu werden ist auch gar nicht mehr der Plan von Hitzbleck.

Am Anfang hatte er genauso gedacht wie viele Erfinder: Die Motorrad- und die Autoindustrie hätten ihm seinen Motor eigentlich aus der Hand reißen sollen. Die Diskussion über Fahrzeugemissionen und der Wunsch vieler Konsumenten, beim Spritverbrauch Geld zu sparen, setzen Motorenentwickler unter Druck. Das sogenannte Downsizing, also die Reduzierung des Volumens, des Gewichts und der Emissionen eines Motors bei gleichbleibender Leistung, ist eine der großen Herausforderungen der Fahrzeugbauer. Radikal neue Motoren zu entwickeln, die kleiner und stärker sind als ihre technischen Vorläufer, ist möglich. Neander hat es bewiesen. »Dass man mit einem neuen Motor Teil eines Paradigmenwechsels sein kann, reizt mich sehr«, sagt Hitzbleck. »Auch Vordenker in der Autoindustrie machen sich Gedanken über Zweizylinder und andere kompakte Motorenkonzepte. Ich will jetzt nicht auf Teufel komm raus die Umwelt retten, aber wir haben einen Motor, der zu diesem Umdenken passt.«

Doch vor allem die großen Auto- und Motorradhersteller sind bis heute nicht daran interessiert, mit Neander zusammen neue Motoren zu entwickeln. »Da gibt es tatsächlich immer wieder Eitelkeiten und Ängste bei Entwicklungsleitern, wenn eine kleine Firma etwas findet, was riesige Abteilungen mit einigen hundert Leuten jahrelang übersehen haben«, sagt der Motorpionier. Dass ihm die Großen die kalte Schulter zeigen, nimmt Hitzbleck jedoch gelassen. Neander hat sich darauf eingestellt. Turbodiesel-Motoren kann man auch an Branchen verkaufen, die auf Neuerungen weniger allergisch reagieren als der Auto- und der Motorradbau.

Den Durchbruch sucht man nun in einem Bereich, in dem Dieselmotoren bis heute noch gar nicht eingesetzt werden: Außenborder. »Boote mit Benzinmotoren sind im Grunde schwimmende Bomben«, meint Hitzbleck, der wie viele Kieler ein Schiff besitzt. Dieselmotoren wären nicht nur deutlich sicherer, sondern vor allem wesentlich sparsamer. Das Problem ist freilich das gleiche wie bei den Motorrädern: Ein Vierzylinder-Dieselmotor mit der bisherigen Technologie wäre zu groß und zu schwer für einen Außenborder. Die Vibrationen eines ausreichend kleinen und leichten Zweizylinders würden dagegen zu Schäden am Boot führen. Die Lösung ist auch hier die doppelte Kurbelwelle. Neander entwickelt zurzeit eine 60-PS-Version des »Werner«-Motors, die im ersten Schritt bei Rettungs- und Militärbooten zum Einsatz kommen wird. Den Absatzmarkt hat er fest im Blick: »Ein kleines, aber einträgliches Segment, das wir unabhängig von den internationalen Anbietern aus USA oder Japan bearbeiten können.«

Ideen sind Trumpf

Aus einer Idee, um einen Comic zu vermarkten, wird am Ende ein Motor, der das Potenzial hat, kleine, sparsame Fahrzeuge mit sportlichem Wumms anzutreiben. Das klingt abenteuerlich, doch wer sich damit beschäftigt, woher gute Ideen kommen und warum clevere Erfindungen das Licht der Welt erblicken, bemerkt schnell, dass es sich durchaus lohnt, auch abseitigen Gedanken eine Chance zu geben und nichts im Voraus auszuschließen.

Dass am Anfang, wie bei dem Turbodiesel, ein verrückter Einfall steht und nicht etwa die eingehende Beschäftigung mit einer Technologie oder ein gezielter Entwicklungsprozess, ist nicht einmal ungewöhnlich. Der Suchmaschinenriese Google entstand aus einer Schnapsidee – so jedenfalls muss es den Zeitgenossen des jungen Studenten Larry Page Mitte der 1990er Jahre erschienen sein. Er wollte, um eine Statistiksoftware zu testen, das gesamte Internet herunterladen und analysieren. Aus der gemeinsamen Arbeit mit seinem Kommilitonen Sergey Brin an dem Universitätsprojekt wurde ein Unternehmen, das heute Weltrang hat.

Inzwischen ist es ein völlig normaler Prozess, dass ein bahnbrechender Gedanke ausreicht, um eine Entwicklung in Gang zu setzen. »Ein Paradigmenwandel steht an, ein nachhaltiger Bruch mit der Art und Weise, wie wir Unternehmen denken: Bisher standen fast ausschließlich die Ressourcen im Mittelpunkt. Heute rücken die Ideen ins Zentrum«, erklärt der Wirtschaftswissenschaftler Professor Günter Faltin. Waren in der industriellen Ära vor allem Kapital und technisches Know-how nötig, um etwa ein

Stahlwerk aufzubauen, genügt es in der heutigen Gesellschaft, die Faltin als eine »postindustrielle« bezeichnet, sich inspirieren zu lassen. Die Ingenieure, die einem dann den Motor entwickeln, ordert man im zweiten Schritt.

Wichtig ist, dass ein Gründer überhaupt eine Inspiration hat und diese tragende Idee dann konsequent verfolgt. Gute Ideen sind nämlich Mangelware. Bei den meisten großen Konzernen muss man sie jedenfalls mit der Lupe suchen. Und viele kleine Unternehmensgründer begnügen sich damit, die Ideen anderer zu kopieren und beispielsweise in einer Stadt den fünfzehnten Laden zu eröffnen, der alte Druckerpatronen neu befüllt. Um überhaupt die Chance auf einen großen Wurf zu ergattern, macht es Sinn, wenigstens kurz jede auch noch so abgedrehte Idee zu erwägen. Natürlich muss man prüfen, ob sie sich umsetzen lässt. Aber angesichts der allgemeinen Ideenlosigkeit ist es nicht nur nur legitim, sondern notwendig, dass ein Macher alle Inspirationsquellen heranzieht. Selbst den bierseligen Dialog mit einem Comic-Zeichner. Dass ein echter Erfinder-Unternehmer einen solchen Geistesblitz auf Herz und Nieren testet und sich nicht unbesehen mit einer Comic-Zeichnung auf einer Serviette ans Motorbauen macht, ist selbstverständlich. Philipp Hitzbleck hat den verwegenen Einfall zu einem ausgereiften, durchdachten Konzept weiterentwickelt, auch wenn er dafür viel Zeit brauchte.

Ist der Geistesblitz wirklich gut, übersteht er auch Zeiten, in denen der Rest der Welt ihn für eine Schnapsidee hält. Dafür ist die Geschichte von Dieter Kirchner ein weiteres Beispiel. Der Berliner, Jahrgang 1943, war früher Fotograf. Er liebt Bilder, echte Bilder, die man in die Hand nehmen kann, nicht ihre fahlen Abbilder, die auf Computerbildschirmen oder TV-Mattscheiben zu sehen sind. Ein präzise gedrucktes, tiefes Schwarz bringt ihn ins Schwärmen. »Ein Bild ist das Schönste, was es gibt«, sagt er. Seit mehr als 30 Jahren ist er davon überzeugt, dass man die klassischen Druckverfahren revolutionieren muss. Die elektronische Dunkelkammer, die Kirchner auf die Beine gestellt hat, ist die Keimzelle dieser Revolution. In ihr werden die Bilddaten entwickelt, um in dem neuen Verfahren zu drucken, das Kirchner entwickelt hat: der Skia Fotografie. Auf der Grundlage von Kirchners Forschung wurden bei Benatzky in Hannover die Maschinen so eingestellt, dass sie mit dem neuen Verfahren arbeiten können.

Die Anlage dafür ist lang wie ein Eisenbahnwaggon, die Steuerkonsole erinnert an die vom Raumschiff Enterprise. Und Kirchner sieht aus, wie man sich einen Erfinder vorstellt: Er hat einen weißen Rauschebart und eine dicke Hornbrille auf der Nase. Die Stirn legt sich in tiefe Falten, wenn er den Ausdruck eines Fotos begutachtet. Er ist Autodidakt aus Überzeugung. Im Berliner Alternativmilieu druckte er Flugblätter und Poster und gründete ein Druckereikollektiv. Seit 1985 verfolgt er seine Vision von der perfekten Printtechnik. Davon, dass der Rest der Welt sich schrittweise vom brillanten Analogfoto verabschiedete, hat er sich nicht beirren lassen.

Seit Mitte der 1990er Jahre war abzusehen, dass Digitalkameras die alten Fotoapparate mit ihren analogen Filmrollen weitgehend ersetzen würden. Die Fotos haben sich zunehmend vom Papier gelöst. Goutierten Betrachter sie früher in feinster Qualität auf den Umschlagseiten glänzender Magazine oder auf edlem Fotopapier in Museen und Galerien, sind Bilder heute zur Massenware geworden. Früher gab es Fotoillustrierte wie *Life*, die Millionen von Leser fesselten und Fotografen wie Robert Capa auf Reisen in ferne Kontinente schickten, ohne vorher zu wissen, was sie mitbringen würden. Bilder wie das von Che Guevara mit seiner Zigarre, von James Dean mit hochgeschlagenem Kragen im Regen auf dem Times Square, von den Hippies, die Blumen in Gewehrläufe von US-Soldaten stecken, haben die kollektive Wahrnehmung geprägt. Einige Fotos wurden zu Kunstwerken, für die Sammler Unsummen zahlten.

Heute hat die Bilderflut das besondere Foto ersetzt. Millionenfach werden Schnappschüsse in Online-Fotogalerien wie Flickr hinterlegt, für die Familie mit klappprigen Tintenstrahldruckern auf Papier gebannt. Dass ein Bild scharf oder gut ausgeleuchtet sein sollte, ist spätestens mit dem Aufkommen von Videoplattformen wie YouTube oder dem Bestücken von Mobiltelefonen mit minderwertigen Kameras endgültig ein Minderheitenprogramm. Viele Fotomagazine sind vom Markt verschwunden, und im Juni 2009 gab Kodak bekannt, dass man nach 74 Jahren die Produktion des weltweit ersten kommerziell erfolgreichen Farbdiafilms Kodachrome einstellt.

In dieser Welt der Schnappschüsse, der Amateuraufnahmen und der überall verfügbaren Bildschirmbilder will Kirchner ausgerechnet den Fotodruck revolutionieren. »Ich möchte den Menschen das Sehen wiedergeben«, sagt er. Nicht nur miese Digitalfotos unterfordern nämlich regelmäßig das Auge. Auch die im Offsetverfahren gedruckten Schwarz-Weiß-Fotos erreichen bei weitem nicht die breite Palette an Grautönen und die maximale Schwärze, die der Mensch wahrnehmen kann und die ein Bild ursprünglich für den Fotografen erst interessant gemacht haben.

Das Problem entsteht bereits dort, wo die Vorlagen für die Druckmaschinen entstehen: in der Dunkelkammer. Die Silberkörner des Fotopapiers können oft schwarze Partien nicht exakt wiedergeben. Sie wirken verwaschen. Die Skia Fotografie überträgt in der analogen Fotografie erstmals alles auf das gedruckte Bild, was die Kamera erfasst. Kirchner scannt die Negative direkt, um das Problem mit den verwaschenen Silberkörnern zu vermeiden. Und damit der Einsatz eines Computers als Dunkelkammer nicht seinerseits wieder zu Fehlern bei der Wiedergabe führt, hat er ein ganzes Codesystem zur Steuerung von Druckmaschinen entwickelt. Jahrelang berechnete Kirchner alles neu, was sich Kamera-, Scanner-, Drucker- und Druckmaschinenhersteller an mathematischen Verfahren zur Übersetzung von Farben in Informationshappen, die ein Computer verstehen kann, ausgedacht haben.

So brauchen Computer und Druckmaschinen ein sogenanntes Farbprofil, einen genormten Datensatz, in dem alle Farben in digitalen Katalogen geordnet sind. Informationen aus diesem Datensatz können Monitore oder Drucker als Signale verstehen und verarbeiten. Eigentlich sollen die Farben so ausgegeben werden, wie sie erfasst wurden. Doch die Wiedergabetreue der Farbwertsysteme, auf die sich die Hersteller geeinigt haben, lässt zu wünschen übrig. Mal werden Farben in andere Farbwerte umgerechnet, weil die sich besser von Druckern oder Monitoren darstellen lassen. Dann wieder sind die beteiligten Geräte nicht genau aufeinander abgestimmt, so dass bei der Übertragung Fehler auftreten. »Die Verfahren sind alle Schrott«, sagt Kirchner. »Deswegen musste ich von Grund auf alles neu durchdenken.«

Damit die elektronische Dunkelkammer Druckanlagen präzise steuern kann, hat Kirchner 80 000 Kalkulationen mit seinem Taschenrechner durchgeführt. Er hat Farbwerte neu berechnet, so dass sich die Farben besonders fein abstufen lassen. Er hat sogar eigene Gammakurven zur Bildbearbeitung entwickelt. Sie simulieren die Veränderungen, die Chemikalien in einer echten Dunkelkammer auf Fotopapier hervorrufen. Die elektronische Dunkelkammer besteht also aus Rechnern, die die Bildbefehle bearbeiten und die Druckmaschinen steuern. Vor allem aber besteht sie aus Systematiken und mathematischen Werten, die Kirchner in jahrelanger Fleißarbeit zusammengetragen hat. Wenn die elektronische Dunkelkammer die Bilddaten berechnet, dauert das mitunter eine halbe Stunde – so aufwendig sind die Kalkulationen, damit ein Bild wirklich gut gedruckt werden kann.

Die Druckmaschinen bekommen nun sehr viel bessere Bilddaten als früher. Doch nicht nur deswegen arbeiten Hersteller wie die Heidelberger Druckmaschinen AG mit Kirchner zusammen. Ihre Anlagen werden mit der digitalen Dunkelkammer auch sehr viel präziser als früher gesteuert. Kirchner hat eine Technologie entwickelt, mit der alle computergesteuerten Druckmaschinen auf der Welt genau das gleiche Druckbild erzeugen können. Beim Offsetdruck, mit dem heute Zeitungen und Bücher gedruckt werden, war das bisher nicht möglich. Winzige Schwankungen im Verhältnis von Wasser und Farbe sorgten je nach Maschine für Veränderungen auf dem Ausdruck. Ein, zwei kleine Umdrehungen der Einstellschrauben machten einen riesigen Unterschied. Deshalb differiert etwa der Magenta-Farbton der Deutschen Telekom auf dem Ausdruck einer Maschine aus Hannover minimal von dem einer Druckanlage in Singapur, obwohl beide exakt die gleiche Vorlage nutzen.

Mit Kirchners PAN4C-Standardverfahren werden die Feucht- und Farbwerke einer Druckmaschine über eine Datenleitung analysiert und dann optimal aufeinander eingestellt. »Bisher wusste man überhaupt nicht, was in einer Druckmaschine passiert. Die gesamte Druckindustrie hat im Blindflug gearbeitet«, sagt er. »Jetzt können wir weltweit jede Maschine über das Internet untersuchen.« So kann der qualitätsbesessene Pionier vom Steuerpult in seiner Berliner Werkstatt aus irgendwo auf dem Globus Druckmaschinen kalibrieren und seine perfekten Drucke anfertigen.

In der Media Print Akademie nahe des Heidelberger Bahnhofs war im Sommer 2009 zu sehen, wie die Printfotos der Zukunft aussehen. Es sind Drucke mit einer Bilddichte, die die des herkömmlichen Offsetdrucks, ja sogar aufwendiger Profi-Einzelabzüge weit übertrifft. Kirchners Verfahren füllt die gedruckten Bilder mit so vielen Grau- und Schwarztönen, wie das menschliche Auge gerade noch wahrnehmen kann. Sie haben tiefe, dunkle Flächen, in denen man sich verliert, und schillern in unterschiedlichen Schwarztönen. Die Schattenpartien auf den Drucken wirken so plastisch, als könnte man sie mit dem Finger abrubbeln.

Fotokünstler wie Jim Rakete oder Dieter Appelt blickten staunend auf ihre Bilder. »Das sind die fotografischen Bilder, von denen ich mein ganzes Leben geträumt hatte«, sagt auch Kirchner. »Ich wusste immer, dass der Druckprozess eines Tages die Qualität des Fotopapiers übertreffen und die Grenze der Bildwahrnehmung unseres Gehirns erreichen wird.« Der erste Fotobildband, der ganz auf dem Verfahren basiert, wurde im Sommer 2009 vorgestellt: *Ruhrgebiet* von Ulrich Mack zeigt Bilder der deutschen Kohle- und Stahlregion aus den 60er Jahren des vergangenen Jahrhunderts. Auch das sind Aufnahmen voller tiefschwarzer Flächen. Sie erzählen von einer absterbenden Industrie. Abgesänge hat es ebenfalls auf den Fotodruck, die Magazine, die Fotokunst und die Druckmaschinenhersteller gegeben. Die Bilder aus der digitalen Dunkelkammer zeigen, wie ihre Zukunft aussehen kann.

KAPITEL 12

»Ein Problem, das man selbst hat, ist auch für andere ein Problem«

Warum man Sinnvolles erfindet, wenn man sich klarmacht, was man selbst braucht

Zahnfleischbluten ist ein hässliches Thema. Natürlich hätte sich Hugo Hosefelder gewünscht, dass er sich damit niemals befassen muss. Doch die Bakterien, die sich in seinem Zahnbelag eingenistet hatten, sahen das anders. Hosefelder ging zum Zahnarzt, ließ die Zähne reinigen, putzte nach Leibeskräften und kaufte sich die neueste elektrische Zahnbürste. Nichts half.

Hosefelder ist Technik-Chef der Emag AG in Mörfelden-Walldorf bei Frankfurt am Main. Das Unternehmen stellt Ultraschallgeräte her, mit denen Firmen Werkbänke, Fließbänder und Maschinen radikal säubern können. Der Ultraschall zerstört den Schmutz auch dort, wo keine Bürsten hinkommen. Emag hat die Ultraschallreinigungstechnologie zunächst für die Luft- und Raumfahrt entwickelt. Heute werden mit Emag-Geräten Formel-1-Boliden genauso gereinigt wie die Triebwerke von Airbus-Fliegern. Hosefelder ist also kein Garagenerfinder, sondern eigentlich ein ganz normaler Angestellter. Doch er war lange selbständig. Fast 20 Jahre lang hat er als freischaffender Entwickler und Ingenieur für Luft- und Raumfahrtunternehmen gearbeitet. Mitte der 1990er gab er das Einzelkämpferdasein aus familiären Gründen auf und begann, bei Emag zu arbeiten. Und die Emag, ein kleines 45-Mann-Unternehmen, hat es geschafft, seinen Erfindergeist wachzuhalten. Der Chef ist jemand, der sagt: »Das probieren wir«, wenn Hosefelder mit einer Idee zu ihm kommt.

Es ist also kein Zufall, dass Hosefelder sich traute, einen verwegenen Plan in eigener Sache zu fassen. Wäre es möglich, die Ultraschalltechnologie auch zum Zähneputzen zu nutzen? So verrückt, wie das zunächst klingt, war die Idee gar nicht. In der Medizin wird Ultraschall bereits genutzt, etwa um bei Schwangerschaften Ultraschallbilder aufzunehmen. Auch Zahnärzte nutzen die unhörbaren Schwingungen, um zum Beispiel Zahnstein zu entfernen.

Die Ultraschallwellen der Emag-Industriegeräte waren natürlich viel zu stark. Hosefelder musste einen Prototyp bauen, der mit sehr viel weniger Leistung seine Wellen erzeugte. Wie aber sollten die schwachen Ultraschallwellen dort ihre Wirkung erzeugen, wo man sie brauchte? Hosefelder integrierte einen winzigen Ultraschallwellen-Generator genau in den Borstenkopf einer Zahnbürste. Mehr Kopfzerbrechen bereitete ihm ein anderes Problem. Ultraschallgeräte brauchen ein Trägermedium, das die Schallwellen in Bewegung setzen. Nur weil der Bauch einer Schwangeren mit einem Spezialgel bestrichen wird, kann man ein Bild vom Fötus machen. Und nur weil in die Triebwerke ein Reinigungskonzentrat gespritzt wird, lassen sie sich mit Ultraschallwellen reinigen.

Hosefelder war klar, dass sein Trägermedium eine Zahncreme sein müsste. Er wusste, dass Ultraschall in manchen Trägermedien Bläschen bildet. Wie viele Bläschen entstehen und wie groß sie sind, hängt von der Frequenz des Ultraschalls und der Wattzahl, mit der er erzeugt wird, ab. Herkömmliche Zahnpasten wirken durch Schmirgelstoffe, die durch mechanischen Druck Speisereste oder Bakterien von der Zahnoberfläche abreiben. Hosefelder wollte stattdessen mit Hilfe von Ultraschall Mikrobläschen produzieren, die 100-mal kleiner als ein Plaque-Bakterium sind und deshalb auch in kleinste Zwischenräume dringen. Die vielen Millionen winzigen Bläschen würden in diesen Zwischenräumen platzen und dadurch den Schmutz an den Zähnen ablösen.

Die Reinigungskonzentrate, die bei der Bearbeitung von Flugzeugdüsen zum Einsatz kommen, waren natürlich nicht als Zahncreme geeignet. Hosefelder brauchte eine neuartige Ultraschallcreme, die nicht nur ein wenig nach Minze schmecken, sondern vor allem Mikroblasen erzeugen sollte. Hier arbeitete er mit einem etablierten deutschen Zahncremehersteller zusammen. Hosefelder experimentierte mit vier Variablen: Er musste einen Ultraschallgenerator bauen, der erstens mit genau der richtigen Leistung und zweitens der richtigen Frequenz arbeitete. Drittens brauchte er eine Zahncreme, die in Abhängigkeit von Frequenz und Leistung des Ultraschalls eine optimale Bildung von möglichst vielen Mikrobläschen gewährleistet. Und die sollten, viertens, auch noch möglichst klein sein, damit sie auch in die engsten Zwischenräume gelangen können. Durch geduldiges Probieren mit allen vier Variablen fand Hosefelder die richtige Lösung. Heute erzeugt die Spezialcreme, die von den Ultraschallwellen in Bewegung gebracht wird, so kleine Bläschen, dass mehr als drei Millionen von ihnen auf einen Stecknadelkopf passen.

Nachdem Hosefelder den Prototyp einigen Freunden und Bekannten vorgeführt und ihre Reaktionen studiert hatte, stieß er auf ein neues Problem: Ultraschall sieht und hört man nicht. »Die Leute schalteten die ersten unserer Zahnbürsten an und dachten, sie seien kaputt«, sagt Hosefelder. Also baute er einen kleinen Motor in die Bürste, der nichts weiter tut, als Vibrationen und Geräusche zu erzeugen – ein Trick, den übrigens auch die Hersteller von Elektroautos anwenden, damit Passanten ihr Kommen hören und die Fahrer das Gefühl haben, ein echtes Gefährt und keinen Autoscooter zu bewegen.

Drei Jahre lang testeten nicht nur Hosefelder selbst, seine Familie und seine Freunde die Prototypen. Auch einige Zahnärzte waren bereit zu verfolgen, wie die berührungslose Bürstentechnik bei ihren Patienten wirkt. Dann brachte Emag die Zahnbürste 2009 auf den Markt. Sie sieht auf den ersten Blick aus wie eine normale Elektrobürste. »Wenn man etwas Revolutionäres erfindet, muss man aufpassen, dass man die Menschen nicht vor den Kopf stößt«, meint Hosefelder. »Deshalb haben wir versucht, das Design der Bürste an das anzulehnen, was die Menschen kennen.«

Mit Ultraschall die Zähne zu putzen ist dagegen eine ungewöhnliche Erfahrung. Man hält den summenden Borstenkopf gegen die mit der Spezialpaste gecremten Zähne und spürt überhaupt nichts. Langsam entwickelt sich der Schaum im Mund, dann spült man aus. Das stille, berührungslose Putzen ist angenehmer als das Rotieren und Reiben der klassischen elektrischen Zahnbürste. Deren Bürstenköpfe schwingen bis zu 30 000-mal in der Minute und lösen so die Biofilme, die sich auf den Zähnen gebildet haben. Viele Menschen drücken sie aber zu stark auf, so dass die Bürsten ausfransen und das Zahnfleisch aufschürfen. Die Mikro-Zahnreinigung mit Ultraschall kommt ohne Reibung aus und schont so das Zahnfleisch.

Emag hat eine Chance, den Zahnbürstenmarkt aufzurollen, weil Großkonzerne wie Braun oder Philips in den letzten Jahren mit Innovationen gegeizt haben. Das Prinzip ihrer Bürsten hat sich seit langem nicht verändert. Das grundsätzliche Problem, dass viele Menschen durch zu großen Anpressdruck ihr Zahnfleisch schädigen, hat bislang kein Hersteller angepackt. Moderne Exemplare der klassischen Elektrobürstenfamilie glänzen dagegen mit allerei Zubehör, das Zukunftsforscher Matthias Horx als »Spoiler« bezeichnen würde. Einige werden mit riesigen Reinigungsmaschinen für die Bürstenaufsätze ausgeliefert, die mit ultraviolettem Licht Eindruck schinden. Andere geben ein hochfrequentes Fiepen von sich und erzeugen so die Illusion, hier würde direkt mit Schall gereinigt. Manche Hersteller liefern kleine Displays, die mit Blinksignalen die Putzphasen – Reinigen, Massage oder Polieren – anzeigen und die Putzer am Ende des Putzvorgangs mit einem großen Smiley belohnen. Hosefelder kann auf den Smiley gut verzichten. Er ist durch seine Ultraschallbürste sein Zahnfleischbluten losgeworden.

Ein Defizit vieler Neuerungen besteht darin, dass man nicht unbedingt weiß, wozu man sie braucht. Wer etwas erfindet, um Schwierigkeiten zu beheben, die er ganz persönlich hat, kann sicher sein, dass seine Innovation eine gewisse Relevanz hat. »Ein Problem, das man selbst hat, ist auch für andere ein Problem«, sagt Hosefelder. Diese Relevanz unterscheidet gute Erfindungen von solchen, die keine Zukunft haben.

»Man braucht keine theoretischen Ideen, sondern Produkte«, sagt der Unternehmer Artur Fischer, der legendäre Erfinder des Fischer-Dübels. »Eine Erfindung muss von Nutzen sein.« Sein erstes Patent erhielt der ausgebildete Bauschlosser 1949 für einen sogenannten Synchronblitzer für Fotoapparate, ab 1950 produzierte er für Agfa verschiedene Blitzlichtgeräte. Seinen berühmten S-Dübel erfand Fischer 1958. Zahllose weitere Entwicklungen folgten, zum Beispiel die Fischer-Technik, ein Baukastensystem für Kinder, das ganz ohne Schrauben auskommt. Heute beschäftigt die Unternehmensgruppe Fischer rund 3850 Mitarbeiter weltweit und erwirtschaftet einen Umsatz von 560 Millionen Euro. Fischer gilt als einer der produktivsten Tüftler der Welt und hat bis heute über 1100 Erfindungen zum Patent angemeldet – also mehr als die 1043 Patente, die Thomas Edison sich zurechnen konnte.

Dass eine Erfindung von Nutzen sein muss, und zwar für eine größere Menge potenzieller Kunden, klingt zunächst wie eine Binsenweisheit. Doch längst nicht jeder, der etwas entwickelt, macht sich darüber Gedanken, wozu es gut sein könnte. So wie viele Ingenieure in den Konzernen aus lauter Liebe zur eigenen Technologie über das Ziel hinausschießen und Dinge wie das Smiley-Display für die elektrische Zahnbürste entwickeln, die zwar technologisch anspruchsvoll, aber eigentlich überflüssig sind, basteln auch viele freie Erfinder mit immensem Aufwand an Neuerungen, auf die die Welt nicht wartet.

Weil vieles, was erfunden, ertüftelt und angeboten wird, wirklich ohne erkennbaren Nutzen ist, geben 40 Prozent aller Unternehmen Ideen von außen keine Chance, wie das Institut der Deutschen Wirtschaft in Köln ermittelte. Wer dagegen schon ein sinnvolles Einsatzgebiet für die eigene Idee vorweisen kann, hat es leichter, potenzielle Investoren und Entwicklungspartner zu überzeugen oder ein eigenes Unternehmen rund um diesen Geistesblitz aufzubauen. Michiel Berger hat Letzteres vor 13 Jahren getan – und ist bis heute mit dieser Entscheidung rundum zufrieden.

Wenn eine Erfindergeschichte mit einem Jungen beginnt, der gemeinsam mit seinem Vater durch ein Teleskop schaut und die Monde des Jupiters beobachtet, muss sie eigentlich damit enden, dass der Junge irgendetwas für die Raumfahrt oder wenigstens ein neuartiges Fernrohr erfindet. Die Geschichte von Michiel Berger verläuft etwas anders. Von klein auf hatte er sich für die Astronomie begeistert, las Bücher über den Kosmos und hatte sich völlig darauf eingestellt, als Wissenschaftler in der Gemeinschaft der Sternenforscher einen Platz zu finden. Für seine Eltern war es keine Überraschung, dass er 1990 begann, an der Universität Amsterdam Astrophysik zu studieren. Es ging um Fragen wie die, was mit Materie geschieht, wenn sie in ein Schwarzes Loch fällt. »Wenn man das Fach wählt, ist der Weg ziemlich genau vorgezeichnet«, sagt Berger. »Man macht den Doktor, und das Feld, auf das man sich dann spezialisiert, ist so klein, dass vielleicht 100 Leute auf der Welt etwas davon verstehen, von denen man wiederum 50 persönlich kennt.«

1994 begann Berger mit seiner Doktorarbeit. Für die Astronomen auf der Erde war es ein gutes Jahr. Der Komet Shoemaker-Levy 9, der in den 1960er Jahren in das Gravitationsfeld des Jupiters geraten war, zerbrach in etliche Teile, die in der Atmosphäre des Gasriesen versanken. Das Internet entwickelte sich gerade, und alle Spitzenforschungseinrichtungen tauschten bereits über das Datennetz Informationen aus. Die Fotos, die Teleskope rund um die Welt von dem kosmischen Ereignis einfingen, wurden in Sekundenschnelle an Institute auf allen Kontinenten übermittelt. »Das erste Mal begann ich zu ahnen, was das Internet für eine Kraft haben könnte«, sagt Berger. »Alle, die einen Computer hatten, konnten die Einschläge auf dem Jupiter fast in Echtzeit verfolgen.« Berger druckte die spektakulärsten

Aufnahmen aus und hängte sie neben dem Fahrstuhl des Instituts auf. »Die Wand war bald voll mit Bildern von Explosionen auf Jupiter«, grinst er. »Das Institut war begeistert.«

Die Netztechnologie interessierte den jungen Astronomen, und er begann, Webseiten zu bauen. »Ein wenig zu programmieren hatte ich in der Schule gelernt«, sagt er. »Der Rest ergab sich während des Studiums. Da muss man programmieren können, weil man Daten auswerten muss.« Die erste Webseite, die Berger programmierte, war eine Informationsseite zum Kometeneinschlag, auf der Bilder, Texte und Filme zu sehen sind. Sie wurde ein Hit, und selbst die NASA setzte einen Link auf ihre Homepage, damit man sie findet. Nicht nur Astronomen aus der ganzen Welt steuerten sie an, sondern auch interessierte Laien.

Aber wie viele Leute besuchten seine Seite eigentlich? Und wo kamen sie her? »Ich wollte wissen, wie viele Leute die Webseite finden, und ich wollte wissen, was sie auf der Seite tun, was ihnen an dem Angebot gefällt«, sagt Berger. »Ich bin einfach ein Zahlenfreak.« Berger sagt auch von sich, dass er lieber seitenweise Tabellen mit Wahlergebnissen studiert, um zu sehen, wie viele Stimmen in jedem Wahlkreis für welche Partei abgegeben wurden, als einen Kommentar zu lesen.

Um an seine Zahlen zu kommen, dachte sich der junge Astronom einen Trick aus. Er schrieb im Februar 1996 ein kleines Programm, das für ihn die Webseiten-Besucher zählte. Damit aber auch jeder, der seine Webseite ansteuerte, gezählt werden konnte, integrierte er den Code in einem kleinen Bild der Webseite. Das winzige, 32 mal 32 Pixel große blaue Quadrat wurde zwangsläufig mitgeladen, wenn jemand die Seite aufrief. Ein kleiner Zähler auf der Webseite sprang jeweils um eine Ziffer weiter, wenn das Bild geladen wurde. Die Lösung war ebenso einfach wie genial. Natürlich hätte man auch ein komplexes Programm schreiben können, das dann in den Webseiten-Code eingebaut wird. Doch je komplizierter der Code einer Webseite ist, desto langsamer lädt sie, und desto wahrscheinlicher ist es, dass Softwareprobleme auftauchen. »Ein Bild in eine Webseite einzubauen ist dagegen immer möglich«, sagt Berger. »Auch als dieser Zähler noch kein Hit war, wusste ich sofort, dass er eine sehr gute Idee ist. Es gibt keine einfachere Methode, die Seitenbesucher zu zählen.«

Bei den Surfern kam der Zähler gut an. »Es gefiel ihnen zu wissen, dass sie Besucher Nummer 10 oder Nummer 112 waren«, sagt Berger. Auch andere Webseiten-Betreiber waren fasziniert. Berger ließ auch sie seinen

Zähler benutzen. Er selbst entwickelte ihn aus Neugier immer weiter. Bald erfasste das kleine Programm auch, welchen Internetbrowser die Besucher nutzten.

Im März 1996 meldete sich ein Werbeunternehmer bei Berger. Hans Veldhuizen war als einer der ersten unter den Marketingexperten auf die Idee gekommen, den Supermärkten, für die er Prospekte entwarf, auch Webseiten zu verkaufen. Doch das Geschäft kam nicht so recht in Gang. »Die Supermarkt-Manager sagten ihm: ›Wozu sollte das gut sein? Wir wissen doch gar nicht, ob überhaupt jemand unsere Webseiten besucht‹«, erinnert sich Berger. Veldhuizen erkannte, dass die Zählpixel genau das Werkzeug waren, mit dem er seine Kunden überzeugen konnte. »Er schickte mir eine Mail, in der stand: ›Lass uns Dienstag zum Dinner treffen‹, und genau das taten wir«, sagt Berger. Veldhuizen wollte ihn als Kompagnon für eine gemeinsame Firma gewinnen, die den Zählpixel vermarktet. Berger rang kurz mit sich selbst. Die kleine Welt der Astrophysik hatte begonnen, ihre Grenzen zu zeigen. »Die Welt des Internets dagegen schien immer größer zu werden«, erzählt er mit leuchtenden Augen.

Nachdem Veldhuizen tagelang auf Berger eingeredet hatte, gründeten sie im April 1996 ihr Unternehmen, die Web-Analyse-Firma Nedstat. Drei Monate lang arbeitete Berger parallel zu seiner Universitätstätigkeit, dann nahm er unbezahlten Urlaub. »Sobald ich aus der Tür war, waren die Gedanken an die Uni wie weggeblasen, und ich stürzte mich mit Vollgas in die Firma.« Veldhuizen hatte ein Büro gemietet, ein Telefon angeschlossen und begonnen, bei den Firmen Klinken zu putzen. Berger versuchte, ein System zu entwickeln, wie man mit den großen Datenmengen umgeht, die die Zählpixel einsammelten, sobald sie in erfolgreiche Webseiten eingebaut wurden. »Wir schufteten Tag und Nacht«, sagt Berger. »Einmal wurde mir auf dem Heimweg klar, dass ich gerade 40 Stunden am Stück gearbeitet hatte.«

Um bekannt zu werden, gaben sie die Zählsoftware kostenlos heraus. Veldhuizen finanzierte die Ausgaben aus den Einnahmen seiner Werbefirma. »Mir bezahlte er was, wenn was da war«, sagt Berger. »Wir hatten nur einen kleinen Server, der die ganze Datenlast tragen musste. Er war nicht schnell, aber billig. Ich musste also angesichts der explodierenden Datenmengen immer so smart sein, noch ein bisschen mehr aus dem bescheidenen Server herauszuholen.« Software zu schreiben, die mit minimalen Speicher- und Prozessorressourcen maximale Ergebnisse liefert, ist laut Berger »ein Teil der Nedstat-Kultur geworden. Darauf sind unsere Softwareleute bis heute stolz.«

1997 begann das Duo, die erste Profiversion der Zählsoftware zu verkaufen. Es war die Geburtsstunde des professionellen Webseiten-Tracking, des Mitverfolgens von Besucherströmen auf einer Webseite. Was Berger für seine Astronomie-Webseite gut gebrauchen konnte, benötigen heute Firmen rund um die Welt, um zu messen, ob ihr Internetauftritt und ihre Online-Marketingkampagnen Erfolg haben. Das Web-Tracking ist die heimliche Grundlage, damit das Milliardengeschäft Online-Werbung überhaupt funktioniert. Inzwischen bieten auch viele andere Firmen Verfahren an, mit denen Webseiten-Betreiber erfahren, was die Surfer auf ihren Seiten tun. Selbst der Suchmaschinenriese Google hat mit Google Analytics so eine Software entwickelt, um seinen Werbekunden Informationen über die Betrachter von Online-Werbung zu liefern. Nicht alle nehmen es mit dem Datenschutz genau, oft ist die Grenze zwischen harmlosem Mitzählen und frecher Spionage fließend.

Berger hat die Entscheidung, die Astrophysik an den Nagel zu hängen, dennoch keinen Tag bereut. Nedstat ist heute Europas Marktführer im Bereich der Web-Analyse-Software. Hans Veldhuizen verließ das Unternehmen 2001. Berger ist bis heute der Innovationschef bei Nedstat. Bei allen Neuentwicklungen ist er mit dabei. Geschäftsführer und Leiter des gesamten Unternehmens wollte er nie sein. »Ich wollte nie Chef sein, allen sagen, was zu tun ist, und den ganzen Tag in Meetings sitzen«, sagt er. »Ich bin gut darin, Ideen zu haben und erste Versionen von ihnen zu programmieren. Das zu tun ist perfekt. Deshalb mache ich das jetzt hier seit 13 Jahren.«

KAPITEL 13

»Techniker haben einen Tunnelblick«

Warum Quereinsteiger eher einen visionären Plan umsetzen

Die Apparate, die im Systembau der Firma Omicron NanoTechnology auf großen Metalltischen stehen, sehen aus wie Raumschiffmodelle aus einem Science-Fiction-Film. Es sind glänzende Edelstahlkonstruktionen aus vielen Zylindern und Verbindungen, scheinbar wirr aneinandergeschweißt und -gesteckt. Daran sind Geräte und Instrumente geschraubt, allesamt über diverse Leitungen mit großen Schaltschränken verbunden. Wie blitzende Stacheln und Roboterarme ragen die Instrumente aus den Stahlrümpfen. Einige tragen kugelförmige Anbauten, die fast einen Meter Durchmesser haben, andere sind mit aufwendigen Halterungen in der richtigen Position fixiert. Als der Hollywood-Regisseur James Cameron diese Geräte sah, wollte er gleich eines kaufen und für einen seiner Filme nutzen, so futuristisch muten die Systeme an. Doch mit Preisen bis zu drei Millionen Euro sind sie etwas zu teuer, um nur als Modell in einem Set eingesetzt zu werden.

Die Omicron-Produkte sehen nämlich nicht nur beeindruckend aus. Noch erstaunlicher ist, was man mit ihrer Hilfe sieht: Sie erlauben den Blick in die Welt der Atome. Die unter der Regie von Norbert Nold im Taunus hergestellten Rastertunnelmikroskope haben mit dem klassischen Mikroskop aus dem Biologieunterricht allerdings nicht mehr viel gemeinsam, auch wenn sich der Name ähnlich anhört. Zugleich wäre es verkürzt zu sagen: Omicron baut Rastertunnelmikroskope. Omicron baut alles, was Grundlagenforscher brauchen, die sich auf die Oberflächenphysik spezialisiert haben: Rastertunnel- und Elektronenmikroskope, Elektronenspektroskopie-Systeme, Anlagen zur Herstellung von dünnsten Materialschichten oder von Nanostrukturen und noch vieles mehr.

Forscher können mit solchen Werkzeugen die Topografie und die chemische Zusammensetzung von Proben untersuchen. Sie können diese Untersuchungen bei Temperaturen nahe dem absoluten Nullpunkt von –273 Grad Celsius oder in einer Gluthitze von über 1000 Grad Celsius durchführen. Sie können atomlagendünne Materialschichten aufdampfen oder mit winzigen Spitzen einzelne Atome neu anordnen. Der Fantasie der Wissenschaftler sind scheinbar keine Grenzen gesetzt. Bei Omicron bekommen sie den Werkzeugkasten für ihre Grundlagenforschung im Nanobereich.

Ein Haar ist 1000-mal stärker im Durchmesser als die Teilchen, denen die Forscher in diesen Versuchsanlagen zu Leibe rücken. Wissenschaftler der Hong Kong University of Science and Technology haben mit so einem Gerät zum Beispiel den Namen ihrer Uni aus 49 Atomen zusammengesetzt. Mit dem Schriftzug »HKUST« verewigten sie sich in der Nanowelt. In der Regel werden die Geräte aber für ernsthaftere Anliegen eingesetzt. Man erforscht mit ihrer Hilfe die physikalischen Grundlagen beispielsweise für den Bau der Mikrochips der übernächsten Generationen oder das physikalische Verhalten von Materialien unter absolut grenzwertigen Bedingungen.

Auf die Idee, solche Anlagen zu bauen, kam Nold durch die Verleihung des Nobelpreises im Jahr 1986 an zwei Physiker für die Entwicklung des Rastertunnelmikroskops. Ihr »Mikroskop« tastete mit einer winzig kleinen Spitze die Oberfläche ab, die sie untersuchten. Nach und nach wurde aus den Impulsen, die beim Abtasten gewonnen werden, mit Hilfe eines Computers Zeile für Zeile ein Bild auf einem Bildschirm aufgebaut. Mit diesem Verfahren konnten Forscher das erste Mal Atome sichtbar machen.

Nold war zu der Zeit mit einer anderen Technologie beschäftigt, die ebenfalls das Unsichtbare zum Vorschein bringt. Der gelernte Betriebswirt arbeitete in einem Unternehmen, das Elektronenspektroskopie-Apparate baute und verkaufte. Mit diesen speziellen Analysegeräten werden Werkstoffe mit Elektronen oder Röntgenstrahlen beschossen, um zu untersuchen, wie sie reagieren. Der Trick dabei: Man führt diese Untersuchung in einem mit speziellen Pumpen erzeugten Ultrahochvakuum durch. In diesem Vakuum sind die Proben weitgehend frei von Verunreinigungen. Nold gründete 1984 eine eigene Firma, die solche Apparate für Materialforscher entwickelte und vertrieb.

»Als ich vom Rastertunnelmikroskop hörte, hatte ich so ein Bauchgefühl, dass das eine spannende Entwicklung sein müsste, gerade in der

Kombination mit der Elektronenspektroskopie«, erinnert er sich. Die Ansicht der Atome aus dem Rastertunnelmikroskop liefert keine elementspezifischen Informationen. Man weiß also nur, dass ein Atom an einer bestimmten Stelle liegt, aber leider nicht, welches. Die Elektronenspektroskopie wiederum gibt Auskunft über die chemische Zusammensetzung einer Probe. »Ich wollte in die atomare Struktur vordringen und gleichzeitig die chemischen Eigenschaften der Oberfläche bestimmen können.«

Solche High-End-Mikroskope als kommerzielles Produkt anzubieten war ein kühner Plan. Vergleichbare Systeme wurden von üppig finanzierten Forschergruppen an Universitäten entwickelt. Es war fast so, als hätte der junge Mann aus Hessen den Plan gefasst, Mondraketen zu bauen und zu verkaufen. Unmöglich, sagten viele Fachleute. Als Nold aber einen jungen Physiker als Entwickler in die Firma holte, der als Doktorarbeit ein eigenes Rastertunnelmikroskop gebaut hatte, nahm der Plan Form an. »Wir wollten etwas herstellen, das es als Produkt nicht gab«, sagt Nold. »Er sollte sich um die Technik kümmern, ich hatte ein Händchen für Vertrieb und Marketing.« Die Firma verdiente von Anfang an Geld, weil Nold den Vertrieb für ein englisches Elektronenspektroskopie-Unternehmen an Land gezogen hatte.

Der energische Mann konnte allein kein Rastertunnelmikroskop bauen – aber er kann Menschen begeistern, und er hat ein Gespür dafür, gute Leute zu finden. So rekrutierte er weitere promovierte Physiker direkt von der Universität. Das Team tüftelte, probierte und experimentierte. Nold hielt ihnen den Rücken frei, schaffte Geld heran und suchte Kunden für das neuartige Gerät.

Der E-Rockit-Bauer Stefan Gulas, der seine Gefährte von Friedrichshainer Fahrradfreaks zusammenbauen lässt, könnte sich seine Strategie von Nold abgeschaut haben. Auch der Chef von Neander Motors, Philipp Hitzbleck, ist alles andere als ein Ingenieur. Doch gerade ein Nichttechniker, ein Quereinsteiger, ist oft besonders gut dazu geeignet, eine Truppe hochtalentierter Tüftler anzuführen, die an einem großen Plan arbeiten. »Die einzige Regel ist dabei, dass man sie gewähren lässt, während man selbst das große Ganze im Blick behält«, beschreibt Hitzbleck seine Erfahrungen. »Verrückten – im positiven Sinne – und Genies kann man nicht von morgens bis abends auf die Finger gucken. Die muss man machen lassen.« Auch bei Omicron ging diese Strategie auf. »Erst dachte ich, dass es ein Nachteil wäre, dass ich nicht auch Naturwissenschaften studiert hatte«, sagt

Nold. »Nach einiger Zeit lernte ich aber, dass es von Vorteil ist, dass ich ein Quereinsteiger bin. Techniker haben oft einen Tunnelblick.«

Fachliche Exzellenz ermöglicht es einem Menschen, in eine Welt aus technischen Details einzutauchen, die Außenstehenden verschlossen bleibt. Oft fördern gerade diese Tauchgänge in die Welt des Wissens Lösungsansätze zutage, die kein anderer finden konnte. Viele große Macher sind technisch extrem versiert und genau deshalb so gut in dem, was sie tun. Doch die Spezialisierung kann auch zu Scheuklappen führen. Wer seine Ausbildung, sein Leben, seine Karriere einem bestimmten Aspekt einer Technologie widmet, wird fast zwangsläufig zu deren Verfechter. Natürlich hält ein Mensch das, was er besonders gut kann, für besonders wichtig. Er denkt irgendwann nicht mehr neutral, sondern in gewisser Weise ideologisch. Die Lösungen, die ihm zu einem Problem einfallen, haben in der Regel mit seinem Fachwissen zu tun. Alle Fragen, die er sich stellt, und alle Antworten, die er findet, kreisen innerhalb desselben kleinen Planetensystems. Andere Teile des Wissensuniversums geraten aus dem Blickfeld. Manch einer verrennt sich in seinem Spezialwissen. Wer im Elfenbeinturm an Lösungen für Probleme arbeitet, die niemand anders hat, wird zum Fachidioten, egal ob er in einer Garage, einer Firma oder einer Universität sitzt.

Ein Quereinsteiger wie Nold muss lernen, die Sprache der Fachleute zu verstehen. Er muss begreifen, womit sie sich beschäftigen. Aber er muss nicht im Detail alles wissen, sondern abstrahieren und erkennen, für welches Teilproblem dieser oder jener Spezialist eine Lösung hat. Bei Omicron funktioniert diese Arbeitsweise seit dem ersten Projekt. Fünfzehn Monate dauerte die Entwicklung. Das Team lieferte für Detailfragen brillante Lösungsvorschläge, Nold behielt das große Ganze im Blick. 1988 kam das STM 1, das erste kommerzielle Rastertunnelmikroskop, auf den Markt. In der internationalen Forschungslandschaft wurde es zum Verkaufsschlager, es verkaufte sich mehrere hundert Mal. Zugleich war es das letzte Gerät, das Omicron »von der Stange« produzierte.

Wäre ein Spezialist – beispielsweise ein Teilchenphysiker – Chef bei Omicron gewesen, hätte die Firma vermutlich als nächsten Schritt versucht, die Auflösung des Supermikroskops weiter zu verfeinern. Nold begriff dagegen schnell, dass er die Omicron-Geräte in eine andere Richtung weiterentwickeln musste. Er stellte fest, dass seine Abnehmer eigentlich gar kein Interesse daran hatten, Massenware zu kaufen. Omicron hat eine

Kundschaft, wie sie exklusiver nicht sein könnte: die besten Forscher in den Spitzeninstituten der Welt. Sie kann man nicht durch Imagemarketing oder Rabatte beeindrucken, sondern nur durch hervorragende Produkte. Und vor allem dadurch, dass sie genau das Gerät bekommen, das sie brauchen.

Der Generalist Nold begriff, dass die Kunden nicht einfach nur Fortentwicklungen bewährter Geräte kaufen wollen, sondern Apparate suchen, die ihnen vollkommen neue und ausgefallene Analysemöglichkeiten bieten. Omicron-Geräte beruhen deswegen auf Einzelmodulen, die man nach dem Baukastenprinzip zu immer neuen Apparaten zusammensetzt. Diese Plattformstrategie unterscheidet Omicron von allen anderen Anbietern. Mehr als 30 unterschiedliche Analyseverfahren haben die Omicron-Spezialisten im Angebot. Jede Maschine ist eine Maßanfertigung. Durch diese Strategie, kundenspezifische Produkte für die Grundlagenforschung anzubieten, hat Omicron 80 Prozent des Weltmarktes für derartige Mikroskope und Analysemaschinen erobert. Und mit seinen Neuentwicklungen ist Omicron noch lange nicht am Ende. »Wir sind regelrecht dazu verdammt, innovativ zu sein«, sagt Nold. »Die Forschungsgebiete unserer Kunden entwickeln sich ständig weiter. Also müssen auch wir es tun.«

Omicron hat als Unternehmen inzwischen eine bestimmte Struktur und formelle Hierarchien. Es ist aber weiterhin ein Paradebeispiel der Wild Economy. Und vor diesem Hintergrund ist es, anders als bei den Industriegiganten mit Wasserkopf, hilfreich, dass mit Nold kein Techniker an der Spitze steht: Das hat zur Folge, dass er unvoreingenommen in Fachdiskussionen geht und nicht selbst schon einen Lösungsweg in der Tasche hat, den er dann durchdrückt. Eine solche Offenheit sorgt dafür, dass die Kreativen, die man sich zur Umsetzung eines großen Plans holt, auch auf Dauer kreativ bleiben. Als Nichttechniker, meint Nold, hat er gar keine andere Wahl, als sich zurückzunehmen. Was strategisch oft die beste Lösung ist, wie auch Philipp Hitzbleck beobachtet hat. »Neue Ideen werden oft von besonderen Köpfen ersonnen«, sagt der Neander-Chef. »Dazu müssen Firmen eine Art Kontrollverlust für die eigenen Strukturen zulassen. Der fördert die Kreativität. Nur dann wagen mutige Ingenieure es auch, etwas Neues zu entwickeln. Und wenn die Leute eine Lösung gefunden haben, dann muss man ihnen auch so weit vertrauen, dass man sie machen lässt. Das kostet manchmal Zeit und Geld, wenn ein Weg in die Irre führt. Aber grundsätzlich funktioniert es besser als die Kontroll- und Hierarchiesysteme bei den großen Konzernen.«

KAPITEL 14

»Eine Datenbank aufzubauen gilt als langweilig«

Warum auch scheinbar Unscheinbares die Welt verändern kann

Von wegweisenden Erfindern erwartet man beeindruckende Riesenmaschinen wie Konrad Zuses ersten Computer Z1, den ein Zeitgenosse als »mechanisches, undefinierbares Etwas« beschrieb, »zusammengebaut aus Blech, Stabilbaukasten-Einzelteilen, Glasplatten, Kurbelarmen, Zahnrädern und einer Programmwalze wie bei einem Glockenspiel, in der Größe eines Esstisches für acht Personen«. Man erwartet von besessenen Machern wilde Flugmaschinen und verwegene Fahrzeuge. Von Medizinpionieren erwartet man Röntgenstrahlen, potente Bakterienkiller wie das Penicillin oder ein Mittel gegen Aids, wenn sie Geschichte schreiben wollen. Mindestens.

Doch gerade beim Kampf gegen Krankheiten sind momentan keine Wundermittel und Supermaschinen in Sicht, die weiterhelfen könnten. Nur so viel ist klar: Das alte Paradigma, Medikamente für die Massen herzustellen und in Massentests zu erproben, stößt an seine Grenzen. Je mehr die Forscher über eine Geißel wie den Krebs herausfinden, desto unklarer ist, was man wirklich dagegen tun kann. Auch Hartmut Juhl weiß das, der 48-Jährige war selbst lange Krebsforscher. Der Plan, den er verfolgt, kann man auf dem Kaffeebecher nachlesen, den er in der Hand hält und in dem ein über das Erzählen kalt gewordener Kaffee schwappt. Er trägt ein Zitat von Thomas Jefferson. »Science is organized knowledge« steht dort. Wissenschaft ist organisiertes Wissen.

Juhl nimmt diese Erkenntnis ernst, weil er ein neues Kapitel im Kampf gegen den Krebs aufschlagen will. Er baut eine Datenbank auf. Das hört sich erst einmal nicht nach einer tollen Erfindergeschichte an. Aber auf diese Weise organisiert Juhl das Wissen, das man braucht, um neue Waffen gegen den Krebs zu entwickeln. Er bereitet den Weg, damit ein radikal neues Konzept der Medikamentenentwicklung funktionieren kann: die Personalisierte Medizin.

Bisher haben Pharmahersteller und Mediziner bei der Entwicklung von Medikamenten und Therapien alle Patienten über einen Kamm geschoren. »Es gibt aber nicht den einen Krebs, an dem alle Menschen erkranken«, erklärt Juhl, »jeder Krebs ist individuell.« Etwa 5000 der insgesamt 25 000 Gene des Menschen sind dafür verantwortlich, dass der genetische Code von einer Zellgeneration zur nächsten weitergegeben wird. Ein kleiner Schaden in der Erbinformation einer Zelle kann zu Krebs führen. Tatsächlich gibt es weit über 100 unterschiedliche Störungen, die ein unkontrolliertes Zellwachstum auslösen. Es handelt sich bei Krebs also nicht um eine Krankheit, die immer die gleiche Ursache hat. Fast 200 verschiedene Erkrankungen werden unter dem einen Namen zusammengefasst. Und jede von ihnen hat für den Körper, den sie befällt, individuell unterschiedliche Folgen. Dazu kommt, dass es von den persönlichen Eigenschaften eines Patienten und seinem genetischen Profil abhängt, wie stark und wie lange ein Medikament im Körper wirkt und welches Nebenwirkungsrisiko damit verknüpft ist. »Das Prinzip, für alle die gleiche Therapie anzubieten, versagt deshalb«, sagt Juhl.

Die Personalisierte Medizin soll besser wirken als die Pillen von der Stange, und sie soll weniger Nebenwirkungen mit sich bringen. Grund genug, Informationen über genetische Eigenschaften von Zellen, individuelle Merkmale eines Patienten und Erkenntnisse aus der Wirkstoffforschung zu sammeln und miteinander in Beziehung zu setzen. Allerdings steckt die Entwicklung individueller Therapiekonzepte noch in den Kinderschuhen, weil die notwendigen Daten lange nicht systematisch erfasst wurden. Kein Pharmakonzern, keine Universitätsklinik, keine Forschervereinigung, keine staatliche Gesundheitsbehörde und kein Biotech-Start-up haben das Naheliegende getan und erst einmal das Wissen gesammelt, das es gibt. Hartmut Juhl ist der Erste, der versucht, das Wissen aus den vielen tausend Einzelfällen, bei denen ein Krebs behandelt wird, zu organisieren. Er hat eine Biodatenbank für Tumorproben aufgebaut. »Die Idee war erschütternd trivial«, sagt er, während er ernst über den Rand seines Bechers blickt. »Aber niemand hat sich vorher an diese Arbeit herangewagt.«

Der Hamburger Mediziner hat sein ganzes Berufsleben lang gegen den

Krebs gekämpft. Es ist ein Kampf aus tiefster innerer Überzeugung. Krebs tötet jedes Jahr acht Millionen Menschen weltweit. Auch Juhls Vater starb an einem Tumor. Schon während des Studiums und in seiner Doktorarbeit beschäftigte sich Juhl mit der Krankheit, die seine Biografie geprägt hat. Zwölf Jahre lang arbeitete er dann in Hamburg und an der Georgetown-Universität in Washington als Chirurg und Krebsforscher. An der Uniklinik Hamburg-Eppendorf operierte er Hunderte von Krebspatienten, an der Universität Kiel baute er das Forschungslabor auf. 1998 nahm er als Professor einen Ruf der Georgetown-Universität an und hatte eigentlich vor, mit seiner Familie in den Vereinigten Staaten zu bleiben.

Der Anruf eines alten Freundes sorgte dafür, dass er seine Pläne änderte. Carsten Zornig, ein Kollege aus Eppendorfer Zeiten, war zum Chefarzt der Chirurgischen Abteilung des Israelitischen Krankenhauses in Hamburg berufen worden. Juhl hatte schon in Georgetown versucht, individuelle Marker in Tumoren als Ansatz für auf den Einzelnen haargenau zugeschnittene Therapiemöglichkeiten zu identifizieren. Er stieß aber auf das Problem, dass die dortige Uniklinik keine Tumorproben der vielen tausend Patienten besaß, die im Laufe der Jahre dort behandelt worden waren. Dass so eine Datenbank ein wichtiges Werkzeug für Mediziner sein würde, war ihm damals klar geworden. Doch in der renditeorientierten Pharmaindustrie hatte niemand die Weitsicht, ein solches Projekt zu finanzieren, und auch in der Welt der Forscher und Wissenschaftler interessierte sich niemand für diese grundlegende Fleißarbeit. »Der Aufbau einer Datenbank ist kein sehr prestigeträchtiges Thema und gilt als langweilig«, sagt Juhl.

Ein eigenes Unternehmen aber könnte dieses Vorhaben verwirklichen. Der Anruf aus Übersee weckte in Juhl die Gründerlust. Zwei Jahre durchdachten die Mediziner das Vorhaben, dann legten sie los. In einer Reihe von Transatlantiktelefonaten diskutierten sie den Plan. »Unsere Idee war es, durch die guten Kontakte zu Kliniken in Hamburg und in den Vereinigten Staaten standardisierte Proben von Tumoren zu sammeln und die individuellen Faktoren der Patienten zu erfassen.« Auch Peter Layer, der Leiter des Israelitischen Krankenhauses, stieg als Gründer in das Projekt ein. Der gute Name des Krankenhauses half dem Trio, private Geldgeber und die Stadt als Unterstützer zu gewinnen. »Das Konzept war einfach naheliegend. Deshalb haben wir auch daran festgehalten, als 2002 die Biotech-Blase platzte und die Investoren nicht mehr Schlange standen, um

Geld in kleine Medizin-Start-ups zu stecken«, sagt Juhl. Ihr Unternehmen Indivumed ging im April 2002 an den Start.

Eine Datenbank rein technisch programmieren zu lassen war das geringste Problem. Die methodischen Fragen, die sich den Machern stellten, waren dagegen gewaltig. »Die Idee war einfach«, sagt der Medizinpionier. »Ihre Umsetzung ist aber enorm schwierig.« Wie konnten sie an Gewebeproben kommen, um sie zu katalogisieren? Wie können sie sicherstellen, dass alle Proben, die sie aufnehmen, vergleichbar sind, wo doch jede Operation anders verläuft? Wie konnten sie beispielsweise garantieren, dass nicht ein zusätzliches Narkosemedikament die Ausgangswerte der Proben verfälscht? Wie konnten sie das Vertrauen der Patienten gewinnen, die ihnen so sensible Proben und persönliche Informationen überlassen sollten? »Wir wollten nicht erst anfangen, wenn alle Detailfragen geklärt sind«, sagt Juhl. »Wenn man lange Strecken gehen will, hilft es, einfach ein paar Schritte zu machen und loszumarschieren.«

Auf all diese Fragen nach und nach Antworten zu finden war echte Fleißarbeit. Zornig baute als Chefarzt der Chirurgischen Abteilung des Israelitischen Krankenhauses wertvolle Brücken ins eigene Haus. »Dort konnten wir Standardverfahren für die Proben- und Datengewinnung in einem idealen Umfeld entwickeln«, sagt Juhl. »Und wir gewannen einen Vertrauensvorschuss für die Zusammenarbeit mit anderen Krankenhäusern der Metropolregion.«

Und einen großen Vertrauensvorschuss benötigen sie auch für ihr Projekt. Sie arbeiten schließlich direkt in den Krankenhäusern, um sicherzustellen, dass alle Tumorproben nach dem gleichen Verfahren entnommen werden und damit vergleichbar sind. Sie holen das Einverständnis der Patienten ein und erklären, was Indivumed mit den Informationen tut. Sobald ein Tumor entfernt worden ist, schneiden sie aus ihm winzige Würfel mit einer fest definierten Kantenlänge. Diese Proben werden sofort in flüssigem Stickstoff eingefroren. Bliebe eine Gewebeprobe zehn Minuten unbehandelt im Operationssaal liegen, wären bereits 10 Prozent ihrer Moleküle verändert. »Dann spiegelt sie nicht mehr die molekulare Realität des Patienten wider«, sagt Hartmut Juhl.

Die Indivumed-Mitarbeiter dokumentieren auch haarklein den Verlauf der jeweiligen Operation. Wann ein Chirurg welche Arterie abbindet und zu welchem Zeitpunkt ein Narkosearzt welches Medikament spritzt, beeinflusst die Tumormoleküle ebenfalls und muss in die Berechnungen mit einfließen, wenn die Informationen aus der Datenbank für Auswertungen genutzt werden. Zusätzlich führen die Mitarbeiter mit jedem Patienten ein Interview. Blut- und Urinproben werden ebenso gesammelt wie Antworten der Patienten auf etwa 300 Fragen zu ihren Lebensgewohnheiten und ihrer Krankengeschichte. Auch der Verlauf der Nachsorge fließt in die Daten der Biobank ein. Durch all die Zusatzinformationen können Forscher erkennen, was genau molekulare Veränderungen in den Gewebeproben ausgelöst hat.

Das Ergebnis dieser systematischen Fleißarbeit ist eine weltweit einzigartige Datensammlung. Die Integrierte Analytische Plattform (IAP) von Indivumed enthält mittlerweile biologische Proben von 10 000 Krebspatienten, die mit komplexen klinischen Daten und Informationen, die die Probengewinnung dokumentieren, in einer Datenbank verknüpft sind. Während die Datenmengen in anderen Informationssammlungen oft schnell explodieren, wird diese Schritt für Schritt aufgebaut, damit die Qualität der Daten stimmt.

Irgendwann will Juhl auf Grundlage dieser Daten individuelle Therapieansätze für Krebserkrankungen entwickeln. Noch verdient Indivumed das viele Geld, das für den Datenbankaufbau notwendig ist, als Dienstleister, der für andere Firmen molekularbiologische Analysen durchführt. Die großen Pharmakonzerne stehen Schlange, um Juhls hochwertige Biobank für ihre Forschung zu nutzen. Acht der zehn größten Medikamentenhersteller der Welt gehören zu den Kunden.

Reich sind aber weder die Investoren noch Juhl bisher mit dem Unternehmen geworden. »Die Ökonomie ist ohnehin eher ein Mittel zum Zweck«, sagt Juhl. »Indivumed muss einen gewissen Erfolg haben, damit wir weiterarbeiten können. Aber: Krebs ist eines der großen relevanten ungelösten Probleme. Das ist mir wichtig.«

Mit spektakulären Neuentwicklungen kommen in der Regel Forscher in die Zeitung, die direkt ein neues Wundermittel geschaffen haben. Juhls Fleißarbeit wirkt auf den ersten Blick weniger spektakulär als die nobelpreisgekrönten Krebsforscher. Doch man darf diese Entwicklung ebenso wenig unterschätzen wie die von anderen scheinbar unscheinbaren Erfindungen. Mitunter ist eine Innovation nicht nur an sich bemerkenswert, sondern auch, weil sie die Grundlage dafür legt, dass andere Entdeckungen gemacht werden können. Für was sie einmal den Anstoß liefert, ist oft noch nicht abzusehen, wenn sie das Licht der Welt erblickt. Der Otto-Motor etwa war für sich genommen nur ein kleines, wenn auch sehr effizientes Antriebsaggregat. Erst die Ideen vieler anderer einfallsreicher Köpfe sorgten dafür, dass sich Autos, Traktoren, Panzer und Flugzeuge bewegen sollten.

Juhl hat eine Infrastruktur entwickelt, auf deren Grundlage Forscher individuelle Therapieansätze gegen den Krebs entwickeln können. Er selbst will zu seinem Spezialgebiet Darmkrebs in den Datenschätzen forschen. Möglich, dass ihm dabei Durchbrüche gelingen. Möglich ist aber auch, dass ein anderer mit Hilfe seiner Datenbank neuartige Heilungserfolge erzielt. Der Krebsexperte Professor Michael Hallek, Direktor des Zentrums für Integrierte Onkologie Köln / Bonn, spricht angesichts der Entwicklungserfolge durch das Kombinieren von Gentests, Medizin-Know-how und Informationstechnologie von einer »neuen Ära in der Krebsmedizin. Die neuen Medikamente wirken gezielt gegen die individuellen krebsauslösenden genetischen Merkmale des Tumors«, sagt er. »Bei bestimmten Arten von Lungenkrebs können wir mit einer molekular maßgeschneiderten Therapie etwa 90 Prozent der Patienten wirklich helfen.«

Juhls Datenbank könnte sich aber nicht nur im Bereich der Krebsforschung als wegweisend erweisen. Es zeichnet sich ab, dass mehr und mehr Krankheiten nicht mehr allein auf klassische Weise nach Symptomen und betroffenen Organen definiert werden, sondern zusätzlich durch molekularbiologische Merkmale. In der Praxis bedeutet das, dass Patienten mit schweren Krankheiten in Zukunft zunächst einer molekularen Diagnostik unterzogen werden, um sie anschließend mit einem zielgenauen Medikamentencocktail zu behandeln.

Für die etablierten Pharmafirmen heißt das, dass ihre alte Strategie, Blockbuster für die Massen zu produzieren, in Frage gestellt wird. Der potenzielle Kundenkreis und der Markt für einzelne Wirkstoffe wird kleiner. Um Präparate für enger gefasste klinische Gruppen zu entwickeln, werden die Konzerne nicht umhinkommen, die Lösungen von kleinen Analyse-Unternehmen in ihre Arbeit mit einzubeziehen. Datenbanken methodisch so durchdacht aufzubauen, wie Indivumed es tut, könnte zum Standard auch für andere Diagnose-Unternehmen werden.

Juhl selbst ist mittlerweile übrigens nicht nur als Gründer gefragt, sondern noch stärker als früher auch als Krebsforscher. Wissenschaftler der amerikanischen Johns Hopkins University, der besten Medizinerschule der Welt, haben gemeinsam mit Indivumed einen neuen Bluttest für Dickdarmkrebs entwickelt. Mit dem weltbekannten Krebsforscher und Nobelpreisanwärter Bert Vogelstein haben die Indivumed-Gründer eine Firma namens Inostics gegründet. Das Tochterunternehmen ist inzwischen ein begehrter Partner für Pharmakonzerne, die klinische Studien durchführen.

Amerikanische Spitzenkräfte aus dem Bereich der Medizin suchen inzwischen regelmäßig Rat bei Juhl. Gerade hat er vom amerikanischen National Cancer Institute zwei Forschungsgroßaufträge erhalten. Gesamtvolumen: mehr als drei Millionen Dollar. »Es ist ein gutes Zeichen, dass US-Experten wieder in dem Land nachfragen, in dem einst Spitzenmedizin-Unternehmen wie Hoechst beheimatet waren«, sagt er. »Früher war das die Regel. Heute ist es selten geworden.« Manchmal muss jemand anscheinend etwas tun, das auf den ersten Blick unspektakulär erscheint, und sich auf das Wesentliche konzentrieren, damit dieses Muster durchbrochen wird.

KAPITEL 15

»Ich habe mich kopfüber in die neue Welt gestürzt«

Warum Naivität wichtig ist, um mit etwas völlig Neuem Erfolg zu haben

Der Mann, der den berühmten Mathematikprofessor sprechen wollte, hatte alle Register gezogen. »Entschuldigen Sie«, sagte er zum Ehrengast und Vortragsredner des Medizinerempfangs, »ich habe mich eingeschleust, damit ich hier am Tisch bei Ihnen sitzen kann. Herr Professor, ich muss mit Ihnen reden.« Heinz-Otto Peitgen blickt versonnen in die Ferne, als er von dem Zusammentreffen erzählt, das sein Leben verändert hat. Anfang der 1990er Jahre war er ein gefragter Mann. Mit Computerbildern von Fraktalen hatte er dazu beigetragen, einer breiten Öffentlichkeit die Chaostheorie zu erklären. Er hatte nicht nur mathematische Formeln erforscht, die sie beschreiben. In seinem Computerlabor an der Universität Bremen hatte er Verfahren entwickelt, um die Resultate von Berechnungen mit diesen Formeln auf dem Bildschirm eines Computers grafisch darzustellen. Das Ergebnis waren wunderschöne bunte Bilder von Figuren aus einer anderen Welt. Sie erinnerten an fein verästelte Sternennebel, schillernde Muscheln, verschnörkelte Schneckenhäuser oder Schwänze eines Seepferdchens.

Peitgen trat im Fernsehen auf, denn die Medien liebten die Chaos-Bilder. Der Herr der Fraktale wurde nach seinem Durchbruch häufig zu Vorträgen eingeladen. Doch was ihm der eingeschleuste Gast an diesem Sommertag im Jahr 1991 erzählte, hatte er noch nicht gehört. Der Mediziner aus Marburg wies Peitgen auf eine interessante Ähnlichkeit hin: Einige der Fraktalbilder, die der Mathematiker mit seinen Algorithmen auf den Bildschirm gezaubert hatte, erinnerten an die Innenansicht einer Leber. Sie ist eines der komplexesten Organe des Menschen. Weil die Adern in ihr so fein wie nirgendwo sonst im Körper verästelt sind, stellte sie Forscher, die ihre Struktur im Computer abbilden wollten, bis dahin vor eine unlösbare Aufgabe. Aber es schien, als hätten die Verästelungen fraktale Eigenschaften. »Wäre es möglich, mit den Formeln, die Sie entwickelt haben, die Struktur der Leber darzustellen?«

Peitgen war durch diese Frage wie elektrisiert. Die Bilder, die Mediziner mit Hilfe von Magnetresonanz- oder Computertomografen gewinnen, minimieren die Risiken bei Operationen von inneren Organen. Anhand einiger Aufnahmen errechnet eine Software genau, welche Teile eines Organs geschädigt sind und entfernt werden müssen. So wissen die Mediziner, wie sie die Schnitte anzusetzen haben, um einen Tumor möglichst schonend und sicher zu entfernen. Und das ist bei der Leber, die so schwer darstellbar war, besonders wichtig. »Je weniger die Leber bei der Entfernung eines Tumors in Mitleidenschaft gezogen wird, desto höher sind die Lebenschancen eines Patienten«, sagt der Mathematiker. »Es war das erste Mal, dass ich mich mit Fragen des Überlebens beschäftigte.«

Die Entdeckung, dass die Ergebnisse seiner mathematischen Forschungen vielleicht reale Probleme der Medizin lösen konnten, war für Peitgen eine Initialzündung. Aus dem Kontakt nach Marburg entstand ein Forschungsprojekt. Eine junge Informatik-Doktorandin kam an die Bremer Universität, um zu untersuchen, ob man mit Hilfe der Fraktalformeln auf die Struktur der Blutgefäße in der Leber schließen kann. Unter Medizinern sprach sich dieses Vorhaben herum, und immer neue Fragestellungen wurden an den Mathematikprofessor herangetragen. »1994 wurde mir klar, dass ich eine Entscheidung fällen musste. Will ich mich weiterhin mit abstrakten Algorithmen beschäftigen, oder will ich im medizinischen Bereich konkret etwas verbessern?«

Peitgen entschied sich für Letzteres. Er plante, eine Software zu entwickeln, die auf Grundlage fraktaler Algorithmen anhand von Computerbildern des Organs die innere Struktur einer Leber errechnen kann. »Ich habe das mit einer gehörigen Portion Naivität getan und habe nicht ansatzweise die Komplexität durchdacht, die mit so einer Aufgabe einhergeht«, sagt er. »Das gilt für die technischen Herausforderungen, aber auch für alles andere: die Gründung eines Unternehmens, die Finanzierung oder die Frage, wie man für so eine Neuerung Akzeptanz unter den Menschen schafft, die sie nutzen sollen. Ich habe mich einfach kopfüber in die neue Welt gestürzt.«

Die allererste Hürde, auf die Peitgen stieß, war eine organisatorische. Das Vorhaben passte nicht in die Organisationsstruktur der Universität.

»Ich hatte eine Stelle im Fachbereich Mathematik, wollte aber etwas tun, was auch mit Informatik und Medizin zu tun hat«, sagt Peitgen. »Man kann aber nicht eine Stelle von den Mathematikern einfach zu den Informatikern verschieben oder sie zwischen Fachbereichen aufteilen.«

Bis heute haben es viele, die Bahnbrechendes entdecken, in den Universitäten schwer, weil deren Strukturen in der Regel starr nach Fachbereichen geordnet sind – und das, obwohl Experten klar ist, dass grundlegend Neues »meist an den Grenzbereichen der Disziplinen« entsteht, wie auch der Präsident der Fraunhofer-Gesellschaft, Hans-Jörg Bullinger, erklärt. Wer aber im universitären Rahmen die Fühler in andere Fachgebiete ausstreckt, bemerkt schnell, dass die Kollegen dort Vorbehalte gegen das Vordringen in ihr Revier haben – und dass die Universitäten nicht ausreichend auf solche Initiativen vorbereitet sind. Wer mit einem Vorhaben nicht stromlinienförmig in die Strukturen passt, weil mehrere Disziplinen notwendigerweise beteiligt sind, hat es schwer, Töpfe zu finden, die er anzapfen kann. Das Bekenntnis zur interdisziplinären Zusammenarbeit entpuppt sich da schnell als Floskel für Sonntagsreden. »Die Wissenschaft in den Universitäten definiert sich noch immer in erster Linie über die Fächer«, berichtet Peitgen.

Peitgen blieb vor diesem Hintergrund gar nichts anders übrig, als ein eigenes Unternehmen zu gründen. Er überzeugte zwei Mitstreiter zu investieren. Mit dem privaten Geld und einem Bankkredit wurde Mevis geboren. »Wir wussten alle nicht, wie man eine Firma erfolgreich führt. Die Gründung war ein großer Schritt«, erinnert sich der gestandene Akademiker. »Die Mathematik gibt es seit vielen tausend Jahren, ihre Regeln sind klar. Es ist eine alte, sichere Welt. Nun war ich zum ersten Mal in meinem Leben Unternehmer und dann auch noch in fachlichem Neuland unterwegs.«

Seit Conrad Röntgen mit seinen Strahlen 1895 die ersten Bilder aus dem Inneren des Körpers erzeugte, sind die Methoden, um medizinische Einblicke zu gewinnen, ungeheuer verfeinert worden. Doch das hervorragende Bildmaterial, das Computer- und Magnetresonanztomografen erzeugen, wurde zu Peitgens Pionierzeiten keineswegs digital weiterverarbeitet und ausgewertet. »Man druckte die Aufnahmen auf Film aus und klemmte sie an den Lichtkasten«, sagt Peitgen. »Seit 100 Jahren standen die Radiologen vor solchen Bildern und hatten keine Hilfsmittel – außer ihren Augen, ihrer Erfahrung und ihrem Wissen. Es war für mich ein Schock, als ich mir das klarmachte. Ich hatte ja neben Mathematik auch Physik studiert, also gelernt, durch das systematische Messen gesichertes Wissen zu produzieren. Dieser Ansatz fehlte völlig in der bildbetrachtenden Medizin.«

Dass die Software eines Nichtmediziners den Blick des Fachmanns ergänzen sollte, empfanden viele Mediziner als anmaßenden Eingriff in ihre Herrschaftssphäre. Schnell erkannte der Mathematiker, dass er Mediziner brauchte, um diese zweite Hürde zu nehmen. Er brauchte Botschafter, die Skeptiker in der Ärzteschaft von seinem Konzept überzeugten. Peitgen suchte und fand also nicht nur Lösungen für technische Softwareprobleme, sondern auch Ärzte, die bereit waren, seine Innovation zu testen.

Die dritte Hürde, die Peitgen unterschätzt hatte, war die Geldbeschaffung. Das eigene Geld war schnell verbraucht, aber Forschungsmittel von Ministerien oder der Deutschen Forschungsgemeinschaft (DFG) einzuwerben war schwierig. Auch hier bemerkte der Gründer, dass Mevis mit seinem interdisziplinären Ansatz zwischen allen Stühlen saß. »Wenn etwas weder Physik noch Mathematik, noch Medizin oder Informatik, sondern von allem etwas ist, weiß man auch bei der DFG mitunter nicht, wie man damit umgehen soll«, sagt Peitgen. »Als Gründer braucht man jemanden aus irgendeiner Fachabteilung, der das Projekt unter seine Fittiche nimmt, sonst hat man nur geringe Chancen.« Glück hatte Mevis dagegen, dass das traditionell klamme Bundesland Bremen zu dieser Zeit dank einer einmaligen Ausgleichszahlung der anderen Länder über reichlich Fördergeld verfügte, das mutig in das Medizin-Start-up investiert wurde.

Zur ersten Einnahmequelle für Mevis entwickelte sich allerdings nicht die Leber-Software, sondern ein Verfahren zur Früherkennung von Brustkrebs. Große Konzerne wie General Electric und Siemens entwickelten Ende der 1990er Jahre erste digitale Diagnosegeräte, um Brustkrebs-Geschwüre zu entdecken. Die Mevis-Gründer hatten Glück: Siemens und Co. hatten bei der Entwicklung der Geräte übersehen, dass ihre Hardware ohne adäquate Software nutzlos war. »Ein bisschen fühlten wir uns an die Situation erinnert, als IBM den Personal Computer fertig hatte und nun jemandem suchen musste, der dafür die Software beisteuerte«, sagt Peitgen. »Wir hatten uns schon 1995 gefragt, wie man Systeme für die digitale Mammografie gestalten müsste.« Als die Industrie sie brauchte, konnte Mevis sie liefern. Das Timing der Erfindung, das etwa dem Flettner-Rotor das Aus beschert hatte, stimmte hier punktgenau. Die Software kam nicht zu früh, so dass keiner sie benötigte, und nicht zu spät, so dass bereits andere Wettbewerber das Feld besetzt hatten. »1999 wussten wir sehr genau, wie man die digitale Mammografie betreiben muss«, sagt Peitgen. »Die Hersteller hatten die Maschinen, wir die Software.«

Mit Hilfe mathematischer Formeln errechnet sie, ob Zellhaufen, die sie auf den Bildern aus dem Inneren der Brust entdeckt, gut- oder bösartig sind. Je früher ein Geschwür erkannt wird, desto erfolgreicher kann man den Krebs bekämpfen. Wenn die Ergebnisse der Früherkennung aber fehlerhaft sind, hat das schlimme Folgen. Entweder werden Geschwüre nicht rechtzeitig erkannt oder bei Fehlalarm Brüste bestrahlt und gar amputiert, ohne dass ein Grund dafür besteht. Die Mevis-Software ist noch nicht perfekt, aber sie ist heute die beste Bilderkennungssoftware für diesen Bereich, die es gibt.

Im November 2007 ging die Mevis Medical Solutions AG an die Börse und hat sich seitdem rasant entwickelt. Rund 250 Mitarbeiter beschäftigt das Unternehmen heute. Medizin-Softwareanbieter wie Mevis oder Brainlab in München gehören heute zu den Innovationstreibern in der Medizintechnik. Mehr als 50 Prozent des Umsatzes in dieser Branche werden mit Produkten gemacht, die weniger als zwei Jahre alt sind. Peitgen genießt aber nicht nur die Rolle als Taktgeber bei innovativen Entwicklungen. Aus dem Herrn der Fraktale ist ein Mann geworden, der heute leidenschaftlich den Krebs bekämpft. Den Menschen Heinz-Otto Peitgen hat dieses Arbeitsfeld sehr geprägt. Man hört es an der Art, wie er über den Krebs spricht. »Die Befriedigung, an so etwas Wichtigem mitzuarbeiten, ist ungemein größer als alles, was ich in der Mathematik erlebt habe«, erklärt er. »Eine mathematische Lösung macht stolz. Aber die Reaktion eines Patienten, dem man geholfen hat, sein Leben zu behalten, ist ein unbeschreibliches Gefühl.«

Auch in anderer Hinsicht ist der Professor angekommen. Ein Segment des Unternehmens ist nun wieder Teil des Wissenschaftsbetriebs. Anfang 2009 wurde das Forschungsinstitut von Mevis, die Mevis Research, in ein Fraunhofer-Institut überführt. Fraunhofer Mevis heißt nun die Einrichtung, die sich als eines der führenden europäischen Forschungs- und Entwicklungszentren auf dem Gebiet der Softwareunterstützung für bildbasierte medizinische Diagnose etabliert hat.

Wer weiß, ob es so weit gekommen wäre, wenn Peitgen all die technischen Hürden, die Probleme mit der skeptischen Ärzteschaft und die ständige Sorge um die Finanzierung der frühen Projekte in dem Moment glasklar vorhergesehen hätte, als er sich dafür entschied, den Schritt in die

Selbständigkeit zu wagen. Zu verlieren hatte er einiges: Er gab eine Professorenstelle auf, verließ die Fachkreise, in denen er eine geachtete Persönlichkeit war, und verschuldete sich – alles für eine vage Idee, die Potenzial versprach.

Ein wenig erinnert seine Situation an die eines Schwimmers, der auf dem Zehnmeterbrett steht. Er hat die Chance, zu springen und etwas Großartiges zu erfahren, was die, die von unten zuschauen, nicht erleben werden. Er kann skeptisch in die Tiefe schauen, sich vor Augen führen, dass er mit 14 Metern die Sekunde auf das Wasser zustürzen wird, und sich von der Angst paralysieren lassen. Am Ende steigt er vielleicht frustriert wieder die Leiter herunter. Oder er denkt einfach nicht weiter nach, was er tut, springt – und genießt den Flug.

Hätte Peitgen sich auf dem Zehner, auf dem er stand, zu lange umgeschaut, wäre er vielleicht nicht gesprungen. Es gibt viele Gründe, sich nicht selbständig zu machen. Wäre er gescheitert, hätte er immens viel verloren. Nicht nur die Einnahmen fallen aus. Vielen Gescheiterten raubt die Insolvenz Existenzgrundlage und Altersvorsorge. Fast 30 000 Unternehmen meldeten 2008 Insolvenz an, 2009 waren es mehr als 34 000. Für 2010 befürchtet der Verband der Deutschen Insolvenzverwalter noch Schlimmeres, die 40 000 Pleiten aus dem Rekordjahr 2004 könnten noch übertroffen werden. Kommen bei der Regelinsolvenz eines Unternehmens die Geschäftsführer zumeist weitgehend ungeschoren davon, haften Firmeninhaber oft persönlich – im Notfall auch mit Haus, Auto und Privatkonto. Die Folge ist die Privatinsolvenz. 2008 mussten 145 000 Menschen den persönlichen Konkurs anmelden. Experten schätzen, dass hinter 20 bis 30 Prozent der Privatinsolvenzen in Deutschland gescheiterte Unternehmer stecken. Geniale Macher, die mit ihrer Idee die Welt aus den Angeln heben wollen, sind besonders gefährdet, denn sie starten oft als Kleinunternehmer, die ihr persönliches Vermögen einsetzen. Peitgen berichtet, dass die Banken dem Gründertrio nur Kredit gaben, weil sie selbst mit privatem Geld voll ins Risiko gegangen waren.

Wer persönlich haftet, verliert oft alles, was er für die Zukunft aufgebaut hat. Pleiten zerstören Ehen, und die sozialen Netzwerke zerreißen. Anders als etwa in Amerika wird in Deutschland immer noch als Versager stigmatisiert, wer Insolvenz anmelden muss. Sie bleibt ein Makel, der sich kaum tilgen lässt. Zu der Sorge um die eigene Existenz plagt den Unternehmer, der vor dem Scheitern steht, auch die Angst vor einem Gesichtsverlust.

Reinhard Flötotto, der mit seinem gleichnamigen Möbelunternehmen Insolvenz anmelden musste, nannte die Spaziergänge durch seine Heimatstadt in den Monaten nach der Pleite einen »Spießrutenlauf«. Bekannte wandten sich von ihm ab, die Honoratioren der Stadt, die ihn früher hofiert hatten, schnitten ihn. Auf das Scheitern folgt oft eine tiefe Existenzkrise. Gerade für einstige Überflieger mit großen Plänen ist es unerträglich, für einen Versager gehalten zu werden. Der Selbstmord des Milliardärs Adolf Merckle, der sich vor einen Zug warf, nachdem er sein Vermögen durch waghalsige Investitionen verspielt hatte, lässt erahnen, wie sehr das Scheitern einem erfolgsverwöhnten Macher zusetzen kann.

Diese Zahlen und tragische Geschichten kennen auch die genialen Tüftler. Ein leichtes Staunen über den eigenen Mut am Anfang des Weges bemerkt man bei vielen Gesprächen mit Gründern und Machern. Auch Datenbankpionier Hartmut Juhl sagt im Nachhinein: »Wenn ich gewusst hätte, welche Hürden und Frustrationsphasen es gibt, bin ich mir nicht sicher, dass ich alles wieder so machen würde.« Vor allem die Beharrungskräfte in den großen Konzernen, die trotz naheliegender Vorteile einfach nicht bereit sind, die Ideen eines Neueinsteigers aufzugreifen, überraschten ihn. Und ein wenig gruselt es ihn, dass er deswegen hätte scheitern können. »Mir war nicht klar, wie schwierig es ist, trotz guter Ideen Geschäfte mit der pharmazeutischen Industrie umzusetzen, und wie langsam Entscheidungsprozesse in den Konzernen ablaufen. Einige sind umständlicher als eine Behörde. Die Zeit, die es dauert, bis man Geld verdient, hatte ich deshalb grob unterschätzt.«

Auch Hans J. Langer hatte viel zu verlieren und schob die entsprechenden Bedenken mit einer Mischung aus Naivität und Optimismus zur Seite, als er 1989 die Firma EOS in München gründete. EOS stellte damals Laser-Stereolithografie-Systeme her. Die Jahre bis 1994 standen ganz im Zeichen dieser Fertigungstechnologie, bei der aus lichtaushärtenden Flüssigharzen dreidimensionale Bauteile im Schichtbauverfahren und auf Basis von 3-D-Daten entstanden. Ab 1994 nahm EOS auch das Laser-Sintern in sein Produktportfolio. Das Laser-Sintern ist eine radikale Neuerung in der Fertigungstechnik. Auf Basis von Kunststoff- oder Metallpulvern stellen die Laser-Sinter-Geräte Bauteile mit oft sehr komplexen Geometrien her. Dabei schmilzt der Laser auf Basis von Entwurfsdaten aus dem Computer das Pulver an vordefinierten Stellen zusammen. Dreidimensionale Bauteile entstehen fast so einfach wie ein Computerausdruck.

Der promovierte Plasmaphysiker Langer ist kein Tüftler. Das neue Verfahren hat nicht er entwickelt. Er ist aber ein Mensch, der das Potenzial von Ideen erkennt. Bevor er Unternehmer wurde, hatte er einen richtig guten Job: Er war Europa-Geschäftsführer der General Scanning Incorporated, die Lasertechnologie verkaufte. Langer stieß an einer amerikanischen Universität auf ein Verfahren, mit dessen Hilfe man aus Schichten von Kunststoffpulver Objekte herstellen konnte. Langer war sofort klar: »Dreidimensionale Produkte aus elektronischen Daten herzustellen ist eine Revolution.« Und er schlug seinem Arbeitgeber vor, in die Technik zu investieren. Doch wie so oft erwies sich der etablierte Platzhirsch als risikoscheu. Wer welches der vielen Patente besaß, die nötig sind, damit das 3-D-Drucken von Bauteilen funktioniert, war nicht eindeutig geklärt. General Scanning bekam kalte Füße. »Weil die Idee aber faszinierend war, hab ich mich selbständig gemacht. Ich dachte, die Patentfragen wären leicht zu klären«, sagt Langer. »Da war ich etwas zu blauäugig.«

Tatsächlich begannen die Patentstreitigkeiten schon, als EOS 1993 die erste eigene Laser-Stereolithografie-Anlage auf den Markt brachte. »Als unsere kleine Firma wirklich bis zum Hals in Rechtsstreitigkeiten steckte, hab ich mir schon einige Male überlegt, ob das mit der Unternehmensgründung wirklich so eine gute Idee war.« Auf 15 Millionen Mark taxierte der gegnerische Patentanwalt allein den Streitwert eines Verfahrens. »Es wäre natürlich der Tod für unsere Firma gewesen, das Verfahren zu verlieren«, sagt Langer.

EOS überlebte aus zwei Gründen: Zum einen ließ sich Langer durch die Probleme nie lähmen. Nachdem er vom Zehner gesprungen war, vergaß er das Schwimmen nicht, auch wenn das Wasser, in dem er gelandet war, deutlich kälter war, als er sich das vorgestellt hatte. Als man sich ab 1997 nur noch auf das Laser-Sintern konzentrierte, begann eine bemerkenswerte Karriere neuer Produkteinführungen. EOS verfeinerte laufend die Laser-Sinter-Verfahren und meldete eigene Patente an. Als erstes Unternehmen auf der Welt entwickelte EOS dabei Methoden, Metallpulver zu verarbeiten. Damit war der Weg frei ins Geschäft mit der Automobilindustrie, die diese Technologie ab sofort für den Bau ihrer Prototypen einsetzte.

EOS wurde so zu einem Unternehmen, dessen Know-how viele andere Firmen – auch die Mitbewerber – haben wollten. Damit war der Weg offen, sich mit einigen Konkurrenten außergerichtlich zu einigen. Zudem gewann EOS prominente Verbündete. Die Zeiss-Gruppe etwa, ein Optik-

Unternehmen von Weltrang. Zeiss unterstützte EOS mit Investorengeld. Plötzlich legten sich die Wettbewerber nicht mehr nur mit einem kleinen Münchner Start-up an, sondern mit einem Weltkonzern. Das trug dazu bei, die restlichen Prozesse zu gütlichen Einigungen zu führen.

Heute hilft EOS, einen Paradigmenwechsel in der Fertigungsindustrie voranzutreiben: Das Laser-Sintern ermöglicht eine individualisierte Massenfertigung ohne Werkzeuge. Es entsteht weniger Abfall. Die Pulverreste können – gereinigt und mit neuem Pulver vermischt – wiederverwertet werden. Beim herkömmlichen Fräsen von Maschinenteilen verwandeln sich dagegen bis zu 90 Prozent des Metalls in abgehobelte Späne, die weggeworfen werden.

Das Laser-Sintern ermöglicht zudem eine neue Art der Fertigung, bei der nicht der Herstellungsprozess bestimmt, was konstruiert werden kann. Das neue Paradigma lautet: Was am Computer entwickelt wird, kann auch gebaut werden. So entstehen neue Konstruktionen, die man früher für unmöglich gehalten hätte – etwa weil es keine Möglichkeit gab, für ein bestimmtes Metallteil eine Gussform herzustellen. Ein Pionier dieser neuen Generation von Fertigungsunternehmen ist FutureFactories. Das in England ansässige Unternehmen wurde von Lionel T. Dean gegründet. Die individuell unterschiedlichen und extrem bizarr geformten Lampen und Stühle aus Kunststoff und der Schmuck aus Metall, die FutureFactories produziert, würde sich auf andere Art und Weise gar nicht herstellen lassen. Die englische Schuhdesignerin Kerrie Luft nutzt das Laser-Sintern wiederum, um ungewöhnliche Schuhabsätze aus Titan zu realisieren. Sogar Zahnersatz wird heute bereits mit EOS-Systemen hergestellt. Die Firma Leader Italia etwa fertigt per Laser-Sintern Dentalimplantatschrauben aus Titan, die individuell an die Kieferknochen der Träger der Implantate angepasst werden. Die Firma beliefert allein in Deutschland 2000 Dentallabore und Zahnarztpraxen mit Brücken und Kronen.

Langers Sprung vom Zehner hat sich also für ihn gelohnt – und wenn irgendwann 3-D-Drucker weit verbreitet sind und sich die Menschen ihre eigenen Bauteile für ein Fahrrad oder Kacheln für ihr Badezimmer ausdrucken, hat er es dank seines Muts sogar geschafft, Geschichte zu schreiben. Und das alles, weil er die Gefahr, in Patentstreitigkeiten verwickelt zu werden, im Gegensatz zu seinem Arbeitgeber naiv unterschätzt hat.

So entsteht mitunter aus optimistischen Fehleinschätzungen genau das, was ein Macher braucht: die Überzeugung, dass man es schafft. Auch

Harald Juhl geht davon aus, dass ihm das Prinzip, kopfüber vom Zehner zu springen, geholfen hat, überhaupt etwas Großes zu wagen. »Der Erfolg hängt daran, dass man naiv ist und viele Dinge nicht weiß«, sagt er. »Das heißt nicht, dass man sich unvorbereitet auf den Weg macht. Man darf aber nicht nur daran denken, was alles nicht funktionieren kann. Man muss die Strecke kennen, aber manche Hürden übersehen.«

Wer sich tagtäglich vor Augen führt, was alles schiefgehen kann und was dagegen spricht, ein Projekt durchzuziehen, würde ohne einen Hauch von Irrwitz vermutlich auf seinem bequemen Lehrstuhl oder Geschäftsführer-Sessel sitzen bleiben, statt etwas zu wagen. Nichts wäre also falscher, als Peitgen, Juhl, Langer oder anderen Gründern vorzuhalten, dass sie zu Beginn ihrer Vorhaben darauf vertrauten, dass sich alles schon einrenken würde. Naivität ist jene Form von Optimismus, die man braucht, um das Unmögliche zu versuchen.

KAPITEL 16

»Vorher wollte ich nicht wahrhaben, dass etwas schiefgehen kann«

Warum es lohnt, sich von Rückschlägen nicht stoppen zu lassen

Als Celal Albayrak und seine Partner mit ihrem alten VW Golf auf dem Parkplatz vor dem eleganten Glaspalast vorfuhren, war die Spannung in dem Fahrzeug deutlich spürbar. Ein großes französisches Pharmaunternehmen war bereit, die Newcomer zu empfangen. Der Chemiker Albayrak hat aus biologisch abbaubaren und völlig ungiftigen Mikropartikeln Kunststoffhüllen entwickelt, in die man Medikamente so einschließen kann, dass ihre Wirkstoffe erst nach und nach an den Körper abgegeben werden. Die Hüllen selbst lösen sich im Körper auf, ohne dass der Patient etwas davon merkt. So muss er ein Medikament, das über den ganzen Tag wirken soll, nur einmal einnehmen. Bisher bekommen Kranke am Tag mehrere Spritzen, um die Wirkstoffdosis über die Zeit zu verteilen.

Die Franzosen wollten sich zeigen lassen, wie man solche Mikrohüllen herstellt. Doch dem Forschungsleiter war das Trio in dem abenteuerlichen Pkw nicht geheuer. Wo das Labor sei, fragte der in Schlips und Kragen gekleidete Manager die Jungs in den Bluejeans, und wo die Geräte, die sie zeigen wollten? Als sich herausstellte, dass die teure Technik einfach im Kofferraum lag, hätte er sie am liebsten gleich wieder nach Hause geschickt.

In solchen Momenten entscheidet sich, ob ein Macher seine Entwicklung weiter nach vorne bringt oder ob er sich entmutigen lässt. Albayrak hätte nach dem kühlen Empfang empört wenden und davonbrausen können – im Hinterkopf den Gedanken, dass dann eben jemand anders die Technologie kauft. Womöglich wäre ihm dann das Geld ausgegangen. Oder er hätte, verunsichert durch die Abfuhr, gar nicht gewagt, bei seinem damaligen Arbeitgeber Schering zu kündigen. Albayrak reagierte smart. »Wir hatten eine Idee, wie sich Medikamente einkapseln lassen, und wir brauchten eine Gelegenheit, sie in einer klinischen Studie an Tieren zu testen«, erinnert er sich. Das Geld für so eine Studie hatten er und seine Mitstreiter nicht. »Da war es uns egal, ob sie uns nett oder nicht nett behandelten.« Er schluckte seinen Stolz herunter und überredete den Forschungsleiter mit vielen guten Worten, ihn und seine beiden Begleiter einzulassen und sich ihre Technik anzusehen.

Dass Albayrak sich nicht beirren ließ, ist kein Wunder. Er hat in seinem Leben schon ganz andere Klippen umschifft. Als er 13 Jahre alt war, erlitt sein Vater eine Querschnittslähmung. Um überhaupt weiterhin eine Perspektive zu haben, ging er mit der Familie nach Deutschland. Sie kamen als Illegale, ohne einen Cent. Engagierte Freunde verhinderten, dass sie Deutschland wieder verlassen mussten. Celal Albayrak hatte also eigentlich keine Chance auf eine akademische Laufbahn. Aber er biss sich durch, holte auf dem zweiten Bildungsweg sein Abitur nach, studierte dann Physik und Chemie und begann schließlich, sich bei Schering mit der Verkapselung von medizinischen Wirkstoffen zu beschäftigen. Dort lernte er das Handwerk, das ihm nun bei seinem eigenen Unternehmen hilft. In dem Konzern hatte er mit seinen kühnen Ideen regelmäßig auf Granit gebissen. Zusammen mit zwei anderen wagemutigen Biotechnologie-Experten, Volker Rindler und Heiko Seemann, gründete er deshalb 2001 in München eine erste Biotech-Firma, die sich mit der Einkapselung von Wirkstoffen beschäftigte. Aus ihr wurde 2004 Alrise. 2006 zog man, wegen der billigeren Mieten, nach Berlin um.

Albyarak ist ein Kämpfer, ein Stehaufmännchen und ein unerschütterlicher Optimist. So jemand lässt sich nicht um die Chance seines Lebens bringen, nur weil sein Gastgeber einen schlechten Tag hat. Er machte dem französischen Forschungsleiter ein Angebot: Das Trio sollte einfach nur zeigen, was es kann. Die Franzosen schlugen ein. »Zwei Wochen durften wir in den Labors des Konzerns herumprobieren«, erinnert er sich. »Wir wurden wie Exoten betrachtet und waren ziemlich isoliert. Aber unsere Technik funktionierte, das haben sie dann alle anerkannt.« Tatsächlich zeigte sich, dass die Kapseltechnik auch im Tierversuch wirkt. Derzeit befinden sich die Tablettenhüllen, die Alrise zusammen mit dem Pharmariesen produziert, in den klinischen Tests.

Selbstverständlich ist es nicht, dass erfindungsreiche Tüftler über so breite Schultern und so viel Selbstbewusstsein verfügen. Oft sind talentierte Spitzenkönner gerade in Bereichen, die jenseits ihres Fachgebiets liegen, leicht zu verunsichern. Zum Beispiel in Fragen der Etikette. Natürlich muss, wer viel riskiert und Neues versucht, auch mit Rückschlägen rechnen. Aber manche hoffnungsfrohen Gründer wirft es aus der Bahn, wenn zu viele Menschen ihren Innovationen grundsätzlich skeptisch gegenüberstehen und niemand außer ihnen zu begreifen scheint, welches Potenzial ihre geniale Neuerung aus der Garage hat. Viele irritiert auch, dass Personen, die sie für das Fortkommen und die Weiterentwicklung ihrer Idee brauchen, nicht immer freundlich, hilfsbereit und offenherzig, sondern oft von eigenen Vorurteilen und Erwartungen geprägt sind. Wer große Konzerne vertritt, wichtige Posten in der Verwaltung bekleidet oder viel Geld zu vergeben hat, neigt dazu, sich selbst und die Organisation, die er repräsentiert, zu überschätzen, bestimmte Umgangs- oder Kleidercodes oder andere Formalien als Distinktionsmerkmal über Gebühr für bedeutsam zu halten und brillante Einzelkämpfer als Bittsteller zu empfangen. Da können ein klappriger Golf, ein linkischer Auftritt oder eine Jeans vorschnell zum Ausschlusskriterium werden.

Dass das Schicksal genialen Gründern Steine in den Weg legt, scheint also eher die Regel als die Ausnahme zu sein. Ans Ziel kommen jene, die sich nicht über Gebühr verunsichern lassen, sondern Hindernisse beiseiteräumen oder ihnen trickreich ausweichen. Selbst preisgekrönte Erfinderlegenden wie Artur Fischer mussten sich erst Stück für Stück nach oben kämpfen. »Nach der Währungsreform hatte ich gar nichts«, erinnert er sich. »Ich habe um Bretter gebettelt. Die habe ich dann mit dem Fahrrad abgeholt, um mir daraus eine Werkbank zu bauen.« Schraubstock und Bohrmaschine lieh er sich von einem Bekannten. Um, wie er es geplant hatte, Blitzlichtgeräte zu produzieren, brauchte er Rohre. Der Lieferant forderte einen Bürgen, den der Einmannbetrieb natürlich nicht hatte. Artur Fischer schrieb den ersten Geschäftsbrief seines Lebens: »Ich habe keinen Bürgen, aber ich will einen ehrlichen Betrieb aufbauen. Wenn das genügt, schicken Sie bitte die Rohre.« Er bekam sie. Von Fischer können die Visionäre von heute viel lernen. Er glaubte er an das, was er tat. Er verzweifelte nicht, wenn die Chancen schlecht standen, sondern probierte es trotzdem. So hielt er durch, auch wenn die Luft dünn wurde. Von der Einrichtung der ersten Werkstatt bis er seinen berühmten S-Dübel erfand, sollten fast zehn Jahre vergehen.

Bis heute hat sich daran, dass ein Aufstieg aus einer Abfolge von Problemen zu bestehen scheint, nichts geändert. Arrogante Vertreter von Großkonzernen gehören ebenso zu Albayraks Arbeitsalltag wie ignorante Mitarbeiter auf den Patentämtern, denen er mit einem mitgebrachten Mikroskop die Unterschiede zwischen seinem und anderen Verkapselungsverfahren zeigte, weil sie nicht glauben wollten, was in seinen Patentanträgen stand. Trotzdem ging es mit Alrise voran. Weil ihre Gründer am Ball geblieben sind. Die kleine, 2006 gegründete Biotech-Firma macht heute eine Million Euro Umsatz im Jahr.

Auch das Biotechnologie-Unternehmen Qiagen würde es nicht geben, wenn die Gründer nicht mehrfach existenzielle Hürden umschifft hätten, die für andere Grund zum Hinschmeißen gewesen wären. Die sechs Wissenschaftler von der Düsseldorfer Heinrich-Heine-Universität, die 1984 den Qiagen-Vorläufer Diagen gründeten, besaßen bei ihren Treffen kaum mehr als eine vage Idee. Sie wollten Krankheitserreger anhand ihres Erbguts erkennen und Bakterien und Viren auf molekularer Ebene aufspüren. Kann man die Biomoleküle eines Bakteriums zum Beispiel in einem Blutstropfen nachweisen, weiß man nicht nur, woran ein Lebewesen erkrankt ist, sondern auch, wie man den Erreger bekämpfen kann.

Die Wissenschaftler um den promovierten Chemiker Metin Colpan waren überzeugt, dass sie kompakte Erbgut-Testkits für Krankenhäuser herstellen können. Als Doktorand hat Colpan eine Technologie erfunden, die aus Zellen blitzschnell die genetische Essenz isoliert. Wie aber gründet man ein Unternehmen, das etwas entwickeln will, das es noch nirgendwo gibt? Bei der Industrie- und Handelskammer blitzten die Gründer ab, als sie nach Rat fragten. Biotechnologie-Firmen existierten in Deutschland nicht, daher wusste niemand, was man Leuten, die eine aufbauen wollten, raten sollte.

Auch bei Investoren stießen die Pioniere auf Unverständnis. Einige mögliche Geldgeber verstanden zwar die Idee und sahen ihr Potenzial. Sie wollten aber eine klare Finanzplanung und Zahlen, die Colpan und Co. nicht liefern konnten. Was Büromieten, Reisen und Telefonate kosten würden, konnten sie beziffern. Aber welche Summe sollten sie eintragen, wenn jemand nach dem potenziellen Umsatzvolumen des Bioanalyse-Marktes fragte? Diesen Markt gab es ja noch gar nicht. Woher sollten sie wissen, was sie im ersten, zweiten und dritten Jahr einnehmen würden, wenn ihnen noch gar nicht klar war, in welcher Form und an wen genau man die Analysetechnologie verkaufen konnte? Auch was die Entwicklung ihrer

Testkits kosten würde, war ihnen ein Rätsel. Colpan und Co. steckten in der Klemme. Sie hatten eine Idee, die Investoren wollten aber Zahlen. Also sollten sie Zahlen bekommen. Das Gründerteam beauftragte einen externen Berater, der viele Businesspläne verfasst hatte, den Gründungsplan auszuarbeiten. Der war zwar »nichts anderes als ein Packen Papier, der sein Geld nicht wert war«, wie Colpan später sagte. Aber er erfüllte, nachdem man ihn möglichst seriös präsentiert hatte, seinen Zweck. Auch wenn die Annahmen, auf denen er beruhte, sich später als völlig unzutreffend erwiesen, fand Diagen erste Investoren. Eine fast schon ironische Randnotiz ist, dass der wichtigste Gründungsinvestor, der amerikanische Biotech-Pionier Moshe Alafi, den Finanzplan überhaupt nicht sehen wollte. Er ließ sich das Vorhaben bei einem Gespräch erklären, als er für eine halbe Stunde am Frankfurter Flughafen zwischengelandet war.

Die Gründer gaben auch nicht auf, als 1990 das Wagniskapital aufgebraucht war und zwei Millionen Mark, die zusätzlich benötigt wurden, sich nicht schnell genug auftreiben ließen. Eigentlich hätten sie den Gang zum Konkursrichter antreten müssen. »Stattdessen ignorierten die drei Jungmanager die alarmierenden Kontoauszüge und wurschtelten weiter«, schrieb später das *manager magazin*. »Wie ein Operationsteam, das nicht aufgibt, obwohl der Patient klinisch tot ist. Wodurch das Unmögliche gelingt: das bereits verloren geglaubte Leben zu retten.« 1993 spaltete sich Diagen in drei unterschiedliche Unternehmen auf. Colpans Gendiagnose-Einheit nannte er Qiagen. Heute bietet das börsennotierte Biotech-Unternehmen etwa 120 Tests an, mit denen Viren, Bakterien, Parasiten sowie genetische und pharmakogenetische Merkmale nachgewiesen werden können.

Nicht jeder schafft es, Probleme so gewitzt zu umschiffen wie die Biotech-Pioniere. Zu finanziellen Problemen gesellen sich häufig der Streit über die strategische Ausrichtung einer jungen Firma und der Zweifel, ob die zugrunde liegende Idee wirklich trägt. Der Rest der Gesellschaft, der brav und risikolos in Behörden und Unternehmen arbeitet, schaut den Gründern beim Kampf mitleidlos zu. Scheitern sie, ernten sie Häme. Schaffen sie es, sind viele neidisch. Nicht jeder hält das auch persönlich aus. Gerade in den Phasen, in denen es geniale Macher besonders schwer haben, zerbrechen Freundschaften oder Ehen. Es erfordert dann zuweilen schier unmenschliche Kraft, trotzdem weiterzumachen. Manche Macher bringen sie mit. Und die haben oft am Ende Erfolg. Vor allem die Biografie von Joachim Schoss zeigt in beeindruckender Weise, dass selbst schwerste

Rückschläge nicht zwangsläufig das Ende einer Karriere bedeuten müssen. Nach einem Wochenendseminar zum Thema Persönlichkeitsentwicklung hatte der junge Mann Ende der 1980er beschlossen, sein Leben völlig umzukrempeln. »90 Prozent sind nicht 100 Prozent. Das war eine der Kernaussagen dieses Workshops«, erinnert er sich. »Obwohl ich einen guten Job als angestellter Unternehmensberater hatte, war das der Anstoß, mich selbständig zu machen. Außerdem gab es mir den Mut, meine damalige Traumfrau anzusprechen und mein Traumauto – ein Porsche Cabrio – zu kaufen.«

Doch schon der Start in die Selbständigkeit verlief holprig. Eine Telekommunikationsfirma, zu der er gute Kontakte hatte, deutete an, dass er von ihr Beratungsaufträge bekommen konnte. Kurz nach der Gründung lud er die Geschäftspartner zu einem Workshop und danach natürlich zum Essen ein. »Wir waren acht Leute und hatten von zehn Uhr morgens bis sieben Uhr abends zusammengesessen. Dann fuhren wir zum Dinner«, erinnert sich Schoss. »Dort sagte der Projektleiter, dass neue Dienstleister wegen der internen Ausschreibungsregeln frühestens nach einem Jahr einen Auftrag bekommen können. Und dann wurde gegessen, und wie. Es war ein tolles Restaurant, und ich konnte mitrechnen, wie mich jeder Grappa der Insolvenz näher bringt.« 50 000 Mark hatte Schoss zusammengekratzt, 20 000 waren bereits für die Gründung draufgegangen. »Und jede Runde Grappa an dem Abend kostete mich mal eben 200 Mark«, sagt er.

Die Weihnachtsbilanz für 1990 fiel bitter aus. Die Aufträge waren ausgeblieben, den Porsche hatte Schoss verkaufen und einen Kredit aufnehmen müssen. Doch schon im Januar 1991 kamen die ersten Aufträge rein, auch wenn es zwei Jahre dauerte, bis sich das Beratungsgeschäft so stabil entwickelte, dass er solide seine Einnahmen planen konnte. Zwei Dinge lernte Schoss in dieser Zeit: Die Angst eines Machers, ob sein Plan aufgeht, »ist ein Erfolgsfaktor für das, was man tut. Wenn man sich nicht sicher sein kann, dass man in drei oder zwölf Monaten die Kosten decken kann, ist das ein großer Treiber, immer noch besser zu werden und noch klüger als bisher mit seinen Reserven umzugehen.« Zum anderen lernte er, dass es Entschädigung für alle dunklen Momente gibt. »Wenn man etwas Neues auf die Schiene bringt, muss man anschieben wie bei einem Eisenbahnwagen. Es braucht viel Kraft, bis es sich mal einen Zentimeter bewegt, und dann sogar mal zehn. Aber irgendwann ist man über den Berg. Der Moment, wenn es zu rollen anfängt, ist unglaublich.«

Der größte Wurf gelang Schoss allerdings nicht als Berater und auch nicht durch den Aufbau einer Callcenter-Firma, die er ab 1992 ins Leben gerufen hatte. Seine große Stunde schlug als Internetvisionär, und zwar, als ein persönlicher Rückschlag sein Leben durcheinanderbrachte. Mit den Callcentern hatte er viel Geld verdient. Doch während der rastlose Dauerunternehmer 1997 so langsam daran dachte, einen Gang zurückzuschalten und eine Familie zu gründen, lernte seine Freundin in Mexiko einen Tauchlehrer kennen. Sie verließ ihn. »Ich stürzte mich daraufhin mit aller Kraft auf eine Idee, die ich einige Monate zuvor mit Freunden entwickelt hatte.«

Die Gründermannschaft hatte geplant, mit ImmobilienScout24 einen Vermittlungsmarktplatz im Internet zu starten. Vermieter sollten freie Wohnungen dort einstellen, Wohnungssuchende sollten die Inserate durchsuchen können. Es war eine typische Start-up-Idee. Kaum jemand benutzte bereits das Internet, doch Schoss war davon überzeugt, dass es bald Millionen Surfer geben würde. »In einem etablierten Unternehmen, etwa in einem Verlag, hätte diese Idee nicht entstehen können«, glaubt Schoss. »Die guten Leute wollen dort die Prestigeprojekte bekommen, wo viel Umsatz und Gewinn dranhängt, und nicht die, wo mit hohem Risiko etwas völlig Neues gemacht wird. Wir waren dagegen ganz elektrisiert von der Marktplatzidee.« Heute, da 80 Prozent aller Wohnungen über das Internet vermittelt werden und die einst so profitablen Kleinanzeigenteile der Zeitungen rapide geschrumpft sind, rächt es sich, dass den Medienfirmen damals die visionäre Kraft von Schoss und seinen Freunden fehlte.

Aber Schoss, der sein Vermögen in die Plattform steckte, traf schnell auf Konkurrenz. Andere Gründer hatten Webseiten wie Immowelt oder Immonet ins Leben gerufen. Ein Wettrennen um die Netznutzer, die es bereits gab, begann. Schoss und Co. waren so klug, bei aller Interneteuphorie gleich ein Callcenter zusätzlich zur Webseite aufzubauen. »Schließlich wurde das Internet 1997 nur von einer Minderheit genutzt«, sagt Schoss. »Von den ersten 10 000 Anfragen von ImmobilienScout haben wir wohl 9000 über Telefon entgegengenommen.« Statt stur einen Kommunikationskanal vorzugeben, passte sich die Plattform den Wünschen der potenziellen Benutzer an. Marketingkampagnen wie eine Kooperation mit der TV-Sendung »Big Brother« und die Zusammenarbeit mit dem Bundesverband deutscher Wohnungs- und Immobilienunternehmen trugen ebenfalls dazu bei, dass die meisten wohnungssuchenden Surfer die Scout-Seiten besuchten. In der Folge entstanden ähnliche Seiten wie AutoScout24 oder FriendScout24. Schließlich kaufte der Investor Otto Beisheim große Teile des Netzunternehmens.

Schoss war Gründer, Teilhaber und Präsident der inzwischen extrem erfolgreichen Scout24-Gruppe, als bei einem kurzen Motorradurlaub in Südafrika im November 2002 das Schicksal abermals zuschlug. Der betrunkene Fahrer eines Golfs rammte ihn. Schoss verlor einen Arm und ein Bein. Mit 60 Litern transferiertem Blut retteten die Ärzte sein Leben. »Vier Wochen lang wusste ich abends vor dem Einschlafen nicht, ob ich am nächsten Morgen wieder aufwachen würde«, erinnert sich Schoss. Heute ist er 46 Jahre alt. Der dunkle Anzug sitzt auf seiner linken Körperseite perfekt, das Polohemd darunter unterstreicht seine sportliche Erscheinung. Der rechte Ärmel des Anzugs aber ist leer und steckt in der Tasche. Der Arm fehlt. Das rechte Hosenbein bedeckt eine Prothese. »Vorher wollte ich nicht wahrhaben, dass im Leben etwas wirklich schiefgehen kann«, sagt er. »Danach sieht man, dass vieles, was man zuvor für einen riesigen Rückschlag gehalten hat, doch ziemlich unbedeutend war.«

Immerhin: Schoss hatte ausgesorgt. Während der Monate, die er in Rehakliniken verbringen musste, verkauften die anderen Manager Scout24 vollständig. Es hätte niemanden überrascht, wenn Schoss sich fortan nur noch seinem Privatleben gewidmet hätte. Doch er sah das anders. »Ich glaube, dass wir nicht auf der Welt sind, um wie ein weiches Stück Butter durchs Leben zu gehen. Wer die Prüfung schafft, erreicht eine höhere Stufe. Wer sie nicht schafft, dem wird die Aufgabe wieder gestellt«, sagt Schoss. »Das Leben besteht nicht nur aus Erfolgen. Zur ganzen Persönlichkeit gehört auch die Erfahrung mit Misserfolgen. Daran kann man wachsen und stärker werden.«

Schon zwei Jahre nach dem Unfall meldete sich Schoss zurück und stellte ein neues Internetportal vor. Myhandicap.com heißt die Webseite, die Behinderte weltweit verbindet. Die Menschen erhalten dort Antworten auf praktische Fragen, etwa wann die Kündigung eines Behinderten durch den Arbeitgeber rechtmäßig ist oder wie Rollstuhlfahrer in München an einer Ballonfahrt teilnehmen können. Und einige diskutieren darüber, wie es weitergehen kann, wenn das Leben durch Unfall oder Krankheit eine plötzliche Wendung genommen hat. Das Internetportal, das in immer mehr Ländern an den Start geht, bietet Hilfestellung zu Themen wie Partnerschaft und zum erneuten Einstieg in den Beruf, liefert Ansprechpartner.

Und manche tröstet es vielleicht einfach nur, weil sie sehen, dass andere behinderte Menschen willens sind, jene zu unterstützen, die ein ähnliches Schicksal getroffen hat.

Tatendrang ist bis heute prägend für das Leben von Joachim Schoss. »Es wäre ganz schön langweilig, nur auf der Terrasse zu sitzen«, sagt er. »Es macht mehr Spaß, sich etwas auszudenken, was dann die Welt ein kleines bisschen verändert.« Natürlich lässt er heute alles etwas langsamer angehen. Aus dem harten Tagesgeschäft der Firmengründer hält er sich heraus. Er investiert in kleinere Firmen und berät junge Tüftler. Sein letztes Projekt war ein Auto, das er sich selbst ausgedacht hat. Es ist ein absolutes Unikat, das »befreundete Autodesigner und andere Spinner«, wie er sagt, für ihn nach seinen Plänen gebaut haben. Es hat ein Automatikgetriebe und kann auch von Menschen bedient werden, die, wie Schoss, nur eine Hand haben. Schoss berichtet so enthusiastisch von dem Gefährt, dass kein Zweifel daran besteht, dass er auch nach seinem Unfall nicht zu bremsen ist.

KAPITEL 17

»Wir wären schon sehr viel weiter«

Warum es wichtig ist, beim großen Plan keine Kompromisse zu machen

Ein Nagel ist eigentlich nur ein billiger Stahlstift. Aber er ist so stabil, dass man ihn mit einem Hammer in die Wand schlagen kann. Denn er besteht nur aus einem geraden Träger. Der kann viel aushalten, wenn er Druck ausgesetzt ist, weil er die Kraft einfach bis zur Nagelspitze durchleitet. Hat ein Fehlschlag ihn verbogen, werden Kurven oder Ecken Teil seiner Struktur. Durch sie bekommen die Kräfte etwas zu fassen, sie biegen den krummen Nagel noch weiter, wenn der Hammerschlag ihn trifft. »Ein krummer Nagel könnte viele Male so schwer sein und aus viel teurerem Material bestehen, er würde trotzdem verbiegen«, sagt Ulrich Sommer, der Erfinder des Loremo.

Der Loremo ist ein Automobil, das sich den Nagel zum Vorbild genommen hat. Er ist billig und leicht gebaut, dabei aber gleichzeitig robust. Ulrich Sommer mag schlanke, effiziente Lösungen, und er hat schon früh begriffen, dass die Form eines Fahrzeugs mindestens so entscheidend für seine Geschwindigkeit und seinen Verbrauch ist wie der Antrieb. »Seit ich mich erinnern kann, faszinierten mich Individualverkehrsmittel und die Idee, selber Autos zu entwickeln«, sagt der studierte Ingenieur. Seine Eltern hatten bewusst kein Auto, sie fühlten sich dem Umweltschutz verpflichtet. Sommer war also von Haus aus sensibilisiert für die Endlichkeit der natürlichen Ressourcen. »Ich habe schon immer versucht, meinen Traum von individueller Mobilität und das Bewusstsein der Verantwortung für die Zukunft miteinander zu verbinden.«

Als Student war er fasziniert, wie schnell ein Freund mit seinem Liegerad durch eine Berglandschaft gebraust war. Das Geheimnis des rasanten Rads war seine extrem aerodynamische Form. Ein Konzept für ein Auto, das extrem windschnittig, aber trotzdem stabil wie ein Nagel ist, beschrieb Sommer bereits in seiner Diplomarbeit 1993. Danach arbeitete er in der klassischen Automobilindustrie und verfolgte, wie in der Öffentlichkeit über die automobile Zukunft diskutiert wurde. Wer von Ressourcenknappheit und Umweltschäden alarmiert war, propagierte alternative Antriebe wie Elektromotoren. »Nie ging es darum, Autos grundsätzlich anders zu entwickeln, in einer Form, die leicht und klug ist«, erinnert sich Sommer. »Das ist der Denkfehler, bis heute. Elektroautos mit schweren Karossen werden auf lange Sicht kein marktfähiges Produkt werden.«

Sommers Gegenentwurf ist einfach: Wenn man Gewicht und Luftwiderstand eines Fahrzeugs drastisch verringert, braucht das Auto wenig Kraft und Sprit. Das ist das Kernkonzept des Loremo. Er ist ein »Low Resistance Mobile«, ein Auto mit wenig Widerstand. Die Idee, einen Pkw zu entwerfen, der von sich aus sparsam ist und nicht weil sein Motor optimiert wird, faszinierte Sommer seit dem Studium. Doch erst 1999 sah der Visionär nach Jahren des privaten Tüftelns eine reale Möglichkeit, so ein Auto zu bauen.

Er fand eine leichte, aber extrem stabile Karosserieform, die die Basis für sein Auto werden sollte, seine mittlerweile patentierte Linearzellenstruktur. Einige wenige einfach geformte Stahlblechteile werden über die gesamte Länge des Fahrzeugs miteinander verschweißt. Auf diese Weise entsteht ein geschlossener Unterbau, fast so simpel wie ein Nagel und deshalb sehr stabil. Deshalb konnte der Wagen sehr leicht sein und in der Herstellung wenig kosten. Die Passagiere sitzen in dieser Wanne aus Stahlblechen. Zusätzlich werden in das Chassis an den Seiten und in der Mitte drei Stahlstreben eingebaut. Auch sie durchziehen die Karosserie von vorne nach hinten.

Der Loremo sollte so viel Fahrspaß wie ein Sportwagen bieten, aber weniger als zwei Liter Benzin benötigen, um 100 Kilometer zu fahren. Dazu waren einige Schritte notwendig, die man so in keinem anderen Fahrzeug findet. Der Motor sitzt in der Mitte des Fahrzeugs unter einer schallisolierten Kapsel. Sie ist gleichzeitig die Rückenlehne für die Passagiere. Damit vier Leute in ihm Platz haben, sitzen sie paarweise Rücken an Rücken. Eingestiegen wird von oben, nicht von der Seite. Elektrische Fensterheber und andere Komfortspielzeuge, mit denen die klassischen Autohersteller ihre Fahrzeuge überladen, haben im Loremo keinen Platz. Simple Schiebescheiben dienen als Fensteröffnung. Der Loremo sollte nicht wie alle andere

Autos sein. Er folgt einem radikalen Konzept, bei dem Aerodynamik und Gewicht die entscheidenden Faktoren sind. »Er soll nicht unkomfortabel sein«, sagt Sommer. »Aber der Vergleichsmaßstab für den Innenraum ist eher ein sportlicher Porsche als eine bequeme Limousine.«

Mit seiner Idee der Linearzellenstruktur schrieb Sommer 1999 einen Geschäftsplan für den Bau eines solchen Autos. Zwei Unternehmer begeisterten sich für den Plan, und gemeinsam gründete das Trio im Jahr 2000 die Loremo GmbH. Sommer übernahm die Konstruktionsarbeit, die anderen beiden die Geschäftsführung. 2001 waren die Konstruktionsdaten für die Struktur des Loremo und sein Fahrwerk fertig. Die junge Firma stellte sich mit einer Bildschirmpräsentation auf einem Stand der Internationalen Automobilausstellung in Frankfurt vor. Fachleute waren von dem konsequenten Konzept des Autos beeindruckt.

Dann aber stagnierte die Entwicklung des Zwei-Liter-Autos. Die Investorensuche beschäftigte die Gründer so sehr, dass die ursprünglichen Konstruktionsdaten bis 2005 nicht entscheidend weiterentwickelt wurden. Zwar baute Loremo Modelle, die im Windkanal und bei Crashtest-Simulationen vielversprechend abschnitten. Aber die Geldgeber blieben aus. Die Risikokapitalgesellschaften waren 2001 vor allem an Software- und Biotech-Firmen interessiert. Den Bau von Autos zu finanzieren war für sie nicht attraktiv. Mehrere Versuche, vermögende Privatpersonen als Finanziers ins Boot zu holen, scheiterten am Ende langwieriger Verhandlungen. Selbst professionelle Berater und Vermögensvermittler schafften es nicht, Investoren heranzuschaffen. 2005 war dann endlich ein Geldgeber aus Malaysia bereit, den Bau eines Prototyps zu finanzieren.

Der erste Schritt war die Entwicklung eines Show-Fahrzeugs, das beim Genfer Autosalon im März 2006 präsentiert werden sollte. Solche Einzelstücke werden für Ausstellungszwecke angefertigt, aufwendige Testfahrten werden mit ihnen nicht durchgeführt. Aber immerhin war das ein Anfang, mit dem man Kooperationspartner und weitere Investoren werben konnte. Der malayische Investor wollte allerdings nicht das alleinige Risiko tragen. Weitere Großfinanziers waren nicht in Sicht, weswegen die Gründer beschlossen, Aktien auszugeben. Im November 2005 war genug Geld zusammengekommen. Die Arbeit, um aus dem Computerentwurf ein echtes Auto zu machen, konnte beginnen, auch wenn die Zeit extrem knapp war. »Ich arbeitete in diesen Monaten mit aller Kraft, teilweise 70 Stunden pro Woche«, sagt Sommer.

Der Auftritt wurde zum Erfolg, die Medien liebten das Auto. Der Loremo kam ins Fernsehen und in die Zeitung. Es zeigte sich aber auch, dass der Innenraum des kompakten Sparflitzers reichlich knapp bemessen war. War der Loremo vielleicht zu radikal? Zu unkomfortabel? Zu wenig wie ein klassisches Auto? Solche Fragen begann man sich zu stellen, da man schließlich mit dem Geld anderer Leute ein Produkt entwickelte. Gelegentlich zu prüfen, ob man auf dem richtigen Weg ist, sollte für jeden Macher eine Selbstverständlichkeit sein. Beim Loremo aber, so scheint es im Nachhinein, wäre es wohl besser gewesen, konsequent auf Kurs zu bleiben. Denn die anderen Pläne, die stattdessen ins Spiel gebracht wurden, funktionierten nicht. Einige im Unternehmen Loremo waren unsicher, ob so ein radikales Sparmobil eine Chance hatte, und plädierten dafür, den Wagen größer und komfortabler zu gestalten. Bei den Fragen, ob man das Auto höher oder breiter bauen könnte, ging es um Zentimeter. Doch die waren wichtig, wenn der Loremo weiter ein besonderes, radikal leichtes und verbrauchsarmes Auto bleiben sollte.

Zum aufkeimenden internen Richtungsstreit kam finanzieller Druck. Der Investor hatte anderweitig Probleme und war nicht zahlungsfähig. Ohne das Geld konnten die Loremo-Macher jedoch den Schwung vom Autosalon nicht nutzen, um neue Investoren zu werben und einen richtigen Prototyp für intensive Testfahrten zu bauen. »Wir verbrauchten rund 60 000 Euro monatlich, ohne die Entwicklung vorantreiben zu können«, sagt Sommer.

Die Stimmung war angespannt. Zwei unterschiedliche Konzepte für das Auto kursierten in der Firma: eines, das auf dem radikalen Sparkonzept beruhte, und eines für einen größeren, schwereren Wagen. Loremo schaffte es dennoch, auf Grundlage der alten Entwürfe einen fahrtüchtigen Prototyp zu bauen, der auf der IAA 2006 gefeiert wurde. Während die klassischen Automobilfirmen wie jedes Jahr ihre großen Boliden präsentierten, kam das neue Fahrzeugkonzept bei vielen Beobachtern gut an. 520 Kilo wog das Auto – ein Drittel bis ein Viertel vieler herkömmlicher Pkw. Wegen seines geringen Gewichts kam der Loremo mit einem kleinen Zweizylinder-Dieselmotor aus. Der beschleunigte den Flitzer bei einem Verbrauch von nur zwei Litern für 100 Kilometer auf bis zu 170 Stundenkilometer.

Die Aufgaben, die erledigt werden mussten, damit der Loremo als Serienfahrzeug auf die Straße kam, türmten sich, aber das Team war durch interne Streitigkeiten gelähmt. Offiziell hatte man versprochen, 2010 in die Serienfertigung einzusteigen. Die Uneinigkeit über die große Linie, auf deren Grundlage das Serienmobil entwickelt werden sollte, machte das unmöglich. Obwohl sich die Alternativkonzepte als nicht umsetzbar erwiesen, wurde der ursprüngliche Loremo, der zumindest in Form von Prototypen funktioniert hatte, ein Jahr lang nicht weiterentwickelt.

Erst 2008 machte Loremo wieder einen deutlichen Schritt nach vorne. Der Prototyp wurde zum Elektrofahrzeug umgebaut. Die Aerodynamik war optimiert worden, gleichzeitig hatte man mehr Raum für die Insassen geschaffen. Motoren von Kooperationspartnern für die drei geplanten Antriebsvarianten Benziner, Diesel und Elektrofahrzeug standen aus bereits laufenden Serien bereit und waren mit überschaubarem Entwicklungsaufwand für die Erreichung der Abgasziele anzupassen.

Alternativkonzepte standen nun nicht mehr zur Debatte. Und dennoch scheute sich das Management aus Unsicherheit noch immer, das innovative, aber radikale Originalkonzept mit Vollgas umzusetzen. Die finanzielle Situation verschlechterte sich. Wäre Loremo in der Lage gewesen, genau zur richtigen Zeit mit spektakulären Fortschritten aufzutrumpfen, hätte man vermutlich Investoren im großen Stil gewonnen. Der Loremo wäre allen anderen davongefahren. Nun müssen die Verantwortlichen erst einmal sicherstellen, dass er wieder in Fahrt kommt und mit der Konkurrenz Schritt halten kann.

Der Loremo-Geschichte fehlt jene Wendung, bei der ein genialer Macher Uneinigkeit und Startschwierigkeiten mit einem Handstreich aus dem Weg räumt. Sie zeigt, wie gefährlich es ist, einen guten Plan aufzugeben, ohne einen anderen funktionierenden in der Hinterhand zu haben. Heute hat Loremo die Geduld potenzieller Kunden und Interessenten reichlich strapaziert. Die Serienentwicklung wurde erst auf 2011 verlegt, nun sieht es so aus, als müsse sie weiter auf 2012 verschoben werden. »In den acht Jahren seit Gründung der GmbH wurden zusammengerechnet weniger als zwei Jahre in die Weiterentwicklung des Fahrzeugs investiert«, bilanziert Sommer. »Wir könnten schon viel weiter sein.«

Für ihn ist klar, dass es dem Loremo geschadet hat, den großen Plan, der mit der Unternehmensgründung gefasst wurde, intern in Frage zu stellen. Natürlich ist nicht immer der erste Plan der beste. Oft kann es sinnvoll sein, ihn zu hinterfragen und Alternativen anzudenken und auszuprobieren. Das gilt aber nur, wenn es Alternativen gibt. Wenn Plan B, der Plan A ersetzen soll, nicht aufgehen kann, ist es sinnvoller, Kurs zu halten, auch wenn die See rauer wird. Das scheint die Lehre aus der Geschichte von Loremo zu sein.

Ähnliche Erfahrungen machen andere Überflieger ebenfalls. Auch bei Scout24 standen die Gründer oft vor der Entscheidung, ihren Plan in Frage zu stellen. Sie hatten beschlossen, alle Kraft ins Marketing zu stecken, um die meisten Nutzer anzuziehen und als klarer Marktführer die Konkurrenz auf Abstand zu halten. »The winner takes it all«, war ihr Motto. Den technologischen Ausbau der Plattform oder den Aufbau der eigenen Unternehmensstruktur nahm man dagegen in Angriff, wenn es nötig war. Das unterschied Scout24 von seinen Mitbewerbern. »Entscheidend ist, eine Strategie durchzuhalten und sich nicht ablenken zu lassen«, fasst einer der Gründer von ImmobilienScout24, Arndt Kwiatkowski, seine Erfahrung als Macher zusammen.

Selbstverständlich muss die Strategie stimmig sein, und sie muss gut sein. Das ursprüngliche Konzept des Loremo war beides. Es war konsequent, denn es wurde im Laufe von Jahren ausgearbeitet und verfeinert, während Alternativkonzepte in kürzester Zeit aus dem Rennen flogen. Sicher hatte es auch Schwächen. Doch statt sie abzuarbeiten, verstrickte sich die Loremo-Mannschaft in Grundsätzlichem. Noch heute hat der Loremo ohne Zweifel ein großes Potenzial. Kaum eine andere Konstrukteursmannschaft in der Automobilszene setzt so konsequent auf eine kluge Fahrzeugform und den intelligenten Einsatz von Material. Wegen der Linearzellenstruktur, die sich mit verhältnismäßig wenig Werkzeugen bauen lässt, ist der Loremo in der Herstellung extrem billig. Ein klarer Vorteil, wenn er mal massenhaft produziert wird.

Zugleich ist die Konkurrenz größer geworden. War das Zwei-Liter-Auto vor fünf Jahren allein auf weiter Flur, tritt es heute gegen Hybridfahrzeuge wie den Volkswagen Blue Motion an: Selbst Pilotvorhaben wie Daimlers Smart-Kleinwagen mit Elektromotor fahren eher auf den Straßen als ein in Serie gefertigter Loremo. Auch für neue Aufsteiger ist derzeit vieles möglich. Wettbewerbern wie dem Elektroautobauer Tesla stehen einige hundert Millionen Euro Investorengeld zur Verfügung. Und die kleine US-Autoschmiede Aptera, die merkwürdige ovale Vehikel mit drei Rädern baut, die wie Ufos aussehen, hat 40 Millionen Dollar eingesammelt.

Ein Happy End fehlt bei dieser Geschichte. Mitte 2009 zeigte sich Loremo-Konstrukteur Sommer angesichts reichlich fließender Investorengelder für andere innovative Autos zwar enttäuscht über die vertanen

Chancen. Trotzdem war er zuversichtlich, dass sich sein Fahrzeugkonzept mittelfristig durchsetzen wird. »Je mehr Konkurrenz wir bekommen, desto deutlicher werden die Stärken des Loremo an Konturen gewinnen«, sagte er damals. »Gerade für Elektroautos ist Energieeffizienz der entscheidende Faktor für Wirtschaftlichkeit und Performance – und da hat das Loremo-Konzept nach wie vor eine einzigartige Stellung.«

Im Oktober 2009 musste er jedoch das Unternehmen verlassen. Bei der Hauptversammlung sprachen ihm die Aktionäre und die Vorstandskollegen das Misstrauen aus. Sommer arbeitet heute bei einem Anbieter von Solaranlagen. Am Steuer bei Loremo sitzt nun Thomas Zollhöfer, ein ehemaliger Rallyefahrer. Er ist seit 2008 im Loremo-Vorstand und in der Automobilszene ausgesprochen gut vernetzt. Auch er arbeitet mit viel Herzblut an der Idee vom Sparauto. Aber er will vieles anders machen, damit der Loremo doch noch Realität wird. Wie sein Vorgänger versucht der 50-jährige Franke weiterhin, Investoren für das Fahrzeug zu gewinnen. Er sucht aber auch industrielle Partner aus dem Zulieferbereich. An das alte Loremo-Konzept glaubt er nicht. Die früheren Versuche, alles in Eigenregie zu entwickeln, hält er für einen Fehler. Allein die Entwicklung eines Lenkrads mit Airbag habe Loremo zwei Millionen Euro gekostet.

Vor allem ist er seit eigenen Probefahrten sicher, dass das Fahrzeug noch zu unkomfortabel ist, vor allem auf Langstrecken. Und er glaubt nicht, dass die Kunden im Wettbewerb mit den vielen neuen verbrauchsarmen Kleinwagen der Konkurrenz die Flügeltüren akzeptieren. Schiebetüren könnten in seinen Augen eine Lösung sein. Er überlegt auch, den Loremo in Richtung eines smarten Kleintransporters weiterzuentwickeln. Es gibt also noch mehr neue Ideen, was aus dem Loremo alles werden könnte. Aber ob sie erfolgversprechender als die alten Pläne sind, ist ungewiss.

KAPITEL 18

»Es baut sich eine neue Welle auf«

Warum es sinnvoll ist, genau das Gegenteil von dem zu tun, was große Unternehmen machen

Holger Zinke ist immer auf der Suche nach exotischen Geschöpfen. Der 46-Jährige ist allerdings kein Hobbybiologe, der mit dem Netz Schmetterlinge fängt oder mit dem Fernglas Vögel beobachtet. Die Lebewesen, hinter denen er her ist, würde er nicht mal mit der Lupe finden. Der Gründer des Biotechnologie-Unternehmens Biotechnology Research and Information Network AG, kurz Brain, sucht Mikroorganismen, die Eigenschaften besitzen, die noch niemand vor ihm entdeckt hat. Auch Reisen in die Tropen kann sich Zinke, der schon mit dem Deutschen Umweltpreis ausgezeichnet wurde, sparen. Um neue Organismen zu finden, reicht es, einen Spaten voller Erde aus einem Stück Rasen auf dem Gelände seines Unternehmens im hessischen Zwingenberg zu nehmen oder ein Reagenzglas in eine heiße Quelle wie den Kochbrunnen zu halten, der vor der Wiesbadener Staatskanzlei schwefeliges Wasser ausstößt.

In diesem nach fauligen Eiern riechenden Gewässer lebt unter anderem eine bestimmte Sorte von Archaeen. Archaeen sind winzige Lebewesen, die sich in ihrem biologischen Aufbau von Bakterien so sehr unterscheiden wie diese vom Menschen. »Die Archaeen aus dem Kochbrunnen halten sich nicht mit biologischem Material am Leben«, sagt Zinke. »Sie wandeln zur Energiegewinnung Schwefel in Schwefelsäure um. Sie ernähren sich von Mineralien und Kohlendioxid.« Das Kochbrunnen-Archaeon ist eine Chemieanlage im Mikroformat; es kann eine komplizierte Reaktion durchführen und damit einen extrem vielschichtigen Stoffwechsel abwickeln, obwohl es selbst sehr einfach aufgebaut ist. »Die Erbinformation des Archaeons besteht gerade mal aus 1500 Genen«, sagt Zinke. »Seine Software ist sozusagen extrem gut entwickelt, sie kommt mit sehr wenigen Codezeilen aus. Trotzdem ist das kein primitives Wesen, sondern ein hochkomplexes. Die Evolution hat es im Laufe der Jahrmillionen perfektioniert.«

Zinke ist schon lange begeistert, wie genial die kleinen, praktisch unsichtbaren Lebewesen gebaut sind und was sie fertigbringen. Die mikrobiologische Welt hat ihn seit seiner Jugend fasziniert. »Ich bin kein romantischer Biologe«, sagt er. »Mich fasziniert die technische Leistung des Mikroorganismus, nicht das wiegende Gras oder das schöne Tier.« Wie viele begabte Macher entwickelte Zinke aus seiner Leidenschaft ein Unternehmen. 1993 erblickte Brain in Darmstadt das Licht der Welt. Das Unternehmen sollte die immense Vielfalt der in der Natur vorkommenden Mikroorganismen industriell nutzen.

Es war eine gewagte Gründung, denn Zinke und seine Mitstreiter hatten genau das Gegenteil von dem vor, was die großen Konzerne seit mehr als 100 Jahren tun. Der Trend war bisher eindeutig: Es ging darum, die Natur mit Entwicklungen aus der Chemie zu ersetzen. Seit der Entdeckung der synthetischen Farben und Dünger Ende des 19. Jahrhunderts bestand das Heilsversprechen der chemischen Industrie darin, buchstäblich aus Dreck Gold zu machen. Aus Sägespänen wurde Zucker, aus ranziger Butter wohlriechender Äther und aus stinkendem Steinkohleteer schillernder Farbstoff. Nach und nach versuchte man, im Labor nicht nur künstliche Farben und Medikamente zu entwickeln, sondern synthetische Alternativen für alle Stoffe, die in der Kaiserzeit gebraucht wurden. Die Ammoniaksynthese revolutionierte durch den Kunstdünger die Landwirtschaft, synthetischer Kautschuk machte die Gummibaumplantage überflüssig. Im wilhelminischen Deutschland wurden die Möglichkeiten der synthetischen Chemie als strategische Möglichkeit begrüßt, durch die das ressourcenarme Kaiserreich im Wettkampf mit den Kolonialmächten und den Vereinigten Staaten bestehen könnte. »Es gibt keinen Naturstoff, der sich nicht einmal synthetisch gewinnen ließe«, verkündete in der Weimarer Republik der I.G.-Farben-Chef und Chemiepionier Carl Bosch selbstbewusst. Die Branche erhielt ihren Antrieb von dieser Philosophie der ewigen Synthese. »Gestern waren es die Farbstoffe, heute sind es Düngemittel, morgen wird es das Eiweiß sein.«

Nach dem Zweiten Weltkrieg eröffnete vor allem die Aufspaltung des Erdöls in den Fraktioniertürmen der Raffinerien ungeahnte Perspektiven. Plastiktüten, Kunststoffstühle und die Verschalungen des Armaturenbretts bestehen gleichermaßen aus Rohöl-Spaltprodukten. Auch in der

Textil- und der Nahrungsmittelindustrie haben synthetische Stoffe ihren Platz neben tierischen und pflanzlichen Substanzen erobert, deren Moleküle mit Hilfe chemischer Reaktionen aufgebrochen und neu angeordnet werden. Das Ergebnis sind etwa Stoffe, die beispielsweise viel stärker nach Erdbeere schmecken als die echten Früchte. Etwas mehr als 30 000 Stoffe hat die chemische Industrie in den vergangenen 100 Jahren synthetisiert. Synthetische Rohstoffe haben für die Abnehmer einen großen Vorteil: Die Unwägbarkeiten der Natur entfallen. Ihre Verfügbarkeit und Qualität sind kalkulierbar. Bei natürlichen Rohstoffen spielen die Umweltbedingungen eine wesentliche Rolle. Baumwolle, Kakao oder Holz wachsen je nach Niederschlag und Schädlingsbefall in einem Jahr optimal und in einem anderen Jahr schlecht. Missernten lassen mitunter die Preise explodieren.

Synthetische Stoffe bieten in der Theorie die Chance, von solchen Schwankungen unabhängig zu werden. Durch die Synthetisierung wurde Einfaches zwar kompliziert. Die Herstellung von Süßstoff etwa ist um einiges aufwendiger als die Gewinnung von Zucker aus Rüben oder Zuckerrohr. Dafür besitzt ein Süßstoff wie Alitam aber auch die 2000- bis 3000-fache Süßkraft des normalen Zuckers. Weil die künstlichen Endprodukte oft leistungsfähiger waren als die Naturprodukte, lohnte es sich, in Anlagen und Verfahren zu investieren.

War vor diesem Hintergrund für die großen Konzerne nichts anderes zur Stoffgewinnung denkbar als das Paradigma der Synthetisierung, setzte Zinke auf das glatte Gegenteil, eine »Biologisierung der Chemieindustrie«, wie er sagt. Zinke ist kein Romantiker und kein Robin Hood. Er selbst bezeichnet sich eher als »Bio-Ingenieur«. Er hat einfach begriffen, dass unsere Techniken, Stoffe künstlich zu gewinnen, viel weniger effizient sind als jene Verfahren, die die Natur im Laufe von Jahrmilliarden zur Perfektion entwickelt hat.

Mit Hilfe moderner Analysemethoden und biotechnologischer Verfahren gezielt das Know-how der Mikroorganismen anzuzapfen war in Zinkes Augen ein narrensicherer Plan. Die Quelle, auf die der Mikrobiologe setzt, ist gigantisch. Zwei Milliarden verschiedene Arten von Mikroorganismen leben schätzungsweise auf und unter der Erde, in Torf- und Lehmschichten, in Salzseen, Unterwasserhöhlen, im ewigen Eis und in heißen Quellen. »Und jedes von ihnen macht irgendwas«, sagt Zinke. Erst 6000 von ihnen haben Wissenschaftler genauer beschrieben.

In all diesen Organismen arbeiten kleine biochemische Fabriken – die

Enzyme. Rund 10 000 von ihnen sind heute bekannt. Es sind Eiweißmoleküle, die Stoffwechselreaktionen in Gang setzen oder beschleunigen, und sie arbeiten weit effizienter als viele Verfahren, die sich Synthesechemiker einst ausgedacht haben, um einen Stoff in einen anderen umzuwandeln. In unzähligen Kombinationen haben Lebewesen ausprobiert, wie diese Biokatalysatoren aufgebaut sein müssen, damit sie effizient Fettmoleküle zersetzen, Schwefel in Schwefelsäure verwandeln oder irgendeine andere der vielen tausend Aufgaben erledigen, die sie, je nach ihrer Zusammensetzung, übernehmen können.

Der Mensch nutzt die Enzyme schon lange. Den frühen Milchbauern und Winzern war aber nicht klar, warum es bei der Herstellung ihrer Produkte sinnvoll war, Bakterien oder Pilzkulturen einzusetzen. Damit Milch zu Käse wird, arbeiten Enzyme in der Milchmasse. Auch Wein und Joghurt entstehen durch den Einsatz von Mikroorganismen, Bakterien oder Pilzen. Inzwischen haben auch andere Unternehmen gelernt, einige dieser kleinen Biofabriken zu nutzen, zum Beispiel die Textilproduzenten. Aus Bakterien etwa, die man in Kuhmägen findet, wurde ein Enzym extrahiert, das bei Jeans den beliebten Stone-Washed-Effekt erzeugt. Früher wurden die Jeans dafür mit Bimssteinen oder mit Taubenmist behandelt. Die Enzymbehandlung ist um die Hälfte billiger.

Doch im großen Stil haben die Enzyme in der gigantischen Synthetikwelt der Großkonzerne bisher nicht Einzug gehalten. Gerade mal 150 Mikroorganismen setzt man heute in industriellen Prozessen ein. Als Brain startete, waren es nicht noch nicht einmal 100. Und sie alle wurden mehr oder minder zufällig von Gerbern, Winzern, Färbern, Chemikern oder Lebensmittelherstellern entdeckt. Dass die Bausteine des Lebens durch gezielte Prozesse für innovative Produktionsverfahren und Produkte genutzt werden können, ist eine aktuelle Entwicklung, die gerade erst richtig in Gang kommt. Ohne die Arbeit von Pionieren wie Zinke würde es die sogenannte »Weiße Biotechnologie« nicht geben.

Brain begann als Gemeinschaftsprojekt von drei Biologen, die sich bei der Enzymentdeckung nicht mehr auf den Zufall verlassen wollten. Die Methoden, die Brain Anfang der 1990er Jahre entwickelte, um Mikroorganismen gezielt als Rohstoffquelle zu nutzen, werden im Wesentlichen auch heute noch eingesetzt. Die Computer bei Brain kommen aus dem Elektronikfachmarkt, der Laborbedarf aus dem Fachhandel, der auch Pharmafirmen oder Forschungslabore beliefert. »Wir benutzen absolute Standardverfahren, die es auch in anderen Labors gibt, für unsere Analysen«, sagt Zinke. »Aber kein anderer benutzt sie in der Anordnung wie wir, um Nuggets in der Erde zu finden.« Vor allem eines ist Brain seit dem Start geworden: schneller. Ein gentechnisch optimiertes Hochleistungsbakterium herzustellen dauert nicht mehr wie zur Anfangszeit des Unternehmens zehn, sondern nur noch ein bis zwei Jahre.

Die Labors, in denen die Superenzyme zusammengebaut werden, sind lichtdurchflutet und liegen in einem dreigeschossigen Gebäudekomplex, der im Jahre 1934 im Geist des Bauhauses entstanden ist. Ein spektakuläres Monument der Moderne im eher mittelalterlich geprägten Zwingenberg. Früher waren in dem Bau die Fissan-Werke untergebracht, Milchpulver, Seifen und Babypuder wurden hergestellt. Heute schwappen hier in Reagenzgläsern farblose Flüssigkeiten, die in Plastikhaltern in endlosen Reihen angeordnet sind. In diesen Proben befinden sich Mikroorganismen, die analysiert werden, oder Enzyme, die Brain-Forscher bereits aus bestimmten Mikroorganismen isoliert haben. Jedes kleine Lebewesen, das interessant erscheint, wird katalogisiert. Die Wissenschaftler von Brain erfassen die Enzyme, die in ihm arbeiten, und sortieren sie nach ihren Funktionen.

Im Bio-Archiv, der Schatzkammer von Brain, lagern über 200 Millionen Genschnipsel und mehr als 20 000 kultivierbare Mikroorganismen in den Gefrierschränken bei –80 Grad Celsius. In diesem Dauerschlaf können sie mehr als 20 Jahre aufbewahrt und bei Bedarf wieder geweckt werden. Welche Eigenschaften welche Probe hat, weiß der Computer. Je nach Fragestellung und gesuchten Eigenschaften, die ein Biokatalysator produzieren soll, wird ein Enzym ausgewählt, das als neuer Prototyp für das Experiment in den Reagenzgläsern landet. So eignet sich ein Enzym, das besonders gut Fett lösen kann, beispielsweise als Bestandteil eines Waschmittels.

Von Natur aus will ein Bakterium aber nicht einfach nur Fett lösen. Es will seine Stoffwechselprodukte für sich behalten und selbst wachsen. Genau das ändern die biotechnologischen Sortierverfahren bei Brain. Die Fachleute dort wissen, dass Mikroorganismen innerhalb weniger Stunden mutieren. So entstehen aus dem Erbgut eines Enzyms zigtausend genetische Varianten. Irgendeines der vielen neuen Enzyme löst vielleicht aufgrund einer Mutation noch besser Fett als das alte. Die nützlichen Genvarianten werden in Zellsysteme eingebaut, so dass neue Enzymmoleküle entstehen – etwa ein neuer Superfettlöser, den es so in der Natur nicht gibt. »Wir bringen den Organismus dazu, etwas anderes zu produzieren als das Produkt, das die Natur vorhergesehen hat«, erklärt Zinke.

In einem vollautomatisierten Screening-Programm testet man bis zu 100 000 Enzymvarianten, um zu sehen, ob sie ihre Arbeit wirklich besonders gut machen, in diesem Beispielfall also Flecken entfernen. Die Röhrchen mit den Proben werden in Testanlagen geschoben, wo Roboter durch stoisches, aber blitzschnelles Ausprobieren herausfinden, ob eine Probe auf die gewünschte Weise reagiert. Ein Computer zeichnet die Ergebnisse auf, Kurvenausschläge zeigen einen Treffer an. Per Hand wäre dieses Prinzip von Versuch und Irrtum zu zeitintensiv und damit zu teuer. Roboter und Computer dagegen sind schnell, gleichbleibend genau und unendlich geduldig.

Um ein Designer-Bakterium zu erhalten, das 1,2-Propandiol (PDO) erzeugt, eine Substanz, mit der man Flugzeugflügel enteist, geht man vor wie beim Cocktailmixen. Die Brain-Mitarbeiter durchforsten ihr Bio-Archiv, bis sie ein paar brauchbare Mikroorganismen entdeckt haben. Doch selbst dem vielversprechendsten dieser Organismen fehlen noch zehn wichtige Enzyme, damit es PDO synthetisieren kann. Um diese kleinen Zusatzenzyme zu finden, durchsuchen die Entwickler erneut das Bio-Archiv, bis die entsprechenden Kandidaten gefunden sind. Ihr Genmaterial setzen sie in den Organismus ein. Nach dem Baukastenprinzip werden Gen-Kombinationen mit Substanzen aus dem Bio-Archiv an- und durchgemischt, die verschiedene Eigenschaften kombinieren. Zwei Jahre dauerte die Arbeit. Ab jetzt müsste niemand mehr den Enteiser aus Erdöl erzeugen.

Es hat Jahre gedauert, bis Brain eine Datenbasis aufgebaut hatte, die diese Arbeitsweise ermöglicht. Um Geld zu verdienen, verfassten die Gründer im ersten Jahr noch Analysen und Branchenreports für Investoren, in denen sie amerikanische Biotechnologie-Unternehmen bewerteten. 1996 waren die internen Entwicklungen so weit fortgeschritten, dass Brain die ersten Screening-Technologien erproben konnte. Doch bis die Enzymentwicklung ein profitables Geschäft wurde, vergingen noch weitere vier Jahre.

Heute enthalten alle modernen Waschmittel eiweißabbauende Enzyme, die Proteasen, die hervorragend Blut oder Ei entfernen können. Die fettlösenden Lipasen finden sich ebenfalls in vielen Waschmitteln. Henkel produziert heute mit Hilfe von Enzymen Waschmittel, die mit 40 Grad genauso gut waschen wie chemische Waschmittel bei 90 Grad. Karl-Heinz

Maurer, der die Enzymforschung bei dem großen Waschmittelhersteller leitet, sagt: »Das ist eine Zukunftstechnologie, die die Chemieindustrie – und nicht nur sie – grundlegend transformieren wird.« Doch bis dieses Bewusstsein bei den etablierten Industrien angekommen ist, steht den Pionieren noch ein langer und steiniger Weg bevor. Branchenriesen wie BASF oder Bayer öffnen sich nur langsam für die neuen Rohstoffe.

Zinke hat wie so viele Überflieger das Problem, dass seine Innovation die Art und Weise, wie die etablierten Konzerne bisher gearbeitet haben, massiv in Frage stellt. Könnte man Kunststoffe anders als durch das Aufspalten von Rohöl erzeugen? Waschmittel um natürliche Bausteine ergänzen, damit sie wirkungsvoller werden? Oder die Ausscheidungen von Zuchttieren reduzieren, indem man ihrer Nahrung Enzyme beimischt? »Früher ist man überhaupt nicht auf die Idee gekommen, nach biologischen Ansätzen für diese Probleme zu suchen«, sagt Zinke. Wenn ein Waschmittel optimiert werden sollte, wurde in den chemischen Labors an seiner Zusammensetzung gefeilt. Erst Umweltauflagen zwangen viele Firmen, sich nach neuen Produktionsverfahren umzusehen. Hier auf biologische Stoffe wie Enzyme zu schauen war naheliegend, meint Zinke. »Fast jeder Schmutz auf der Kleidung, ob der Grasfleck auf der Jeans oder das Frühstücksei auf der Bluse, ist schließlich biologischen Ursprungs.«

So offen wie die Waschmittelhersteller bekennt sich kaum ein Wirtschaftszweig zu den Innovationen aus dem Mikrokosmos. »Die Industrie steht nicht dazu und teilt nicht mit, in welchem Maße sie Biotechnologie nutzt«, beobachtet Zinke. Oft treibt die Firmen dabei die Angst an, dass bestimmte Reizworte Kunden verschrecken. BASF produziert etwa mit einem biotechnischen Verfahren jährlich 30 000 Tonnen eines Futtermittelvitamins, Vitamin B_2 genannt. Ein spezieller Pilz hat das rein chemische Herstellungsverfahren ersetzt. Statt sechs Arbeitsschritten, bei denen zudem viele Giftstoffe entstanden, ist nun nur noch ein Arbeitsschritt nötig. Diese Produktionsweise ist 40 Prozent billiger als die alte, und die Abfallmenge sank um 95 Prozent. Alle synthetischen Ausgangsstoffe wurden durch nachwachsende Rohstoffe ersetzt. Wenn BASF aber offen damit werben würde, dass man zur Produktion von Vitaminen auf einen kleinen Pilz setzt, findet das möglicherweise nicht jeder appetitlich.

Doch auch verletzter Stolz, die selbstgerechte Sicherheit, dass anderswo nichts Wichtiges erfunden werde, und ein gewisser Scheuklappenblick sind dafür verantwortlich, dass die Biotech-Pioniere noch nicht überall als Lösungspartner gefragt sind, wo Dinge neu und besser als bisher produziert werden sollen. Und werden sie ins Boot geholt, schweigt mancher Chemiechef lieber verschämt, als einzuräumen, dass nicht er, sondern der Mann, der alles genau anders gemacht hat, auf dem richtigen Dampfer war. Mächtige Entwicklungschefs müssten sich von Vorständen und Aktionären fragen lassen, warum sie selbst generationenlang nach Schema F entwickelt haben, statt kluge, neue Verfahren zu entwickeln, die billiger und umweltschonender sind und auf einer nachhaltigen, zukunftssichernden Rohstoffbasis aufsetzen.

Die Bilanz fiele ernüchternd aus. Das Heilsversprechen der Chemie, aus Dreck Wertvolles zu erschaffen, hat sich nicht halten lassen. Stattdessen vergifteten die Anlagen der Hersteller Flüsse, Böden und die Luft. Und die Produkte, die sie herstellen, sind längst selbst zum Umweltproblem geworden. Indien ertrinkt wie viele andere Länder im Plastikmüll, der sich an den Straßen und Bahnstrecken stapelt. Egal, ob man im Zug von Hyderabad nach Chennai unterwegs ist oder von Mumbai aus auf der Stadtautobahn Richtung Flughafen fährt: Ein Meer aus weißen Fetzen und leeren Wasserflaschen bedeckt den braunen Boden. Selbst in den Meeren ist die Plastikflut unübersehbar. Im Laufe von 60 Jahren ist im Pazifischen Ozean ein Strudel aus Plastikmüll gewachsen, der doppelt so groß ist wie die Fläche von Texas. Er besteht aus Plastikflaschen, -behältern und -tüten, die unter Einwirkung von Sonne, Gezeiten, Wind und Wellen in winzige Partikel zerrieben wurden und jetzt in einem gigantischen Wirbel zwischen Kalifornien und Hawaii treiben.

Im Vergleich zu chemischen Prozessen verbrauchen Bioprozesse weniger Ressourcen, weniger Energie und machen weniger Dreck. Gleichzeitig ist es möglich, aus nachwachsenden Rohstoffen wie Stärke oder Cellulose vieles nachzubauen, für das bisher erdölbasierte Kunststoffe verwandt werden – zum Beispiel Tüten und andere Verpackungen. Brain versteht sich aber nicht als David, der gegen den großen Goliath, die Chemieindustrie, kämpft. »Einen solchen Kampf kann man als kleines Unternehmen eigentlich nur verlieren«, sagt Zinke. »Wir verstehen uns als ein Teil einer komplementären Industrie, die der etablierten Industrie bei einem für die Zukunft der Branche wichtigen Transformationsprozess zur Seite steht.«

Als Anhänger von Kondratjews Wellentheorie hat Zinke früh erkannt, dass es sinnvoll ist, die ausgetretenen Pfade zu verlassen und das Gegenteil von dem zu tun, was die Konzerne tun. »Die Petrochemie hat lange die

Entwicklung stimuliert, nun ebbt die Dynamik ab«, sagt er. »Jetzt, wo Faktoren wie die Endlichkeit der Ressourcen und der Gedanke an die Nachhaltigkeit von Produkten und Produktionsweisen eine immer größere Bedeutung bekommen, baut sich eine neue Welle auf. Deshalb ist das, was wir tun, nur folgerichtig. Diese Parameter mit einzubeziehen, wenn man dabei ist, ein Unternehmen oder sogar eine neue Industrie aufzubauen, ist keine Öko-Mode, sondern völlig logisch.«

Zinke hat eine Antwort auf technologische und ökologische Herausforderungen formuliert, die in den Bereichen der Industrie, die sie betreffen, ähnlich überzeugend ist wie das radikale Loremo-Konzept als Gegenentwurf zum tonnenschweren Offroader in der Autoindustrie. Mit der Autoindustrie scheint ein echter Paradigmenwechsel – zurzeit – nicht machbar. In vielen Unternehmen, mit denen Zinke zu tun hat, werden die Skeptiker dagegen weniger. Dort wundert man sich, wie überlegen die meisten biologischen Prozessketten ablaufen. Es sind verblüffend einfache Lösungswege, die die Enzymsucher anbieten, um die Probleme des 21. Jahrhunderts in den Griff zu bekommen.

Zwar interessieren sich die großen Firmen – trotz aller Lippenbekenntnisse zur Nachhaltigkeit – in der Regel nur dafür, ob ein neues Produktionsverfahren billiger ist. »Wir müssen akzeptieren, dass der Umweltschutzgedanke bis heute nicht der zentrale Treiber von industriellen Entscheidungsprozessen ist und in einer globalisierten Ökonomie mit aggressivem Wettbewerb möglicherweise auch nicht sein kann«, sagt Zinke. Weil aber die Preise vieler Rohstoffe, die die chemische Industrie benötigt, in den letzten Jahren explodiert sind und weiter steigen werden, kommt die Industrie nicht an den Innovationen von Unternehmen wie Brain, Evocatal in Düsseldorf, Novozymes in Dänemark oder Genencor im Silicon Valley vorbei.

Vom knapper werdenden Öl ist die Industrie bis heute vollkommen abhängig, ohne seine Spaltstoffe geht kaum etwas. Weil aber Öl immer teurer wird, werden – zum Beispiel für die Verpackungsindustrie – biologisch abbaubare Kunststoffe attraktiv, die Bakterien aus Stärke aufbauen. Der Langerweher Folienhersteller Alesco brachte im Februar 2009 als weltweit erstes Unternehmen der Verpackungsbranche klimaneutrale Biofolien aus nachwachsenden Rohstoffen auf den Markt. Die Lebensmittelindustrie setzt zunehmend auf Geschmacksverstärker, die biotechnisch hergestellt werden. Auch erste Tierfutterhersteller und Kosmetikfirmen arbeiten inzwischen umweltfreundlicher und effizienter, weil sie Enzyme einsetzen. Selbst der Energiekonzern RWE Power hat das Potenzial der Mikroorganismen erkannt. Bei einem Kooperationsprojekt beginnt RWE nun, mit Designer-Bakterien von Brain Kohlendioxid in Biomasse oder zu Wertstoffen umzuwandeln. Die CO_2-haltigen Rauchgase aus Braunkohlekraftwerken sind für die winzigen Organismen Futter. Am Ende ihrer Verdauungsprozesse steht eine pflanzliche Substanz, die zum Beispiel als Biomasse verwendet werden kann.

In der Chemie, die heute 440 000 Menschen in Deutschland beschäftigt, drohen viele Branchenriesen dagegen diese wichtige Neuerung zu verschlafen. Gut möglich, dass viele der alten Giganten bald nicht mehr gefragt sind, wenn im großen Stil Rohstoffe für die Erzeugung von Verpackungen, Lebensmitteln oder Textilien eingekauft werden.

Um die Zukunft mitzugestalten, will sich Brain nicht mehr mit der Rolle als kleiner Zulieferer begnügen, der von der Gnade großer Auftraggeber abhängig ist. Zinke steht stolz vor einigen riesigen verchromten Tanks, die sich in einem neu ausgebauten Gebäude auf dem Unternehmenscampus in die Höhe recken. In diesen Fermentern beginnt er gerade, Mikroorganismen in großer Menge zu produzieren, die tun, was immer die Forscher von ihnen wollen. Brain wird im großen Stil biologische Lösungen aus der Natur anbieten, die andere brauchen. Brain wandelt sich. Aus dem Biotech-Vorreiter mit Start-up-Charme wird ein produzierendes Unternehmen. Aber eines der nächsten Generation.

KAPITEL 19

»Alles, was wir brauchen, ist vorhanden«

Warum man mit einer großen Idee sogar die Welt retten kann

Auf dem Esstisch im Wohnzimmer wartet ein Hefekranz mit Marzipan, doch Gerhard Knies steht noch auf seinem Balkon und blickt in die Sonne. Knies ist zwar Pensionär und könnte in Ruhe Kaffee und Kuchen genießen, doch dazu hat er keine Zeit. Er grübelt, und bei seinen Überlegungen spielt die Sonne eine zentrale Rolle. Er hat einen Plan, die Welt zu retten. Und es sieht tatsächlich so aus, als würde er sich umsetzen lassen.

Der Plan des 72-jährigen pensionierten Teilchenphysikers aus Hamburg-Blankenese ist bestechend einfach. Europa braucht Energie, aber Erdöl, Kohle und Gas können sie in Zukunft nicht liefern. Sie verschmutzen die Umwelt, führen die Welt in die Klimakatastrophe. Atomkraftwerke sind keine Alternative, ihr Betrieb gefährdet, wenn etwas schiefgeht, das Leben von Hunderttausenden. Und zukünftigen Generationen das Problem zu überlassen, was sie mit dem strahlenden Atommüll anfangen sollen, ist verantwortungslos. Die Alternative besteht darin, die Energie der Sonne einzufangen, und zwar dort, wo sie im Überfluss vorhanden ist: in den Wüsten Nordafrikas und des Nahen Ostens. »Die Wüsten der Welt empfangen in sechs Stunden so viel Energie von der Sonne, wie die Menschheit in einem Jahr verbraucht«, sagt Knies. Um diese Energie zu nutzen, hat er einen Plan von der Dimension des Apollo-Projekts ausgetüftelt. Beim größten Solarprojekt aller Zeiten sollen viele hundert miteinander vernetzte Sonnenkraftwerke in den Wüstenregionen entstehen, da, wo die Sonne am stärksten brennt.

Knies' Plan sieht vor, dort Solarthermie-Kraftwerke aufzustellen. In diesen Anlagen werden die Sonnenstrahlen mit Parabolspiegeln eingefangen wie im Brennglas einer Lupe. Die gebündelten Strahlen erhitzen Rohre mit wärmeleitendem Öl. Das Öl heizt Wasser auf, der Wasserdampf treibt Turbinen an. Die produzieren dann Strom, der über gigantische Kabel nach Europa geleitet wird. Klingt das nicht wie aus einem Science-Fiction-Roman? »Keineswegs«, sagt Knies. »Alles, was wir brauchen, ist vorhanden. Wir müssen nichts mehr erforschen, wir können einfach anfangen, zu planen und zu bauen.« Solarkraftwerke produzieren seit fast 25 Jahren in Kalifornien Strom. In Andalusien wurde gerade im Sommer 2009 eine neue Solarthermie-Anlage in Betrieb genommen. In Algerien und Ägypten werden zurzeit ebenfalls welche gebaut. Und Leitungen, die Strom über Tausende von Kilometern übertragen, liefern bereits in China aus entlegenen Regionen Energie. Die Technologie ist erprobt und verfügbar. Die importierte Solarenergie könnte helfen, den Treibhausgasausstoß in Europa um 80 Prozent zu senken.

Trotzdem landen solche radikalen Pläne in der Regel am Ende in irgendwelchen Schubladen, weil weder der politische Wille da ist, sie umzusetzen, noch die etablierten Energieversorger und -erzeuger ein Interesse haben, ihre bewährten Einnahmequellen durch solche grundlegenden Innovationen zu gefährden. Es sei denn, jemand arbeitet mit Volldampf dafür, dass es anders kommt, und hat dazu auch noch das Glück, dass seine Idee auf fruchtbaren Boden fällt.

Gerhard Knies beschäftigt sich schon seit den 1980er Jahren, als er noch Physiker beim Teilchenbeschleuniger DESY in Hamburg war, mit Fragen wie der Erwärmung der Erdatmosphäre und der Endlichkeit der Ressourcen des Planeten. Elementarteilchenphysiker versuchen mit dem Blick auf Quarks, Gluonen und alle anderen Bausteine der Materie zu verstehen, wie das Universum funktioniert. »Vielleicht fällt es mir deshalb leichter, an das große Ganze zu denken, als manchem anderen«, sagt er. Für ihn stand jedenfalls schon damals fest, dass der Club of Rome mit seinen Warnungen vor den Grenzen des Wachstums recht hatte. Die Atomreaktorkatastrophe von Tschernobyl machte ihm dann 1987 deutlich, dass die Atomkraft auch keine Lösung für die Energieprobleme der Welt bieten kann.

Nun ging er davon aus, dass irgendjemand das Naheliegende tun und die Nutzung der Solarenergie im großen Stil vorantreiben würde. Ansätze hatten die Gelehrten des Club of Rome ebenfalls in den 1970er Jahren entwickelt. Schließlich ist das Verbrennen von Kohle, Gas und Öl nicht nur eine klimaschädliche Angelegenheit. Streng genommen sind diese Stoffe ja nicht mal Energiequellen, sondern nur begrenzte Energiespeicher. Sie gewinnen im Gegensatz zu Windkraft- oder Solaranlagen keine neue Energie aus dem Angebot der Sonne – Wind entsteht auch aus der Wärme der Sonne –, sondern geben ab, was in Jahrmillionen in der Erdschicht gespeichert wurde.

Knies ging in Pension, und über den Klimawandel wurde mittlerweile heftig diskutiert. Für den Schadstoffausstoß von Autos in der fernen Zukunft wurden wachsweiche Grenzwerte beschlossen. Doch das Problem, wie man Europa vernünftig mit Energie versorgen könnte, packte niemand wirklich an. Eine Veranstaltung, die er 2002 besuchte, machte ihm endgültig klar, dass angesichts der vielen Einzelinteressen, die es allein in Deutschland gibt, der große Wurf in Sachen Energieversorgung keineswegs unmittelbar bevorstand. Ein Gewerkschafter aus Nordrhein-Westfalen hielt bei der Veranstaltung eine flammende Rede. Ja, die Erderwärmung sei das drängendste Problem der Menschheit, verkündete er. Aber nein, man dürfe dieses Problem auf keinen Fall auf Kosten des Kohlebergbaus in Nordrhein-Westfalen lösen. Die Kohleschlote sollten weiter rauchen? Knies war fassungslos. Fast jeder Mensch kennt Momente, in denen er sich fragt, ob der andere verrückt ist oder er selbst. Genau so erging es Knies an diesem Abend. Er beschloss, das Notwendige eigenständig anzupacken.

Knies ist kein Millionär, er ist kein Unternehmer, der ein Heer von Lobbyisten bezahlen kann. Er muss alles selbst erledigen. Aber Knies ist hartnäckig und gut vernetzt. »Manche Leute fangen an, Kreuzworträtsel zu lösen, wenn sie das Berufsleben beendet haben«, sagt er. »Das hier, das ist meine Preisaufgabe.« Knies durchdachte die alten Solarkonzepte des deutschen Flugzeugpioniers und Ingenieurs Ludwig Bölkow. Er modifizierte sie, malte Entwürfe, verwarf sie, entwarf erneut.

Schließlich war der Plan so weit, dass er als Wissenschaftler an die ersten Türen klopfte. Der Hamburger Klimaschutz-Fonds, den er selbst mitbegründet hatte und der Photovoltaikanlagen und andere nachhaltige Entwicklungsprojekte bei Schulen finanzierte, war sofort Feuer und Flamme. Auch der Präsident des Club of Rome, Prinz Hassan bin Talal von Jordanien, war begeistert. Mit Unterstützung dieser beiden Organisationen gründete Knies im September 2003 die Trans-Mediterranean Renewable Energy Cooperation, kurz TREC, ein Netzwerk aus Experten, das das Konzept vom Wüstenstrom für Afrika und Europa perfektionierte. Auf einmal koordinierte Knies ein weltweites Netzwerk von Wissenschaftlern, Politikern und Unternehmern, die von dem Vorschlag, den Strom aus der Wüste zu holen, begeistert waren und die Wüstenstrom-Idee in den Köpfen der Entscheider verankern wollten.

Das Bundesumweltministerium arbeitete ebenfalls an dem Thema Solarthermie in Nordafrika. Es gab beim Deutschen Zentrum für Luft- und Raumfahrt (DLR) zwei große Studien in Auftrag. Sie sollten die große Frage klären, ob der Wüstenstrom-Plan realisierbar ist. Sie wurden unter Leitung des DLR-Experten Franz Trieb und unter Mitwirkung des Netzwerks TREC durchgeführt. 2005 war das Ergebnis da. Und es war eindeutig, die Wüstenstrom-Idee war keine Luftnummer, sie würde funktionieren. Eine Fläche von 360 mal 360 Kilometer würde genügen, um die Welt mit Strom zu versorgen. Realistisch wäre es, aus der Solarstrahlung in spätestens 40 Jahren deutlich mehr als die Hälfte des dann anfallenden weltweiten Strombedarfs zu decken.

Die Kalkulationen des Kasseler Physikers Gregor Czisch ergaben, dass eine Kilowattstunde regenerativ erzeugten Stroms inklusive Transport kaum mehr kosten würde als herkömmlich erzeugter Strom. Auch einen Kostenvoranschlag für das Projekt gab es nun. Nach Schätzungen des DLR würde bis zum Jahr 2050 eine Investitionssumme von 350 Milliarden Euro für Solarthermie-Kraftwerke anfallen, die 17 Prozent des europäischen Strombedarfs decken könnten. Etwa 20 Leitungen müssten von Nordafrika nach Europa gelegt werden, jede besäße fünf Gigawatt Leitungskapazität. Sie könnten auf verschiedenen Routen durchs Mittelmeer führen, über Gibraltar, Sizilien, Sardinien und Istanbul. Das würde noch einmal 45 Milliarden Euro kosten.

Fast 400 Milliarden Euro braucht man also, um die Idee vom Wüstenstrom umzusetzen. Knies entmutigte die gigantische Summe keineswegs. Nun hatte er Zahlen und Belege in der Hand. Die Idee war machbar, und das DLR hatte auch definiert, wie man von der alten in die neue Stromwelt gelangte . »Man kann ja nicht so tun, als gäbe es nicht bereits ein Stromnetz in Europa«, sagt Knies. Schritt für Schritt würde das neue Stromsystem an die alten Elektrizitätsnetze angedockt werden. Alle zwei Jahre sollte ein Zwischenschritt des Projekts abgeschlossen sein. Der Wüstenstrom würde nicht nur helfen, Europas Stromversorgung umweltfreundlich sicherzustellen. Er könnte außerdem den Ländern Nordafrikas Energie liefern, ihre Wirtschaft stützen und die Armut vermindern. Sie könnten mit dem Strom Meerwasser entsalzen, um den chronischen Wassermangel der Region zu bekämpfen. »Wie gut die Lösung ist, hat sich erst beim genauen Angucken herausgestellt«, sagt Knies.

Zusammen mit den Verbündeten im Club of Rome und den Partnern aus dem TREC-Netzwerk gründete er eine Stiftung, die er DESERTEC Foundation nannte. Das Bundesumweltministerium tat wenig, um die Erkenntnisse der DLR-Studie in die Tat umzusetzen. Dafür machten die Konzeptpapiere der Stiftung Furore. Der DESERTEC-Plan passte genau in die politischen Debatten – auch wenn ein wenig der Zufall nachhalf, dass er so weit oben auf die politische Agenda rückte. Frankreichs Präsident Nikolas Sarkozy liebäugelte mit einem politischen Konstrukt, der Mittelmeer-Union, die Mittelmeeranrainern in Europa und Nordafrika eine gemeinsame Plattform bieten sollte. Das war letztlich ein Manöver, um Frankreichs Rolle innerhalb der Europäischen Union aufzuwerten. Aber was sollte die Mittelmeer-Union eigentlich tun? Da kam der Plan vom Wüstenstrom den Franzosen gerade recht. Er hatte das Potenzial, den Franzosen zu helfen, die mediterrane Allianz mit Inhalt zu füllen. »Irgendwann rief tatsächlich das Büro von Sarkozy bei mir zu Hause an«, sagt Knies und schaut über seinen Esstisch, als wundere er sich heute noch darüber, dass Blankenese auf einmal auf der Landkarte der großen Europapolitik landete. »Dann besuchten meine DESERTEC-Kollegen und ich die französische Botschaft und stellten das Projekt dort vor. Daraufhin konnte die Bundesregierung es natürlich auch nicht mehr ignorieren, und das Bundesumweltministerium begann mitzuspielen.«

Man kann sich gut vorstellen, wie Knies völlig unbekümmert vor großkopferten Diplomaten und Politikern seine Vorträge hält. Mit Hierarchien und Statusgeplänkel kann man ihn nicht beeindrucken. In den Spitzenforschungslabors, in denen Knies arbeitete, gab man wenig auf formelle Hierarchien, Autorität hatte derjenige mit den besten Konzepten und Ideen. Diese Einstellung hat ihn geprägt: »Im Institut war etwas richtig oder nicht richtig, unabhängig davon, wer es sagte.«

Die nötigen Milliarden versprach ihm allerdings keiner der politischen Akteure. Doch Knies war auch anderswo aktiv – etwa in den Chefetagen vieler Unternehmen, in die er als renommierter Wissenschaftler ebenfalls eingeladen wurde. Er warb öffentlich auf Veranstaltungen für DESERTEC, und wenn nötig, auch still und leise hinter verschlossenen Türen bei den Führungsriegen. Die Reisekosten zahlte er von seiner Rente. Denn die Stiftung DESERTEC verfügte kaum über nennenswerte Mittel.

Warum hörten die Konzerne ihm zu? Die Antwort ist einfach: Weil es sich für sie rechnen könnte. Schon in den 1980er Jahren wurden als Reaktion auf die ersten Ölkrisen Solarthermie-Kraftwerke im US-Bundesstaat Kalifornien gebaut. Doch der Ölpreis stieg in den letzten Jahrzehnten nicht in dem Maße, wie es die Industriestaaten befürchtet hatten. Dass ein Barrel Rohöl bald 200 Dollar kosten könnte, war erst im Boomjahr 2007 eine reale Gefahr. Solange war es billiger, die alten Verbrennungstechnologien weiterzuentwickeln und die Ressourcen der Welt durch den Schornstein zu jagen. Nun, wo Öl und Kohle immer knapper und teurer werden, ist die Idee vom Wüstenstrom auch wirtschaftlich interessant. Energieversorger, Kraftwerks- und Stromleitungsbauer müssen sich Gedanken darüber machen, wie sie in naher Zukunft, wenn die Kohlendioxidemissionen teuer werden, ihr Geld verdienen.

Vor allem eine Gruppe von Großkonzernen bekommt schon heute die Folgen des Klimawandels zu spüren: die Rückversicherer. Wenn New Orleans überflutet wird oder ein Taifun an Chinas Ostküste die Metropolen verwüstet, Flutwellen an Oder und Elbe deutsche Städte unter Wasser setzen oder in Spanien die Ernte wegen einer Rekordhitze verdorrt, reichen die Geschädigten massenhaft ihre Rechnungen an die Versicherungen weiter. Die wiederum lassen sich ihre Ausgaben in der Regel von den Rückversicherern erstatten. Diese Versicherungen der Versicherungen bekommen bereits jetzt durch weltweite Schadensmeldungen zu spüren, dass das Klima extremer geworden ist. Es kostet sie bares Geld. Naturkatastrophen zählen zu den teuersten Schäden in den Bilanzen der Erst- und Rückversicherer. 2008 summierten sie sich auf insgesamt 200 Milliarden Dollar weltweit.

Innerhalb von zwei Jahren kostet der Klimawandel die Firmen also so viel, wie man braucht, um die Wüstenkraftwerke zu bauen. Es würde sich für sie lohnen, wenn DESERTEC funktioniert. Die Münchener Rückversicherung, die als globaler Risikoträger schon länger für die Gefahren des Klimawandels sensibilisiert ist, wurde zum ersten Verbündeten von Knies in der Welt der Konzerne. Die Manager des Rückversicherers öffneten Knies und der DESERTEC-Idee wichtige Türen in die Führungsetagen der Global Player.

Im Juli 2009 war es dann so weit: Ein Konsortium aus zwölf Unternehmen schloss sich in München zur sogenannten DESERTEC-Initiative zusammen. Die Sonnenpioniere waren keine Start-ups, sondern Schwergewichte der deutschen Wirtschaft: Außer der Münchener Rück beteiligten sich unter anderem die Energiekonzerne RWE und E.on sowie Siemens und die Deutsche Bank. Hinzu kamen Firmen wie der Schweizer Industriekonzern ABB, ein Experte für Stromleitungen und Turbinen, und die spanische Öko-Energie-Firma Abengoa, die das Solarthermie-Kraftwerk in Andalusien betreibt.

Im Herbst 2009 gründeten die beteiligten Firmen eine Gesellschaft, die das Projekt vorantreiben soll. Neben den Konzernen, die das Projekt angeschoben haben, sind unter anderem der italienische Energieversorger Enel, der spanische Netzbetreiber Red Electrica España, der französische Energieversorger EdF und die Nareva Holding aus Marokko beteiligt. Inzwischen stößt das Wüstenstrom-Projekt auch international auf großes Interesse. Mehr als 100 Unternehmen aus aller Welt gehören inzwischen zum Kreis der assoziierten Mitglieder, die den Kreis der Konzerne, die das Projekt gestartet haben, ergänzen. Unter ihnen die US-Solarfirma First Solar und der österreichische Mineralölkonzern OMV, der deutsche Baukonzern Bilfinger Berger und das Technologieunternehmen 3M Technologies.

Baupläne für die ersten Solarkraftwerke und Übertragungsleitungen bis Europa will man 2013 vorlegen. Das Konsortium plant konservativ. Bis 2050 soll ein Sechstel des europäischen Energiebedarfs umweltfreundlich mit Hilfe vieler mittelgroßer Solarkraftwerke in der afrikanischen Wüste gedeckt werden.

Die Finanzierung des 400-Milliarden-Euro-Projekts ist zwar noch offen. Bisher investieren die beteiligten Konzerne nur in die Planung, und das mit Beträgen, die sie aus der Portokasse nehmen. Die Wirtschaft hofft auf öffentliche Fördergelder für die einzelnen Projekte, und die Politik hofft auf privatwirtschaftliche Investitionen. Die derzeit zu beobachtende Unlust zum Investieren rührt daher, dass sich der Solarstrom aus der Wüste im Vergleich zur Energie aus einem europäischen Kohlekraftwerk noch nicht rechnet. Die DLR-Studie geht davon aus, dass der Stromimport 2020 beginnen könnte. Doch die Chancen stehen gut, dass der Wüstenstrom schneller als erwartet nicht nur Investitionen verschlingt, sondern auch Geld einbringt. Die Solarthermie hat technisch noch viel Potenzial. Die Technologie wird noch effizienter und billiger werden und könnte damit die Planer beim Bau der Anlagen positiv überraschen. »Sollten die Brennstoffpreise weiter steigen und die Technologiekosten weiter fallen wie bisher, kann schon um 2020 herum mit Kostengleichheit zu herkömmlichen Versorgungsstrukturen gerechnet werden«, erklären die DLR-Fachleute.

Nun beginnt für Knies der eigentlich kniffelige Teil seiner Arbeit. Schließlich reicht es nicht, wenn DESERTEC nur schöne Schlagzeilen produziert. Einige wichtige Verbündete hat er inzwischen gewonnen. Mit dem Niederländer Paul van Son, einem ehemaligen Topmanager des Stromkonzerns Efet, hat die Planungsgesellschaft DESERTEC Industrial Initiative GmbH einen renommierten und erfahrenen Vorstandschef gewonnen. »Die Idee ist bestechend und von historischer Dimension: Einen vergleichbaren Schritt in ein neues Energiezeitalter hat es seit Beginn der Stromversorgung im 19. Jahrhundert nicht gegeben«, sagt er. Der ehemalige Bundesumweltminister und Exekutivdirektor des Umweltprogramms der Vereinten Nationen, Klaus Töpfer, hilft als strategischer Berater, damit die Idee vom Wüstenstrom auch wirklich umgesetzt wird. Die Regierungen von Marokko und Tunesien haben signalisiert, dass sie den Aufbau von DESERTEC-Pilotanlagen in ihren Ländern unterstützen.

Doch bis das Projekt wirklich Sonnenstrom liefert, sind noch viele Hürden zu überwinden. Anspruchsvoll ist es nicht nur, die Arbeit der beteiligten Konzerne zu koordinieren und festzulegen, wer welchen Teil der Technik herstellt. Schwierig wird es vor allem sein, ein Engagement zu erzeugen, das über die Teilnahme an Veranstaltungen, Vorträgen und Fototerminen hinausgeht. Vor allem die Energieriesen E.on und RWE und Mineralölunternehmen wie OMV müssen erst beweisen, dass sie DESERTEC wirklich vorantreiben wollen und nicht als Bremser an Bord sind, die vor allem ihr Kohle-, Gas- und Atomkraftgeschäft schützen wollen. Das könnte das größte Hindernis sein, um den Plan zur Weltrettung umzusetzen. Kaum ein anderer Wirtschaftsbereich ist weltweit von etablierten und veränderungsunwilligen Machtstrukturen derart dominiert wie die Energiewirtschaft. Man hat dort alle Gründe, den Status quo, mit dem man bestens lebt und ohne große Mühe profitabel wirtschaftet, zu erhalten.

Aber der Plan ist so einfach und gut, dass er trotzdem klappen könnte. Und dann? Gibt es in 50 Jahren Denkmäler für Gerhard Knies in unseren Städten? Der Physiker lächelt kurz. »An so etwas denke ich nicht. Mich befriedigt viel mehr, dass es überhaupt eine Antwort auf diese große Menschheitsfrage gibt. Wenn das Projekt wirklich umgesetzt wird, würde ich das als guten Beweis empfinden, dass die Menschheit doch Vernunft annehmen kann.«

TEIL 4

Aufbruch in eine neue Ära des Erfindergeistes

KAPITEL 20

Schluss mit der Zaghaftigkeit! Was Erfinder tun müssen

Ein gängiges Vorurteil unter Visionären und Machern lautet: Wenn wir Managern, Politikern, Investoren und Behördenvertretern unsere Pläne erklären, verstehen die in der Regel nur Bahnhof. Das Schlimme ist: Sie haben recht mit dieser Annahme. Auch wenn das Wort »Innovation« regelmäßig in Sonntagsreden beschworen wird, haben viele Entscheider in der Praxis gar keine Lust, sich mit komplizierten Dingen auseinanderzusetzen. Analysen des Zentrums für interdisziplinäre Risikoforschung und nachhaltige Technikgestaltung der Universität Stuttgart ergaben, dass vielen Politikern, Investoren und Managern grundlegendes Wissen über physikalische, mathematische oder ingenieurwissenschaftliche Sachverhalte fehlt. Gründungsexperten attestieren diesem Personenkreis einen regelrechten Unwillen, sich mit sehr komplizierten Sachverhalten auseinanderzusetzen. »Viele Ansprechpartner machen sich erst gar nicht die Mühe, eine technische Lösung zu verstehen«, fasst etwa Claudia Erben, die Geschäftsführerin der Gründungsinitiative Forum Kiedrich in Wiesbaden, die Erfahrungen der Gründer, die sie betreut, zusammen.

Für viele Visionäre hat diese Ignoranz fatale Folgen. Für sie ist der Kontakt zu bestimmten Managern, Investoren und Politikern existenziell. Die Entscheider dagegen haben in der Regel mehr als eine Option, mit wem sie zusammenarbeiten können. Auch Behörden haben viel Spielraum, wenn sie entscheiden, ob sie etwas genehmigen oder unterstützen oder nicht. Und oft ist es für sie einfacher und weniger riskant, Nein zu sagen, wenn sie wirklich nur Bahnhof verstanden haben.

Gerade in Bereichen, wo grundsätzlich Neues angepackt wird, gibt es keine verlässliche Expertise, auf die man sich stützen kann, sondern höchstens gut begründete Annahmen. Wer bewerten will, ob ein neues Konzept für ein Café funktioniert, kann sich auf Erfahrungswerte verlassen. Unzählige Cafés wurden in der Geschichte der Wirtschaft eröffnet und mussten schließen, so dass man ableiten kann, was funktioniert und was nicht. Wer die Erfolgschancen eines Start-ups bewerten will, das sich auf die Entwicklung von Personalisierter Medizin spezialisiert, hat es sehr viel schwerer. Man weiß heute schlicht und einfach noch nicht, woran solche Firmen scheitern oder warum sie Erfolg haben werden.

Man kann sich zwar über den mangelnden Mut vieler – in der Regel auch noch gut bezahlter – Entscheidungsträger ärgern, zumal wenn sie es sich mit ihrer Ignoranz ganz offensichtlich einfach machen und damit vielversprechende Entwicklungen behindern. Aber auch wenn sich viele geniale Visionäre chronisch unverstanden fühlen, ist es für sie wichtig, eine grundlegende Schwelle zu meistern: Sie müssen lernen, damit umzugehen, dass der Rest der Welt ein selbsterklärtes Genie nicht sofort mit offenen Armen empfängt. Ignoranz ist eine Reaktion, mit der man rechnen und die man einplanen muss, wenn man große Pläne umsetzen will.

Schon 1513 beschrieb in der Republik Florenz Niccolò Machiavelli in seinem Buch *Der Fürst*, dass jeder, der die alte Ordnung auf den Kopf stellt, es schwer hat. »Der Neuordner hat alle die zu Feinden, die sich in der alten Ordnung wohl befinden, und laue Mitstreiter in denen, welche bei der Neuordnung zu gewinnen hoffen.« Der Politiker und Diplomat bezog den Wandel auf politische Veränderungen. Sein Satz lässt sich aber leicht auf die Situation von Erfindern mit bahnbrechenden technologischen Ideen übertragen. Das Neue, das die Visionäre versprechen, hat in der Regel mächtige Feinde. Die großen Konzerne sind in der Regel Profiteure der alten Ordnung. Im besten Fall ignorieren sie den Visionär, im schlechtesten Fall nehmen sie den Kampf auf und verhindern beispielsweise, dass jemand ein Ladegerät für gewöhnliche Batterien zum Verkaufsschlager macht.

Damit kühne Visionäre angesichts dieser Kräfteverhältnisse und der Ignoranz, die sie erwartet, überhaupt eine Chance haben, ihre Vorhaben umzusetzen, brauchen sie neben einem fehlerlosen Plan vor allem zwei Dinge: eine gehörige Portion Mut und die Fähigkeit zu kommunizieren. Beides ist erforderlich, um eine eigene Basis aufzubauen, die es ermöglicht, den großen Plan tatsächlich zu Ende zu führen.

Mut ist nötig, weil es in der Regel für geniale Köpfe keine Alternative gibt, als ein eigenes Unternehmen zu gründen. Eine Idee zu haben ist einfach. Jeder Mensch hat jeden Tag Ideen, und viele sind sogar so gut, dass Tausende Tüftler Stunden in Garagen und Kellern verbringen, um sie zu perfektionieren. Doch das reicht in der Regel nicht aus. Die Kunst ist, eine Idee so umzusetzen, dass die Welt nicht mehr an ihr vorbeikommt. Und das erfordert in der Regel Ressourcen: Zeit, Geld und Know-how.

Innovationsforscher haben eine Faustregel, die »1 zu 10 zu 100« lautet. Erfahrungswerte zeigen, dass sich die Kosten verzehnfachen, wenn man aus einer Erfindung, einem Prototyp aus dem Keller oder der Scheune vielleicht, ein fertiges Produkt machen will. Wenn man dann noch dafür sorgen will, dass das Produkt auf dem Markt bekannt wird, sind dafür oft 100-mal so hohe Investitionen nötig. Marketingkampagnen, Vertriebsleute, die das Produkt verkaufen, oder Reisen zu Verkäufern müssen bezahlt werden. Leider weiß man meist erst am Ende dieses langen Weges, ob eine Innovation wirklich zum marktfähigen Produkt führt, das die Menschen akzeptieren – ob beispielsweise wirklich genug Menschen auf eine Ultraschallzahnbürste umsteigen.

So einen Weg zu gehen erfordert verdammt viel Mut. Wer aber soll an eine Innovation – wie das E-Rockit, Blu-Ray-Spiele, Supermikroskope oder den neuen Bootsmotor – glauben, wenn nicht die Visionäre, die sie erdacht haben? Wer eine Idee umsetzen will, hat keine andere Chance, als selbst ins Risiko zu gehen und zum Gründer und Unternehmensführer zu werden.

Jetzt? Oder lieber nie?

Wann ist der richtige Zeitpunkt für eine Unternehmensgründung? Im Zuge der Finanz- und Wirtschaftskrise nach dem Zusammenbruch der Lehman-Bank im Herbst 2008 haben sich die wirtschaftlichen Rahmenbedingungen insgesamt rapide verschlechtert. War das Welt-Bruttoinlandsprodukt im Jahr 2007 noch um 4,8 Prozent gestiegen, sorgte die Bankenkrise dafür, dass auch der Rest der Wirtschaft ins Trudeln kam. 2009 schrumpfte die deutsche Wirtschaft dem Internationalen Währungsfonds (IWF) zufolge um 5 Prozent. 2010 geht es nur langsam wieder aufwärts, 1,2 Prozent Wachstum erwartet der IWF. Und auch wenn es mit der Weltwirtschaft wieder bergauf geht, heißt das nicht automatisch, dass auch die deutsche Wirtschaft blüht. Vor allem in Ländern wie China laufen die Geschäfte wieder auf Hochtouren, während die Finanz- und Wirtschaftskrise nach den Prognosen des IWF dauerhaft negative Nachwirkungen für Europa haben wird. Deutschland muss sich vermutlich auch längerfristig auf niedriges

Wachstum einstellen. Eine neue Start-up-Euphorie, bei der Investoren mit Geld um sich werfen, wird es nicht geben. Stattdessen werden Stellen abgebaut, Investitionen zurückgefahren, und die Banken halten bei der Kreditvergabe die Taschen zu.

Für junge, bahnbrechende Firmen sind die Startaussichten trotzdem nicht schlecht. In den letzten Jahren sind in Deutschland die Instrumente der Projektförderung durch die öffentliche Hand für die Zielgruppe der kleinen und mittelgroßen Unternehmen verbessert worden, sagen die Forscher der Expertenkommission Forschung und Innovation (EFI) in Berlin. Durch das Programm »KMU-innovativ« im Rahmen der Hightech-Strategie des Bundes wurde etwa die Antragstellung für Innovationsprojekte vereinfacht. Vor der Ausarbeitung des eigentlichen Förderantrags können Firmen visionäre Projektskizzen einreichen, die innerhalb von zwei Monaten bewertet werden. Dass Gründer Monate oder Jahre auf eine Förderentscheidung warten, soll der Vergangenheit angehören.

Darüber hinaus stehen im Rahmen des Konjunkturpakets II in den Jahren 2009 und 2010 insgesamt 900 Millionen Euro zusätzlich für das Zentrale Innovationsprogramm Mittelstand (ZIM) zur Verfügung. Die Nachfrage ist groß, und das ZIM scheint mit seiner Ausrichtung den Bedürfnissen der kleinen Unternehmen zu entsprechen. Über 10 000 Firmen bewarben sich 2009 um diese Mittel, mehr als doppelt so viele wie 2008. Die Zahl der Kooperationen von kleinen Firmen und Forschungseinrichtungen verfünffachte sich sogar. 2010 ist der Bedarf an Technologie- und Innovationsförderung für Kleine noch größer. Allein in den ersten drei Monaten des Jahres beantragten 1800 Firmen ZIM-Fördermittel, 1600 von ihnen erhielten eine Bewilligung.

Die derzeitige Phase der wirtschaftlichen Unsicherheit ist keine schlechte Zeit, um etwas Ambitioniertes zu tun, der eigenen Neugier zu folgen und die große Idee, die man immer hatte, tatsächlich umzusetzen. Unternehmensberater wie Vinnie Aggarwal, Chief Economist bei Frost & Sullivan, gehen davon aus, dass Krisenzeiten für Gründer auch viele Vorteile bieten. »Einige der heutigen Top-Player begannen ihre Geschäfte mitten in der Rezession, darunter 16 der 30 Dow-Jones-Unternehmen«, sagt er. General Electric etwa wurde im Bankenpanik-Jahr 1873 gegründet. Hewlett-Packard nahm während der Weltwirtschaftskrise in den 1930ern seinen Anfang. Microsoft startete in einer wirtschaftlich turbulenten Phase in den 1970er Jahren. Sun Microsystems, Compaq Computer und Adobe Systems ließen sich von der Rezession in den 1980er Jahren nicht abschrecken. Sie alle wurden trotzdem sehr erfolgreich.

Zwar ist die Investitionsbereitschaft vieler Geldgeber in Krisenzeiten geringer. Es sind dafür Zeiten des Umbruchs, in denen deutlich wird, dass die alten Giganten Schwierigkeiten haben, sich an neue Gegebenheiten anzupassen. Auf vielen Märkten werden die Karten gerade neu gemischt. Konzepte wie die Synthetisierungsmanie der Chemiekonzerne oder die PS-Verliebtheit der Autobauer haben in Sackgassen geführt. »In einem solchen Moment sind neue Ideen und Lösungsansätze gefragt, die den aktuellen Erfordernissen im jeweiligen Markt entsprechen«, erklärt Aggarwal. »Wenn etablierte Wettbewerber angeschlagen sind, ist es für Neueinsteiger einfacher, in deren Bereiche vorzudringen.«

Die Krise schwächt die größten Feinde der innovativen Aufsteiger: die etablierten Großkonzerne. Manche, die einem Senkrechtstarter sonst den Weg versperrt hätten, haben genug damit zu tun, sich selbst über Wasser zu halten. Andere, die besser dastehen, denken eher über das Aufkaufen großer Konkurrenten nach, um per Handstreich den Löwenanteil eines Marktes zu übernehmen, als revolutionäre kleine Herausforderer zu bekämpfen. Beide, die Krisenverlierer und die Profiteure, verwenden weniger Ressourcen darauf, neue Wettbewerber abzuwehren. Außerdem sparen sie selbst oft an der falschen Stelle und senken Kosten, statt in eigene Entwicklungen zu investieren. Die Chance, dass sie aus eigener Kraft mit einer revolutionären Neuerung Schritt halten können, ist geringer als in Blütejahren. Wer bahnbrechende Neuerungen im Gepäck hat, sollte deshalb gerade in Krisenzeiten damit herauskommen.

Auch potenzielle Kunden sind in Umbruchzeiten offener für Neues, als wenn alles seinen geregelten Gang geht. Rezessionen bedeuten für den normalen Rhythmus einer Volkswirtschaft einen Bruch. Paradigmenwechsel, die in der Luft liegen, kommen in solchen Zeiten mit größerer Wucht zum Tragen. Die Schwächen der alten Konzepte, Produkte und Lösungen werden gnadenlos aufgedeckt, während man sie in Boomzeiten übertüncht. So haben die Deutschen bei der künstlich durch die Abwrackprämie angefachten Nachfrage vor allem Interesse an verbrauchsarmen Fahrzeugen gezeigt. Den spritschluckenden Geländewagen und massigen Limousinen, auf die sich die deutschen Autobauer versteift haben, zeigten sie die kalte Schulter.

Wenn Altes stirbt, entsteht Platz für Neues. Umweltfreundlichkeit und Nachhaltigkeit werden zu erstklassigen Verkaufsargumenten, ein hoher

Energieverbrauch ist auf Dauer ein echter Wettbewerbsnachteil. Da viele Unternehmen in schweren Zeiten hochqualifizierte Fachkräfte entlassen, bestehen für Neugründungen gerade in der Krise sogar bessere Voraussetzungen, an kluge Mitstreiter zu kommen. Und es hat sich gezeigt, dass in Krisenzeiten gebildete Start-up-Teams besonders viel Motivation und Engagement mitbringen. »Zweifellos ist eine Geschäftsgründung immer ein schwieriges Unterfangen, ganz unabhängig vom wirtschaftlichen Umfeld«, sagt Aggarwal. »Andererseits gibt es auch in einer Rezession nicht mehr Stolpersteine als sonst, und zusätzlich eröffnen sich in einer solchen Phase ganz einzigartige Chancen, die sich in eine gute Ausgangsbasis für den nächsten Boom verwandeln lassen.«

Wer wirklich eine Idee hat, auf die die Welt wartet, darf nicht zu den Zauderern gehören. Er kann nicht die Umsetzung seines Plans davon abhängig machen, ob das Gründen im Trend liegt oder nicht. Entweder ein Plan ist das Wagnis wert, oder er gehört zu Recht eingemottet. Wer seine Idee umsetzen will, kann die Krise nicht als Ausrede nutzen. Ein Spaziergang war das Gründen noch nie.

Verbündete gesucht

Gerade für Menschen, die auf einem bestimmten Fachgebiet fachlich brillant sind, ist die Unternehmensgründung ein schwerer Schritt. Es reicht nicht, sich als Tüftler in seinem Bereich auszukennen. Unternehmer müssen mehr können: Sie müssen anführen, entscheiden und delegieren. Sie sollten etwas von Geld verstehen. Und sie müssen sich im Förderdschungel zurechtfinden. Für Technologieunternehmen etwa gibt es derzeit mehr als 50 Angebote, die Bundesministerien, die Kreditanstalt für Wiederaufbau, die Förderbanken der Länder, die Arbeitsagentur und zahlreiche andere Institutionen zur Verfügung stellen.

Nun ist nicht jeder brillante Techniker auch entscheidungsfreudig, ein Organisationstalent und kann sich durch Förderanträge kämpfen. Fraglich, ob er überhaupt etwas vom Wirtschaften versteht. All dies ist aber nötig, damit ein Unternehmen Erfolg hat. Und ein funktionierendes Unternehmen ist die beste Garantie dafür, dass eine Idee nicht auf der Strecke bleibt. Nur im eigenen Unternehmen kann ein Visionär kompromisslos seinen Plan verfolgen.

Reine Einzelkämpfer haben aber in der Regel als Gründer keine Chance. Das ist der erste Grund, warum es für Visionäre auch wichtig ist, kommunizieren zu können. Um ein schlagkräftiges Unternehmen zu gründen und zu führen, braucht jeder Visionär Vertraute und Unterstützer, die einen Teil der Aufgaben übernehmen, die nötig sind, um ein Unternehmen erfolgreich zu machen. Und auch die muss ein genialer Tüftler erst mal von seiner Idee überzeugen.

Potenzielle Mitstreiter einzuweihen und ihnen im Detail zu schildern, wie der große Plan aussieht und warum er funktionieren kann, erfordert Vertrauen. Dominik Reisig etwa entwickelte rund 20 Ideen für ein eigenes Unternehmen, die auf seinem Laptop schlummerten, bevor er Cavi startete. Die Sorge vor dem Ideenklau hatte ihn lange Zeit gelähmt, wie er sagt. Irgendwann sah er ein, dass er über seine Einfälle sprechen muss. »Sonst versauern sie alle in der Schublade.« Der Programmierer Michael Bösken hätte Reisigs Idee von den Webshops, die in Videos eingebettet werden, aufgreifen und den Versuch starten können, sie mit jemand anderem umzusetzen. »Aber ohne Vertrauen kommt man nicht weiter«, sagt Reisig. Bösken enttäuschte sein Vertrauen nicht. Heute profitieren beide davon, dass sie zusammen die Idee von Reisig perfektioniert haben.

Die Geschichten vieler Tüftler zeigen, dass Vertraute eine wichtige Quelle der Inspiration darstellen und sich Ideen, wenn sie wie Pingpongbälle zwischen Gleichgesinnten hin- und hergespielt werden, in der Regel weiterentwickeln und besser werden. Oft weiß ja der Urheber eines großen Plans selbst nicht genau, ob und wie sein kühnes Vorhaben aufgehen kann. Kaum ein Macher behauptet, schon zu Beginn einer Entwicklung alle ihre Facetten erfasst zu haben. Der innige fachliche Austausch der Freunde Focke und Wulf ist ein Beispiel aus der Tüftler-Gründerzeit, dass mehrere kluge Köpfe oft schneller vorankommen als einer. Auch die Arbeitsteilung in den frühen Jahren von Apple zeigt, wie erfolgreich Teams aus Spezialisten sind. Das Technologiegenie Steve Wozniak tüftelte an den Rechnern, Steve Jobs, der begnadete Kommunikator und Visionär, vermarktete sie.

Viele Gründer, die gegenwärtig um Erfolg ringen, haben diese Lektion gelernt. Dominik Reisig etwa startete nicht den aussichtslosen Versuch, ganz allein seine Software für Online-Shops zu entwickeln. Zuerst suchte er sich mit Bösken einen Technikexperten. Dann ergänzte mit Michael Breyer, einem ehemaligen Roland-Berger-Berater und Tchibo-Manager, ein gestandener Kaufmann das Führungsteam ihres jungen Unternehmens.

Vor einem etwaigen Firmenstart Gleichgesinnte von einer Idee zu überzeugen und sie im Dialog zu perfektionieren ist zwar arbeitsintensiv, doch die Arbeit lohnt. Teams, die sich auf diese Weise zusammengefunden haben, haben viel bessere Erfolgsaussichten als entschlossene Einzelkämpfer, sagt Gottfried Neuhaus, Chef der auf Technologiefirmen spezialisierten Investmentgesellschaft Neuhaus Partners. »Wir erleben nur noch selten, dass Einzelunternehmer wirklich etwas bewegen«, beobachtet er. »In der Regel schließen sich die Leute in Teams zusammen, um eine Idee voranzubringen. Dass sich zwei, drei oder vier Freunde zusammenschließen, ist unserer Erfahrung nach der klügere Weg.«

Neuhaus weiß, wovon er spricht. Schließlich war er nicht immer Investor und Gründerförderer, sondern früher selbst ein Tüftel-Genie. Schon als Junge verbrachte er seine Freizeit mit dem Lötkolben, baute Radios und zerlegte zum Entsetzen seiner Eltern das heimische Telefon. Die Neuhaus Computer KGaA brachte später eine Reihe von Pionierprodukten in der Datenübertragung hervor. Neuhaus baute das erste Modem, das den technischen Spezifikationen der Bundespost entsprach und damit in Deutschland verkauft werden konnte. Auch die erste Faxkarte für Personal Computer gehörte zu den Neuhaus-Innovationen.

Doch schon in den 1980er und 1990er Jahren, als Neuhaus Technologiefirmen aufbaute, zeigte sich, dass die jeweilige Spezialisierung, die in den Bereichen Technologie, Vertrieb, Marketing und Finanzierung inzwischen notwendig ist, so weit vorangeschritten ist, dass es an ein Wunder grenzt, wenn ein Macher in all diesen Disziplinen gleichermaßen glänzt. Schon damals waren Teamspieler gefragt, und das gilt heute in noch höherem Maße.

Geld her!

Mitstreiter zu überzeugen und ein Gründerteam aufzubauen ist der erste Schritt. Der nächste besteht darin, jene zu treuen Verbündeten zu machen, die Machiavelli als »laue Mitstreiter« bezeichnet. Auch hierfür ist es unumgänglich zu kommunizieren. Damit aus der Skepsis, die einer großen Innovation entgegenschlägt, Unterstützung wird, muss das Gründerteam die potenziellen Unterstützer von seiner Idee überzeugen. Geldgeber sind hier die wichtigste Gruppe, denn meist gehen Visionäre mit geringen Eigenmitteln an den Start. Damit es überhaupt gelingen kann, externe Finanzierungsquellen wie staatliche Förderprojekte, Banken oder Risikokapitalgesellschaften zu erschließen, muss man Außenstehenden den Kern einer Idee erklären können. Vierzig Prozent der Neugründungen geben innerhalb eines Jahres wieder auf – in der Regel, weil ihnen das Geld ausgeht. Wenn Gründer nicht gut genug kommunizieren und erklären, können sich potenzielle Investoren kein ausreichendes Bild von ihrem Engagement machen. Die Folge ist ein zu knapper Finanzrahmen in der Startphase. »Gründer mit Kommunikationstalent kommen dagegen im Vergleich mit anderen genialen Köpfen mit Siebenmeilenstiefeln voran«, sagt die Gründer-Expertin Erben.

Ob ein Investor die Funktionsweise eine neuen Technologie im Detail durchdrungen hat, ist dann nicht von entscheidender Bedeutung, wenn man mit einem anderen Pfund wuchern kann: mit Persönlichkeit. Bei vielen Entscheidungen geht es gar nicht darum, ob man nachweisen kann, dass eine Neuerung tatsächlich so gut ist, wie ihr Erschaffer behauptet. Es geht vielmehr um die Frage, ob man dem Visionär und seinen Mitstreitern zutraut, dass aus der tollen Idee auch Wirklichkeit wird. Das war der Grund, warum ein Investor wie Moshe Alafi Geld in Qiagen steckte – nicht, weil Metin Colpan ihm in einer halben Stunde in der Flughafenlounge im Detail erklärt hätte, wie er alle zukünftigen Probleme lösen würde.

Entscheidungen fallen viel häufiger auf diese Weise, als man denkt. Zwei Drittel der Risikokapitalgeber im Silicon Valley, die im Sommer 2009 von einem Universitätsprofessor befragt wurden, erklärten, »aus dem Bauch heraus« zu entscheiden. Natürlich möchten sie auch gerne harte Zahlen wie den Umsatzfluss analysieren, um abzuschätzen, ob ein Investment in ein junges Unternehmen sinnvoll ist. Doch gerade wenn es um neue Technologiefelder und besonders junge Unternehmen geht, fehlen solide Zahlen. Wer in Unternehmen wie Qiagen, Google oder Mevis in ihren Anfangstagen investiert hat, bewies Mut zum Risiko. In einer solchen Situation hilft den Finanzprofis nur ihr Gespür weiter.

Für viele Geldgeber steht deshalb in erster Linie der Macher als Typ, als Mensch im Vordergrund. Hat er das Zeug dazu, eine junge Firma zum Erfolg zu führen? »Das Wichtigste ist das Management«, meint Investor Neuhaus. »Das ist fast wichtiger als die Idee. Denn da werden die wirklichen Fehler gemacht.« Wenn die Führungsmannschaft überzeugt, trauen die Geldgeber ihr auch zu, Detailprobleme zu lösen, technische Hürden zu nehmen und die richtigen Entscheidungen zu treffen, wenn es darum geht, wie eine Innovation an wen vermarktet werden soll und welcher Preis dafür angemessen ist.

Erkläre die Möglichkeiten

Im dritten Schritt gilt es nach den Vertrauten und den Investoren auch die übrigen Verbündeten zu gewinnen: die Politiker etwa, die auf Impulse für ihre Region durch eine Innovation hoffen, Manager, die eine Lösung für ein Problem suchen, das ihr Unternehmen plagt, oder Kunden, die auf ein neues Produkt warten. Auch diese potenziellen Verbündeten sind erst einmal unsicher. Nicht weil sie pauschal gegen eine Neuerung sind, sondern weil zunächst nicht klar ist, was an ihrem Ende steht. »Mangelnde Technikakzeptanz oder sogar Technikfeindlichkeit ist entgegen vielen Presseberichten und manchen lieb gewordenen Vorurteilen in Deutschland geringer ausgeprägt als in den meisten anderen europäischen Ländern«, stellt Professor Ortwin Renn klar, der Direktor des Internationalen Zentrums für Kultur- und Technikforschung (ZIRN) an der Universität Stuttgart.

Eine gewisse Skepsis ist aber sinnvoll, wenn etwas Neues, außerordentlich Großartiges auf einmal am Horizont erscheint. Vieles, was man hört, wenn Überflieger von dem berichten, was sie dank ihrer Ideen tun können, klingt ja in der Tat zu gut, um wahr zu sein. Kraftwerke in der Wüste sollen Europa versorgen und das Klima retten? Mit Supermikroskopen kann man den Namen seiner Liebsten mit ein paar Atomen als Graffiti im Mikrokosmos hinterlassen? Plausibel klingt das nicht, solange man nicht überzeugend erklärt bekommt, warum das funktioniert und was dadurch möglich ist.

Für Visionäre bedeutet das natürlich, dass sie viel Überzeugungsarbeit leisten müssen. Und das ist ein harter Job, denn Menschen sind nicht leicht zu überzeugen. Schon Machiavelli berichtete »von der Ungläubigkeit der Menschen, die an eine neue Sache nicht eher glauben, als bis sie sie mit den Händen greifen können«. Doch im Grunde ist dieser Zweifel nichts Negatives. Er zwingt die Pläneschmieder zu überdenken, ob ihre Idee wirklich gut ist und warum sie sie verfolgen. Er bringt einen Dialog hervor und hoffentlich gute Antworten auf wichtige Fragen, etwa die nach dem Sinn und den Auswirkungen einer Erfindung. Nur weil eine Idee innovativ ist, muss sie noch lange nicht gut sein. Menschen haben auch schon viel Zeit und Geld in die Perfektion von leuchtenden Autoreifen oder Surfboards mit Außenborder gesteckt.

Für Visionäre bedeutet es, dass sie gute Argumente sammeln müssen, warum das, was sie tun, nicht nur ein Egotrip ist. Und wenn sie die haben, müssen sie dafür sorgen, dass diese Argumente dort gehört werden, wo es wichtig ist. Sie müssen zu Lobbyisten in eigener Sache werden.

Es ist eine Arbeit, die lohnt. Dass etwa die »Weiße Biotechnologie«, auf die sich Brain spezialisiert hat, ein zukunftsträchtiges Konzept ist, wird mittlerweile weitgehend anerkannt. Sie zählt heute unbestritten zu den Zukunftsbranchen, wenn in Deutschland über Innovationen sowie Nachhaltigkeit diskutiert wird und natürlich auch Fördergelder fließen. Biotechnologie ist eine der Schlüsseltechnologien, die die Bundesregierung in ihrer Hightech-Strategie definiert hat. Sie ist offiziell als Arbeitsplatz- und Umsatzbringer der Zukunft akzeptiert. Brain hat es sogar als vorbildliches Fallbeispiel in den Bericht »Forschung und Innovation für Deutschland« des Forschungsministeriums gebracht.

Der Weg dahin war allerdings lang und steinig. Brain-Chef Holger Zinke erwies sich nicht nur beim Aufbau seines Unternehmens als unermüdlich, sondern auch beim Organisieren von Unterstützung. Um das öffentliche Bewusstsein für die Bedeutung und die Chancen der Entwicklungen aus Zwingenberg zu schärfen, half er bei der Gründung von mehreren Branchenverbänden mit, darunter die Vereinigung deutscher Biotechnologie-Unternehmen und der BioDeutschland e.V. Im Jahr 2006 war er Mitglied des Gründungsteams des Industrieverbunds für Mikrobielle Genomforschung. Im Vorstand der in Industrieverbund Weiße Biotechnologie umgetauften Organisation ist er bis heute tätig. Außerdem sitzt er im Vorstand der hessischen Landesgruppe des Verbands der chemischen Industrie und der Deutschen Industrievereinigung Biotechnologie sowie in Beiräten von Ministerien, Stiftungen, Gutachtergremien und in den Hochschulräten der Hochschule Mannheim und der Technischen Universität Darmstadt. Wenn dann noch Zeit bleibt, putzt er Klinken in Berlin. Nach und nach besucht er die Politiker, die für seine Branche eine Bedeutung haben, und klärt sie über die Chancen auf, die dieser Technologiebereich bietet. »Ein Bewusstsein zu schaffen, was hier eigentlich gerade entsteht, nämlich ein völlig neuer Industriezweig, erfordert viel Zeit und auch viel Kraft«, sagt Zinke. »Aber die muss ich mir eben irgendwie nehmen. Wie sonst könnte sich etwas verändern?«

Wenn Visionäre beginnen, Politiker und potenzielle Kunden zu überzeugen, müssen sie sich darauf einstellen, dicke Bretter zu bohren. Denn auch hier überwiegt die Zahl der Menschen, die eine Neuerung nicht verstehen, sei es, weil ihnen das fachliche Verständnis fehlt, weil sie Neuem grundsätzlich skeptisch gegenüberstehen oder weil sie keine Lust haben, sich über komplizierte Dinge Gedanken zu machen.

Der Wasserreinigungspionier Peter Holme Jensen hat sich für dieses Problem eine Lösung ausgedacht, auf die heute noch nicht viele Visionäre setzen, die aber Schule machen könnte. Er vertraut der Aussagekraft der bewegten Bilder. Jensen lässt Videos produzieren, die erklären, wie Aquaporine funktionieren und warum ihre Funktionsweise die Wasserreinigung revolutioniert. Auf die Idee kam er, weil er sich daran erinnerte, dass auch er und sein Partner Morten Østergaard das Potenzial der Zellmembranforschung erst erkannten, als sie die Videos sahen, die im Zuge der Nobelpreisverleihung an Peter Agre 2003 ins Netz gestellt worden waren. Seine Filme helfen der Öffentlichkeit zu verstehen, worum es in seiner Forschung geht.

Mit Worten und PowerPoint-Folien ist kaum zu erklären, wie einfach und zugleich genial die Aquaporin-Membranen das sauberste Wasser der Welt produzieren. Wenn man das Ganze in einem Animationsfilm sieht, versteht man Jensens Idee dagegen schnell. Computersimulationen offenbaren einen faszinierenden Tanz der Wassermoleküle, den genau in der Innenseite des Zellkanals positionierte Proteinbausteine steuern. Kurz im Film zu erzählen, was schwer in Worte zu fassen ist, ist eine gute Idee, wenn man skeptische Nichttechniker wie Politiker, Investoren und Kunden von einer Vision begeistern will.

Natürlich sind nicht alle Ideen dazu geeignet, in zweiminütigen Clips im YouTube-Format präsentiert zu werden. Sinnvoll ist aber Jensens Ansatz, sich Gedanken zu machen, wie er seine Vision erklären kann, statt zu erwarten, dass sich der Rest der Welt auf ihn zubewegt. Professor Renn empfiehlt Visionären, »die Kommunikation auf jene Zielgruppe auszurichten, mit der eine Verständigung stattfinden soll«. Leicht fällt das vielen Technikgenies nicht. Sie geben gerne Antworten auf Fragen, die keiner gestellt hat, und lassen dafür kritische Fragen oft unbeantwortet. Das hat man am Zentrum für Kultur- und Technikforschung durch die Analyse vieler öffentlicher Anhörungen herausgefunden. Dort ist regelmäßig zu sehen, »wie sich die Experten auf dem Podium unter dem Geschrei und Gezeter der Zuhörerschaft abmühen, die kompliziertesten technischen Dinge darzulegen, die für die Zuhörer völlig irrelevant sind«, erklärt Renn. »Frustrationen sind dann vorprogrammiert. Der Experte fühlt sich zum Prügelknaben degradiert. Die Zuhörer fühlen sich unverstanden und nicht ernst genommen.« Wer sich nur auf die fachliche Ebene zurückzieht, vergisst, dass nachfragende Politiker, Bürger oder Kunden keinen Diskurs über technische Details wünschen, sondern in der Regel wissen wollen, welche Auswirkungen eine Technologie haben wird, wie sie Lebensstil und Zukunft verändern wird.

Gute Antworten auf solche Fragen zu haben ist für jeden Gründer sinnvoll. Erst wer seine Idee so formulieren kann, dass auch eine breitere Öffentlichkeit erkennt, was das soll, für wen es interessant ist, hat seine Hausaufgaben gemacht. Wer mit einer atemberaubenden Vision auch biedere Technologieskeptiker überzeugen kann, hat schon fast gewonnen. Er hat Rückenwind, weil viele gerne helfen, wenn sie davon überzeugt sind, dass ein Plan gut ist.

KAPITEL 21

Was systematisch falsch läuft – und wie wir das ändern können

Es war ein »bedeutender Meilenstein«, der im September 2009 im Mercedes-Benz-Werk in Tuscaloosa, Alabama, gefeiert wurde: Eine Million Geländewagen der M-Klasse sind in dieser Produktionsstätte vom Band gelaufen. Das Jubiläumsfahrzeug sei, so teilte das Unternehmen mit, »ein besonders verbrauchsgünstiger ML 350 BlueTEC Diesel, der an einen Händlerbetrieb an der amerikanischen Westküste geliefert wurde«. Besonders verbrauchsgünstig ist der millionste Geländewagen aus Alabama natürlich nur im Vergleich mit einem Hummer-Jeep oder einem Leopard-Panzer. Vor allem stößt der wuchtige Geländewagen trotz der eingebauten Hightech-Filter im Motor je nach Modell zwischen 230 und 240 Gramm Kohlendioxid pro gefahrenem Kilometer aus. Zur Erinnerung: Bereits 1996 hat sich die Autoindustrie dazu verpflichtet, bis zum Jahr 2008 den durchschnittlichen Ausstoß eines Pkw auf 140 Gramm CO_2 zu senken. Auch das ist ein Wert, den Umweltschützer für viel zu hoch halten, wenn es gelingen soll, die klimaschädlichen Emissionen aus dem weltweiten Autoverkehr zu reduzieren. Und damit noch nicht genug: Die allermeisten M-Klasse-Fahrzeuge aus Alabama fuhren ohne die modernen Dieselfilter vom Band.

Daimler gehört zu den Unternehmen, die der Öffentlichkeit noch auf der Internationalen Automobilausstellung 2009 in Frankfurt am Main das Grüne vom Himmel versprochen haben. Saubere Verbrennungsmotoren, Hybridfahrzeuge, die Verbrennungs- und Elektroantriebe kombinieren, Wasserstoffwagen oder rein elektrisch betriebene Fahrzeuge sollen bald Fahrgenuss ohne Reue ermöglichen. Substanz steckt hinter den Ankündigungen in der Regel nicht, aber gekonnt vermischen die Presseabteilungen der Konzerne Aussagen über Fahrzeugsicherheit, Filtertechnik, Elektronikspielereien und Klimaschutz, um das Bild einer Öko-Industrie vorzutäuschen.

Leere Versprechungen mit Blick auf die Umwelt haben in der Branche Tradition. Theoretische Konzepte, Prototypen und Entwürfe etwa für Elektro- oder Wasserstoffmobile gibt es bereits seit den 1970er Jahren. In der Praxis machten die Konzerne wenig Anstalten, sich vom Geschäftsmodell schwerer, umweltbelastender Fahrzeuge zu verabschieden.

Das Interesse an wirklich zukunftsweisenden Fahrzeugen und neuartigen Antriebssystemen erlahmt bei den Autobauern regelmäßig, sobald Kameras und Messebühnen abgebaut sind. Das geringe Tempo bei der Entwicklung alternativer Antriebe wird oft mit einem Mangel an öffentlicher Förderung begründet. Dabei ist es die Aufgabe von florierenden Industrieunternehmen, selbst in Forschung und Innovation zu investieren und aus eigener Kraft zukunftsfähige Produkte zu entwickeln. Und dass das Geld dafür gefehlt habe, kann nicht nur Daimler mit Blick auf die milliardenschweren Aktienrückkäufe in den letzten Jahren kaum als Ausrede für die eigene Untätigkeit vorbringen. Neue Autos werden von den Firmen unermüdlich entwickelt, trotz der Gewinneinbrüche, trotz Wirtschaftskrise. Aber es geht dabei einmal mehr darum, wuchtige, mit Elektronik vollgestopfte Spritfresser wie den Mercedes AMG SLS, den Audi R8 Spyder oder den Porsche 911 Turbo zu bauen.

Dass die Autoindustrie, die jahrzehntelang Milliarden verdient hat, nun nach Fördergeldern ruft, sollte also eigentlich mit einem herzhaften Lachen quittiert werden. Gar nicht zum Lachen ist, dass sie damit Erfolg hat. Beim Projekt SEIS etwa, das mit einem Budget von 18 Millionen Euro ausgestattet ist, tun Unternehmen wie Audi, BMW, Continental, Daimler, Infineon oder Volkswagen das, was sie auch ohne Steuergeld tun müssten: Sie entwickeln Lösungen für die Vernetzung einzelner Elektronikkomponenten im Automobil. Auch das 19,1 Millionen Euro teure Projekt Superlight Car, das die Europäische Union finanziert und bei dem VW die Federführung übernommen hat, leistet auf Kosten der Allgemeinheit Entwicklungsarbeit, die auf die Konzerne ohnehin zugekommen wäre. Hier soll das Gewicht einer Mittelklassekarosserie um rund ein Drittel gesenkt werden, indem man statt mehrerer kleinerer Stahlteile hochintegrierte Gussteile aus Aluminium oder Magnesium verwendet.

Grundsätzlich ist es sinnvoll, wenn die öffentliche Hand einen Teil des Geldes, das sie ausgibt, investiert, um innovative Unternehmen zu fördern. Oft ist das ein Investment in gut bezahlte Arbeitsplätze der Zukunft. Gerade ein rohstoffarmes Land wie Deutschland schafft seinen Wohlstand in erster Linie dadurch, dass hier neuartige, einfallsreiche Produkte entwickelt werden. Vieles, was morgen begehrt ist, rechnet sich aber heute noch nicht. Gerade junge und kleine Unternehmen – und viele Firmen, die an Wegweisendem arbeiten, sind oft beides – verfügen in der Regel nicht über genug Eigenkapital und über Einnahmen, die früh im Lebenszyklus der Firma zu fließen beginnen, um die Kosten zu decken.

Auch wer ein Café eröffnet, ist mutig. Auch er muss erst einmal Geld in die Hand nehmen, für die Renovierung und für den Kauf einer Kaffeemaschine. Er nimmt aber ab dem Tag, an dem er aufmacht, mit jedem Latte macchiato Geld ein. Bei den meisten innovativen und komplexen Produkten müssen die Unternehmer nicht nur in Räume und Arbeitsmittel – also in Computer, Maschinen oder Laborausrüstung – investieren. Ein Biotechnologie-Unternehmen, ein Softwareanbieter, ja sogar ein einfallsloser Autobauer muss dann erst einmal ein Produkt entwickeln, das er verkaufen kann. Und das dauert lange und kostet eine Menge.

Für technologieorientierte Gründungen ist die Finanzierung besonders schwierig. Von den Banken haben sie angesichts der häufig geringen Eigenkapitalsumme, der unklaren Umsatzaussichten und vor allem der fehlenden Sicherheiten in der Regel viel weniger Hilfe zu erwarten als jeder Häuslebauer. Das gilt nicht nur, wenn sie Geld für den Firmenstart brauchen, sondern auch, wenn sie versuchen, kleinere Beträge einzuwerben, um Entwicklungen zu perfektionieren. »Die Innovationsfinanzierung widerspricht geradezu dem klassischen Kreditgeschäft, das Sicherheiten voraussetzt, sich an der Bonität des gesamten Unternehmens orientiert und nicht an den zukünftigen Ertragspotenzialen, die aus einem Innovationsprojekt resultieren«, erklärt die Technologie- und Förderexpertin Marianne Kulicke vom Fraunhofer-Institut für System- und Innovationsforschung (ISI).

Bei uns schließen nicht wie in einigen anderen Ländern private Investoren diese Lücke. Die Zahl der aktiven Business Angels in Deutschland wird auf 2700 bis 3400 Personen geschätzt. In den Vereinigten Staaten sind es fast 260 000. Dort gibt es 850 Vermögende pro eine Million Einwohner, die bereit sind, junge Firmen mit Know-how und Kapital zu unterstützen. In Deutschland kommen, je nach Schätzung, zwischen 33 und 41 Business Angels auf eine Million Einwohner. Auch die Summen, die sie investieren, sind im internationalen Vergleich geringer. Werden in Deutschland pro Unternehmen durchschnittlich zwischen 100 000 und 200 000 Euro zur

Verfügung gestellt, liegt dieser Betrag in den USA bei 332 000 Euro. In der Bundesrepublik mit ihren 80 Millionen Einwohnern werden jährlich etwa 500 Millionen Euro Risikokapital vergeben. Allein im Silicon Valley, das nur drei Millionen Einwohner hat und ungefähr über die Wirtschaftsleistung Dänemarks verfügt, legen Venture-Capital-Firmen jedes Jahr etwa neun Milliarden Euro an.

Schon vor der Krise engagierten sich sowohl Venture-Capital-Gesellschaften als auch Business Angels zu wenig, um innovative Visionäre in Deutschland mit genügend Kapital auszustatten. Die Bankenpleiten und der Wirtschaftseinbruch haben dazu geführt, dass sie erst einmal die Tasche noch fester zuhalten. Deutsche Biotech-Pioniere etwa erhielten 2008 nur noch 198 Millionen Euro von Risikokapitalgebern oder Private-Equity-Investoren, im Jahr zuvor waren es noch 319 Millionen Euro gewesen. Die Risikokapitalfinanzierung sank damit auf den niedrigsten Stand seit 1999. Und das war noch nicht die Talsohle: 2009 ist die Eigenkapitalfinanzierung erneut um 51 Prozent eingebrochen. Mit einer Gesamtfinanzierungssumme von nur noch 123 Millionen Euro »sind wir auf dem Niveau des Jahres 1997 angekommen, als sich die Branche in Deutschland noch in den Kinderschuhen befand«, sagt Siegfried Bialojan, Leiter des Industriesektors Life Science bei der Wirtschaftsprüfungsgesellschaft Ernst & Young.

Und Risikokapital wird nicht notwendigerweise in technologisch anspruchsvolle Firmen gesteckt. Der freie Markt belohnt nicht den einfallsreichsten Visionär, sondern den Unternehmensgründer, der schnell Profit verspricht. Für einen Risikokapitalgeber ist ein Investment in einen sinnfreien Klingelton-Anbieter wie Jamba! sehr viel attraktiver, als Geld in Indivumed zu stecken. Indem man quäkende Handysounds an junge Leute verkauft, kommt man schneller an Geld als durch die Entwicklung einer Infrastruktur für die Analyse von Tumordaten.

Es können aber nicht alle genialen neuen Firmen allein durch Darlehen von Familien oder Freunden finanziert werden. Das Geld der öffentlichen Hand ist deshalb gerade in Krisenzeiten für Visionäre besonders wichtig. An dieses Geld zu kommen gestaltet sich allerdings nicht so einfach. Auch wenn überall in der Republik Gründerzentren und Existenzgründungsinitiativen der Kommunen und Bundesländer ihre Dienste anbieten, stoßen Macher, die wirklich Neues vorhaben, oft auf Unverständnis. Die Hightech-Verstärker und Lautsprecher, die der ehemalige Rockmusiker Dieter Burmester mit seiner Firma in Berlin baut, gehören zu den besten der Welt. Kunden wie der König von Thailand kaufen die Komponenten, die oft mehrere zehntausend Euro kosten. Als Burmester bei der Industrie- und Handelskammer um Zuschüsse nachsuchte, um eine seiner Erfindungen, den riemengetriebenen CD-Spieler, bauen zu können, erntete er Kopfschütteln. »Ich sagte, dass ein CD-Player mit Riemenantrieb zwischen 4000 und 6000 Mark kosten würde. Und einer der Herren da sagte, er habe gerade einen CD-Spieler für 300 Mark für seine Tochter gekauft, der ginge auch prima. Da bin ich gegangen«, ärgert sich Burmester noch heute. Selbstredend wurde der dann eigenfinanzierte Riemen-CD-Player ein Verkaufsschlager.

Zugleich sind, allen Bekenntnissen zum Bürokratieabbau und zur Förderung von innovativen Kleinunternehmen zum Trotz, die formellen Hürden riesig, wenn Tüftler um staatliche Unterstützung nachsuchen. »Wir haben die unter Erfindern begehrteste Auszeichnung gewonnen, und das als erste Erfindung aus Deutschland überhaupt«, berichtet der Butterspender-Erfinder Werner Dutz. »Der Landrat, ein Minister, der Geschäftsführer der Niedersächsischen Beteiligungsgesellschaft und der Niedersächsischen Bürgschaftsbank, der amtierende Ministerpräsident persönlich stehen hinter unserem Projekt. Da sollten doch alle Ampeln Grün zeigen, oder?« Das tun sie aber nicht, berichtet Dutz desillusioniert. »Das alles reicht nicht aus, um in Deutschland mit halbwegs vertretbarem bürokratischem Aufwand gefördert zu werden.« Um den Butterspender zu entwickeln, hat er nicht nur einen Großteil seiner Einkünfte als Unternehmensberater eingesetzt, sondern auch buchstäblich Haus und Hof verpfändet.

Während sie den letzten Cent privat zusammenkratzen, müssen viele Visionäre mit ansehen, wie das mittlerweile reichlich vorhandene Fördergeld den Falschen nachgeworfen wird, zum Beispiel den Giganten aus der Autoindustrie. Die Summen, die in Programmen wie dem tatsächlich auf kleine Firmen zugeschnittenen Zentralen Innovationsprogramm Mittelstand vergeben werden, sind nur ein Bruchteil dessen, was in Deutschland in die Forschungs- und Technologieförderung fließt. Das Gros geht nicht an die Kleinen, sondern an die Großen.

Besonders reichlich wird das Fördergeld fließen, damit die Konzerne nun endlich Elektroautos entwickeln. Bis zum Jahr 2020 sollen, so will es der »Nationale Entwicklungsplan Elektromobilität« der Bundesregierung, eine Million Elektrofahrzeuge auf den Straßen fahren. Das klingt wie ein gewaltiges Ziel, bedeutet aber lediglich, dass eines von 45 Fahrzeugen mit einem Elektroantrieb ausgestattet wird. Fahrzeuge mit Hybridantrieb, die es heute bereits gibt, werden dabei übrigens mitgezählt.

Es ist ein Förderziel ganz nach dem Geschmack der alten Autoindustrie. Für die Förderung anwendungsorientierter Forschung im Bereich Elektromobilität stehen im Rahmen des Konjunkturpakets II in den Jahren 2009, 2010 und 2011 insgesamt 500 Millionen Euro bereit. Die »Nationale Plattform Elektromobilität«, in der Unternehmen und Forschungseinrichtungen unter der Regie der Bundesregierung Vorschläge entwickeln, wie Deutschland zum Technologieführer im Bereich der Elektroautos werden kann, erhält weitere zwei Milliarden Euro, die aus unterschiedlichen Forschungstöpfen umgeschichtet werden. Sie sollen, ausgezahlt als Forschungsgelder, dafür sorgen, dass in Deutschland konkurrenzfähige Batteriezellen und Elektromotoren entwickelt werden.

Eigentlich wäre es die Aufgabe der deutschen Automobil- und Energiekonzerne gewesen, schon vor Jahren in diese zukunftsweisenden Technologiefelder zu investieren. Stattdessen haben die alten Riesen jahrelang mit dem ständigen Verfeinern ihrer alten Erfolgsrezepte gut verdient und voller Selbstzufriedenheit ganz bewusst Zukunftsthemen wie das Ende des fossilen Zeitalters oder die Zerstörung der Umwelt ignoriert. Nun soll das Geld vom Steuerzahler ihnen helfen, nicht den Anschluss zu verpassen.

Denn anderswo warteten ideenreiche Autobauer und Technologieanbieter nicht tatenlos ab. Visionäre wie der ehemalige SAP-Topmanager Shai Agassi und seine Firma Better Place haben nicht nur Elektroauto-Batterien, sondern auch Lade- und Austauschstationen für sie entwickelt. Ausgestellt wird die Technologie an einem symbolträchtigen Ort: Das Besucherzentrum von Better Place in Tel Aviv ist in einem alten Öltank untergebracht. In Israel und in Dänemark fahren Autos ab 2011 mit den Batterien von Better Place, mit Renault in Frankreich hat Agassi einen langfristigen Vertrag geschlossen, um massenhaft Batterien für Elektroautos zu liefern. Bei Volkswagen in Wolfsburg, BMW in München und bei Daimler in Stuttgart ist er mit seiner Idee dagegen abgeblitzt.

Nun drohen Hersteller in Ländern wie Frankreich und den Vereinigten Staaten, aber auch in China und Japan, die Vorreiterrolle im Bereich der Elektrofahrzeuge und -batterien zu übernehmen – auch weil die jeweiligen Regierungen den Aufbau der jungen Industrie subventionieren. Mitsubishi verkauft in Japan bereits seit Juli 2009 ein Elektro-Stadtmobil, den Tesla-Roadster aus Kalifornien fährt nicht nur Google-Gründer Sergej

Brin. Auch in München wird er bereits in einem Geschäft angeboten. Peugeot will mit dem iOn im Oktober 2010 Europas erstes Elektroauto auf den Markt bringen.

Die heute führenden E-Auto-Hersteller können nicht nur auf ihren eigenen Weitblick stolz sein, der sie dazu brachte, rechtzeitig in dieses Feld zu investieren. Sie blicken auch auf mehr als zehn Jahre nationaler Förderpolitik zurück. Da ist es nur folgerichtig, dass auch die Bundesregierung nun endlich in die Elektromobilität investiert. Dass aber kleine Unternehmen und visionäre Macher in großem Ausmaß von der Innovationsförderung profitieren, ist unwahrscheinlich.

Die Forschungs- und Entwicklungsförderung in Deutschland ist üblicherweise als Projektförderung organisiert. Doch der Antragsaufwand überfordert noch immer viele Unternehmen. Häufig ist zudem nicht klar, welches unter den vielen Förderprogrammen das richtige für das jeweilige Unternehmen ist. Da auf der Ebene des Bundes, der Bundesländer und der EU zahlreiche sehr heterogene Fördermöglichkeiten existieren, hat sich eine kaum überschaubare Vielfalt der Fördertöpfe entwickelt. Die kleinen Ideenunternehmen kennen sich im Förderdschungel meist weniger gut als als die großen Konzerne.

Die Großen sind zudem sehr viel besser mit Politik und Behörden vernetzt und können viele Mitarbeiter abstellen, die die Zeit und das Knowhow haben, um die Töpfe anzuzapfen. »In den Gremien und Dialogrunden, die über den Einsatz der Mittel aus den Programmen beraten und entscheiden, sollten daher unbedingt auch Vertreter der Wagniskapitalindustrie und der Industrieverbände eingebunden sein, die die Interessen junger Unternehmen wahrnehmen«, warnt die Expertenkommission Forschung und Innovation (EFI) – bislang vergebens.

Geld, das der Entwicklung von Neuerungen zugutekommen soll, ist sinnvoll eingesetzt, wenn vor allem Kleine davon profitieren. Dann kommt es dort an, wo neue Ideen eine wirkliche Chance bekommen. Doch der Vergabewahnsinn ist nicht nur im Auto-Bereich zu beobachten. Auch wenn Geld zum Bau von technischen Infrastrukturen wie Leitungssystemen investiert wird, werden die Großen auf Kosten der kleinen, beweglichen Zukunftsmacher durchgefüttert. Bei Siemens etwa reibt man sich wegen des Geldes, das aus den Konjunkturprogrammen rund um die Welt zu erwarten ist, schon die Hände. Zur Bewältigung der weltweiten Wirtschaftskrise wurden rund um die Welt Konjunkturprogramme im Volumen von rund zwei Billionen Euro aufgelegt, mit denen die Regierungen die Folgen der Finanz- und Wirtschaftskrise abfedern wollen. Siemens wird davon einiges einstecken. Für die drei Geschäftsjahre 2010 bis 2012 rechnet das Unternehmen weltweit mit Aufträgen im Volumen von rund 15 Milliarden Euro.

Wird Siemens dieses Geld als Anschub nutzen, um sich neu und zukunftsfähig aufzustellen? Vermutlich nicht. Sechs Milliarden Euro Auftragsgelder werden, so schätzt man bei Siemens, auf grüne Projekte und umweltfreundliche Technik entfallen. Um genau diese Summe plant Siemens den Anteil von Umwelttechnologien am Siemens-Umsatz zu steigern. 2008 verbuchte Siemens mit Umwelttechnik 19 Milliarden Euro Umsatz. Bis 2011 möchte das Unternehmen mit ihr 25 Milliarden Euro jährlich erlösen. Die Eigenleistung für eine Transformation zum Hersteller von Umwelttechnik, die Siemens ohnehin unternehmen muss, wenn man in Zukunft wettbewerbsfähig sein will, beträgt damit null Cent.

Nur zur Erinnerung: Sogar im Krisenjahr 2008 verbuchte der Konzern fast sechs Milliarden Euro Gewinn. Von dieser Förderpolitik profitieren die Siemens-Aktionäre, die Technologiewelt jedoch nicht – und langfristig auch Siemens nicht. Hier wird die Strategie, als behäbiger Gigant notwendige Schritte nicht zu unternehmen, von der Politik auch noch belohnt.

Auch bei den Energieversorgern, die jedes Jahr Milliardengewinne verbuchen, gibt es viele Versuche, Investments in Windparks oder Gezeitenkraftwerke auf die Allgemeinheit abzuwälzen. »Bis die neuen Umweltbranchen endgültig den ihrer Wachstumsdynamik entsprechenden Einfluss auf die Politik und die Verbände der Wirtschaft gewonnen haben, soll noch ein letztes Mal kräftig zugelangt werden.« Davon ist der ehemalige *Spiegel*-Journalist und heutige Leiter des Bereichs Politik und Presse bei der Deutschen Umwelthilfe, Gero Rosenkranz, überzeugt. »Der Versuch der traditionellen Energiewirtschaft und anderer Branchen wie der Automobilindustrie, unter der Fahne des Klimaschutzes auf alten Gleisen in die Zukunft zu reisen, trägt Züge eines Nachhutgefechts – nur leider hat diese Strategie das Zeug, den klimapolitischen Fortschritt weitere ein bis zwei Menschen- und Technologiegenerationen aufzuhalten.«

Die Richtigen müssen entscheiden

Die Unternehmen, die von diesem Geld profitieren, sind zum Teil Weltmarktführer. Sie brauchen keine öffentlichen Subventionen ihrer Forschungs- und Entwicklungsbudgets. Weil sie diese aber bekommen, fehlt das Geld dort, wo die Umsetzung guter Ideen systematisch am Geld scheitert: bei Neugründungen sowie in kleinen und mittleren Unternehmen. Fast 70 Prozent der Beschäftigten in Deutschland sind in diesem Bereich der Wirtschaft tätig. Mehr als 40 Prozent von ihnen stuft die EFI als innovativ ein. Die Kleinen aber haben in der Regel keine komfortable Eigenkapitaldecke. Umso wichtiger wäre es, sie bei wesentlichen Entwicklungen zu unterstützen.

Doch genau das Gegenteil passiert. Der staatliche Anteil an der Finanzierung der Forschung- und Entwicklung bei kleinen und mittelgroßen Unternehmen ist der EFI zufolge in den letzten Jahrzehnten fast kontinuierlich gesunken, von sechs Milliarden Euro im Jahr 1985 auf 1,5 Milliarden Euro im Jahr 2005. Die, die genug haben, bekommen immer mehr, die anderen schauen zunehmend in die Röhre. Innovationsschübe und revolutionäre Entwicklungen fördert man auf diese Weise nicht.

Ein Grund für diese Fehlentwicklung ist die Tatsache, dass vor allem Großkonzerne und große Forschungseinrichtungen, die intensiv in Projekten zusammenarbeiten, um Rat gefragt werden, wenn die Politik entscheidet, was mit Blick auf die Zukunft geschehen und wer gefördert werden muss.

Rund zehn Milliarden Euro standen dem Bundesministerium für Forschung und Bildung 2009 im Haushalt zur Verfügung. Durch das Konjunkturprogramm, das die Bundesregierung aufgelegt hat, um die Folgen der Finanz- und Wirtschaftskrise abzufedern, kommen pro Jahr weitere 300 Millionen Euro hinzu. Doch wo fließt das Geld hin, das das Ministerium zu verteilen hat?

Wer etwa koordiniert die Zusammenarbeit der Nationalen Plattform Elektromobilität? Es sind Köpfe der alten Industriegiganten wie Deutschlands oberster Lobbyist für die Autoriesen, Matthias Wissmann. Der ehemalige Bundesverkehrsminister ist heute Chef des Verbandes der Automobilindustrie (VDA), in dem Daimler, BMW und VW das Sagen haben. Eine Personalie wie diese ist nicht gerade ein Garant dafür, dass Forschungsgelder bei den kleinen, mittelständischen Unternehmen ankommen – und schon gar nicht bei innovativen Vertretern der Wild Economy wie Stefan Gulas. Die setzen radikal auf neue, umweltfreundliche Mobilitätskonzepte. Wissmann steht dagegen für Unternehmen, die bislang den Beweis schuldig geblieben sind, dass sie wirklich Interesse daran haben, das fossile Zeitalter hinter sich zu lassen. Für die großen Hersteller sind Elektromobile keine Alternative zur Karosse mit Verbrennungsmotor, aber als Zweitwagen für den Stadtverkehr könnten sie ein hübsches Zusatzgeschäft bedeuten.

Die meisten Förderschwerpunkte werden derzeit aus der sogenannten »Hightech-Strategie für Deutschland« abgeleitet. Durch sie soll Deutschland zu einer der forschungs- und innovationsfreudigsten Nationen der Welt werden. Das Forschungsministerium hat in den letzten Jahren mit ihr erstmals über alle Ressorts hinweg eine nationale Strategie entwickelt, um Deutschland wieder an die Spitze der wichtigsten Zukunftsmärkte zu führen. Das Strategiepapier definiert 17 Zukunftsfelder, in denen neue Arbeitsplätze zu erwarten sind und Wohlstand geschaffen werden kann. Hierzu zählen etwa die Gesundheits- und die Energieforschung, Nano- und Biotechnologie. Die Hightech-Initiative soll nicht nur Geld bereitstellen, sondern auch Maßnahmen wie den Bürokratieabbau oder die Entwicklung von Verfahren zum Schutz geistigen Eigentums in die Wege leiten.

So weit, so gut. Doch wofür das Geld ausgegeben wird und wie die Rahmenbedingungen für Innovationen verbessert werden können, dazu wird die Bundesregierung von einer »Forschungsunion Wirtschaft-Wissenschaft« beraten. Dieses Gremium aus führenden Wissenschaftlern und Unternehmern hat die Hightech-Strategie seit dem Start vor drei Jahren mitgestaltet. Nun begleitet sie ihre Umsetzung und Weiterentwicklung und schlägt Handlungsstrategien für zentrale Themenfelder wie Gesundheit, Energie, Sicherheit, Mobilität und Kommunikation vor. Vorsitzende der Forschungsunion sind der Präsident der Fraunhofer-Gesellschaft, Hans-Jörg Bullinger, und der Unternehmer Arend Oetker. Oetker ist nicht nur Herr des gleichnamigen Nahrungsmittelimperiums, sondern auch Vizepräsident des Bundesverbandes der Deutschen Industrie (BDI), Botschafter der von Arbeitgeberverbänden bezahlten »Initiative Neue Soziale Marktwirtschaft« und Aufsichtsrat des Saatgut- und Gentechnik-Unternehmens KWS.

Wie viel Einfluss die großen Konzerne auf die Empfehlungen der Forschungsunion haben, zeigen neben der Personalie Oetker zwei Beispiele: Bei der Hightech-Strategie-Tagung im Mai 2009 in Berlin diskutierten

400 Experten aus Wissenschaft, Wirtschaft und Politik über die Rahmenbedingungen für innovative Unternehmen und das Zukunftspotenzial unterschiedlicher Technologien. Siemens-Chef Peter Löscher hielt eine Eingangsrede – eine Personalwahl, die zeigt, wie sehr die politischen Gremien die traditionellen Technologieriesen gleichsetzen mit Innovationskraft und Fortschritt.

In den anschließenden Fachforen kamen dann zahlreiche Mitglieder der Forschungsunion zu Wort. Auch Stefan Marcinowski, Vorstandsmitglied von BASF und Mitglied der Forschungsunion, diskutierte in einer Forumsveranstaltung. Ein neutraler Bewerter neuer Technologien ist er allerdings nicht, wie spätestens bei seinen Diskussionsbeiträgen deutlich wurde. Er beschwor Gruselszenarien von Kriegen, die heraufziehen würden, wenn die Welt nicht zum Anbau genveränderter Pflanzen bereit sei. Die sogenannte grüne Biotechnologie, ein Bereich der Gentechnik, der die Anwendung gentechnischer Verfahren zur Züchtung von Pflanzen zum Inhalt hat, werde entscheiden, »ob wir im Jahre 2050 in Frieden leben. Weil die Welternährungsfrage meines Erachtens nur mit der Biotechnologie gelöst werden kann.«

Mit Aufklärung und neutralen Beratungen über sinnvolle Rahmenbedingungen für Innovationen und die Leitlinien einer effizienten Förderpolitik haben solche Aussagen nichts zu tun. Sie sind planmäßige Lobbyarbeit in eigener Sache. Im April 2009 hatte das Bundeslandwirtschaftsministerium den Anbau der Genmais-Sorte Mon810 des Gentechnik-Konzerns Monsanto verboten. So eine Entscheidung schadet indirekt auch BASF. Das Unternehmen stellt ebenfalls genetisch manipulierte Pflanzen her, etwa die Genkartoffel Amflora. Bis in die Dokumente der Forschungsunion finden sich Statements, die die Public-Relations-Abteilungen der großen Konzerne diktiert zu haben scheinen. So wird etwa in einem Bericht mit Empfehlungen der Forschungsunion an die Bundesregierung gefordert, »innovationsfeindliche Gesetze und Verordnungen zum Beispiel in der grünen Gentechnik abzuschaffen«.

Gute Rahmenbedingungen für Innovationen zu schaffen heißt aber nicht, großen Konzernen alle Wünsche nach der Abschaffung gesetzlicher Regelungen zu erfüllen. Neue Technologien versprechen mitunter nicht nur die Lösung für Probleme, sie schaffen auch neue. Bei gentechnisch veränderten Pflanzen etwa streiten Experten, wie hoch das Risiko ist, dass sie die natürliche Flora schädigen. Schon deshalb sind sie bislang kein geeignetes Gegenmittel gegen den Welthunger. Über das Für und Wider der grünen Gentechnik kann man trefflich streiten. Hier aber wird deutlich, wie die Forschungsunion von Gentechnik-Lobbyisten instrumentalisiert wird. Das Gremium soll die Interessen der gesamten innovativen Wirtschaft repräsentieren. Wenn es stattdessen zum Organ für Vorschläge aus den Vorstandsetagen wird, verkommt es zum Spielball der Konzerne.

Es ist unbestritten eine gute Idee, mit einem Instrument wie der Hightech-Strategie koordiniert und zentral über Ressort- und Behördengrenzen hinweg innovative Firmen zu fördern und die Rahmenbedingungen für ihre Arbeit zu verbessern. Aber die Initiative geht nicht weit genug. Um sicherzustellen, dass der Staat die richtigen Weichen stellt, um innovative Firmen zu unterstützen, ist es nötig, dass er noch entschiedener als bisher Akzente setzt und sich dabei nicht von den großen Konzernen sagen lässt, was er tun soll.

Wie unsere Gesellschaft nachhaltig steuern kann

Der Wirtschaftsforscher John Kao hat für die Vereinigten Staaten die Einrichtung eines nationalen Innovationsrates vorgeschlagen, der die Richtung für Erneuerungsoffensiven vorgibt. Die Forschungsunion, in der Wissenschaftler und Unternehmen zusammenarbeiten, könnte so ein Gremium sein, doch bislang ist sie zu einseitig besetzt. Kao plädiert dafür, in einen solchen Rat nicht nur Technologen, Unternehmenslenker und Wissenschaftler aufzunehmen, sondern auch Medienexperten, Persönlichkeiten des öffentlichen und kulturellen Lebens, Investoren und Vertreter von Non-Profit- und Nichtregierungsorganisationen. Dass in einem solchen Gremium einseitig nur Befürworter der Gentechnik vertreten sind, wäre dann ausgeschlossen.

So ein Innovationsrat könnte laut Kao – als Treuhänder für die gesamte Gesellschaft – Kriterien zum Messen des Fortschritts im Land definieren und als Gradmesser fungieren, der anzeigt, ob die Ziele erreicht werden, die die Gesellschaft sich gesetzt hat. Er könnte mit einem eigenen Budget sinnvolle Neuerungen finanzieren und andere Finanzierungsakteure vernetzen und koordinieren. So ein Gremium wäre die Gewähr dafür, dass die Innovationspolitik kontinuierlich weiterverfolgt und nicht mit jedem Regierungswechsel neuen Spielregeln unterworfen wird.

Nicht nur diesem Gremium, sondern allen Behörden und Unternehmen sollte laut Kao ein Büro für Innovationseinschätzung zur Seite stehen, das interessenneutral alle Seiten, vom Regierungschef bis zum Kleinunternehmer, mit den Informationen über innovative Entwicklungen versorgt, die sie brauchen. Ein Vorbild für eine solche Einrichtung ist für ihn die Tekes, die Agentur zur Förderung der Innovation in Finnland, die über 300 Mitarbeiter und ein Budget von 340 Millionen Euro im Jahr zur Verfügung hat.

Auch die EFI-Expertenkommission empfiehlt der Bundesregierung, gemeinsam mit Wissenschaftlern, Technikexperten und Vertretern aus der Wirtschaft eine Serie von Technikfeldanalysen anzustoßen. Dabei sollten auch »Akteure mit Erfahrungen im Bereich der Frühphasenfinanzierung«, also Wagniskapitalgeber und Technologieinvestoren, mit am Tisch sitzen und mitdefinieren, welche Technologiefelder wirklich neu und vielversprechend sind. Junge Unternehmen, die wirklich Neues wagen, könnten so leichter identifiziert und besser gefördert werden als heute, wo sie oft mit den großen Konzernen um die gleichen Töpfe ringen müssen und dabei meist den Kürzeren ziehen.

Der Beitrag, den die öffentliche Hand bei der Unterstützung visionärer Gründer leisten könnte, wäre beträchtlich, wenn sie diese Anregungen aufnehmen würde. Geniale Macher kommen oft mit verhältnismäßig kleinen Summen aus. Und dass diese wirklich zur Verfügung stehen, wäre so gut wie sicher, wenn man kritisch und neutral überdenkt, ob der Steuerzahler tatsächlich großen Unternehmen bei Entwicklungsschritten helfen muss, zu denen sie selbst in der Lage sind. Zudem würden Entscheidergremien, die neutraler und repräsentativer als bisher besetzt wären, höchstwahrscheinlich andere Gewichtungen in den Förderbudgets vornehmen.

In den Etats für die Energieforschung etwa sind für die erneuerbaren Energien nur Taschengelder vorgesehen, obwohl der Klimawandel eine der bedeutendsten Herausforderungen der Zukunft darstellt. Der Aufbau der Atomenergie dagegen wurde seit Ende der 1950er Jahre massiv mit Hilfe von Fördermitteln und Steuervergünstigungen unterstützt. »Wenn wir keine Kernkraftwerke mehr anzubieten haben, werden wir auch eines Tages keine Staubsauger mehr verkaufen können«, prophezeite schon 1959 der bundesdeutsche Atomminister Siegfried Balke. Den Steuerzahler kostete das klare Bekenntnis zur riskanten Nukleartechnologie ein Vermögen. Im August 2009 veröffentlichte die Umweltschutzorganisation Greenpeace eine Studie, nach der zwischen 1950 und 2008 reale Fördermittel in Höhe von 164,7 Milliarden Euro geflossen sind. Die Entwicklung der Atommeiler wurde »seit den späten sechziger Jahren nicht zuletzt durch das Bedürfnis der Energiewirtschaft nach steuergünstiger Reinvestition der Gewinne vorangetrieben, nicht durch einen akuten Energiebedarf«, erklärt der Technologiehistoriker Joachim Radkau.

Obwohl heute durch den Klimawandel die akute Notwendigkeit besteht, alternative Formen der Energieerzeugung so schnell wie möglich neu und weiterzuentwickeln, fehlt ein ähnlich klares politisches Bekenntnis zu zukunftsfähigen und nachhaltigen Technologien ohne Restrisiko- und Endlagerproblematik, das dann in eine mit Macht umgesetzte Innovationspolitik münden würde. Laut Statistischem Bundesamt sind die staatlichen Ausgaben für die Energieforschung heute kaum höher als Anfang der 1970er Jahre. Etwas mehr als 325 Millionen Euro flossen 2009 in die Grundlagenforschung im Energiebereich, 125 Millionen Euro in die Projektforschung. Der Löwenanteil wurde für Vorhaben aus dem Bereich der Kernenergie, der Fusionsforschung und neuerdings auch die unterirdische Speicherung von Kohlendioxid ausgegeben. Sonne, Wind und Bioenergie bekamen 2008 aus dem Topf der Klimaschutzinitiative des Bundesumweltministeriums ganze zehn Millionen Euro extra zugewiesen. Von den rund zwei Milliarden Euro, die bis 2011 für die Energieforschung zur Verfügung gestellt werden, ist die Hälfte für die Atomwirtschaft reserviert. Man kann davon ausgehen, dass die Verteilung eine andere wäre, wenn die Lobbyisten der Energieriesen nicht maßgeblich Einfluss auf diese Budgets hätten.

Doch nicht nur bei der Forschungsförderung, sondern auch bei anderen Budgetentscheidungen macht die öffentliche Hand nicht von ihrem Gestaltungsspielraum Gebrauch, um klar und eindeutig zukunftsfähige Technologien zu unterstützen. Der milliardenschweren Auto-Abwrackprämie und vielen anderen Programmen aus den Konjunkturpaketen fehlen klare ökologische Anreize, die erkennen lassen, dass man das Ende des fossilen Zeitalters als Fakt anerkennt. Selbst das arbeitgebernahe Institut der deutschen Wirtschaft (IW) in Köln stellte den Maßnahmen zur Ankurbelung der Wirtschaft ein schlechtes Öko-Zeugnis aus: »Insgesamt liegt der Anteil der beiden deutschen Konjunkturprogramme, der sich auf Klima- und Umweltschutzmaßnahmen bezieht, mit rund 13 Prozent im internationalen Vergleich eher im Mittelfeld«, heißt es in einer Analyse.

Was fehlt, ist die Koppelung aller staatlichen Zuschüsse und aller gesetzlichen Regelungen an umweltpolitische Vorgaben, damit es sich lohnt, als Gründer zukunftsfähige und nachhaltige Technologien zu entwickeln. Es funktioniert aber so: Das Geld, das für die eine Technologie zur Verfügung steht, fehlt bei der Entwicklung einer anderen. Mit ihrer fehlenden Schwerpunktsetzung verschenkt die Regierung Zeit und Entwicklungspotenzial. Will man Unternehmen dazu bringen, Teil einer ökologisch orientierten Wirtschaft zu werden, sind dem ehemaligen Chefökonomen der Weltbank, Nicholas Stern, zufolge »strenge politische Vorgaben« nötig, die den Markt steuern und die Anstrengungen der Unternehmen in die richtige Richtung lenken. Weil die Folgekosten von Umweltzerstörung und Klimawandel für die Verursacher nicht direkt spürbar sind, wird die unsichtbare Hand, die laut Adam Smith die Wirtschaft lenkt, nicht von selbst zum grünen Zeigefinger, der Firmen die Richtung weist. Die alten Industrieriesen können es sich noch eine Weile leisten, unbeirrt weiter in die Sackgasse zu trotten.

Wer allerdings die Entwicklung antizipiert und bereits jetzt Produkte anbietet, die umweltbelastende Technologien ablösen oder sich Klima und Umwelt gegenüber wenigstens neutral verhalten, ist gut aufgestellt für das neue »Pionierzeitalter«, das Nicholas Stern heraufziehen sieht. Er erwartet eine anbrechende Entwicklung von epochaler Dimension »wie zu der Zeit der Erfindung von Eisenbahn und Elektrizität«. Auch die Experten der EFI gehen davon aus, dass sich der klimaverträgliche Umbau der Wirtschaft lohnen wird. »Die Anstrengungen werden beträchtlich sein, bieten aber gleichzeitig umfangreiche Chancen für gut positionierte Hochtechnologie-Nationen«, schreiben sie.

Warum wäre ausgerechnet eine Fokussierung auf nachhaltige Technologien ein mächtiges Werkzeug, um kleinen, smarten Visionären zu helfen? Die Antwort ist, dass viele von denen, die überhaupt solche Technologien entwickeln, zu den Querdenkern gehören, die außerhalb der großen Konzerne an Technologie arbeiten. Neue Unternehmen sind die maßgeblichen Träger dieser Innovationsprozesse, denn die bis dato etablierten Großunternehmen können und wollen sich weniger rasch und flexibel an die radikal veränderten Rahmenbedingungen anpassen, die diktiert werden von der Weltwirtschaftskrise, dem Klimawandel und dem Ende des fossilen Zeitalters.

Viele Projekte von Visionären würden von einer an Nachhaltigkeitskriterien orientierten Innovationspolitik profitieren, etwa das intelligente

E-Rockit, die Entwicklung der effektiven Enzym-Reiniger oder das zukunftsweisende Wüstenstrom-Projekt. Sie machen aber nur einen kleinen Ausschnitt aus dem Reich der guten Ideen aus, an denen bereits kluge Köpfe in Eigenregie arbeiten. Andere Projekte, die noch in den Köpfen begeisterter Genies schlummern, würden eine Chance bekommen, wenn unterm Strich deutlich würde, dass es sich lohnt, als Gründer gute und mutige Ideen zu verfolgen. Durch die Ausrichtung der Förderung an Nachhaltigkeitskriterien würden die belohnt, die an den Antworten auf die Herausforderungen der Zukunft arbeiten.

Ideen gegen die Gründerangst

Ein weiteres Problem muss aber ebenso gesellschaftlich angegangen werden: Kluge Köpfe trauen sich in Deutschland viel zu wenig aus der Deckung, die Unternehmensgründung ist für viele immer noch gänzlich undenkbar. In Zukunft werden aber nicht fünf oder zehn gute Ideen gebraucht, sondern Tausende. Als reines Fertigungsland hat der teure Standort Deutschland keine Chance, er muss fortlaufend Lösungen, Produkte und Innovationen entwickeln, also Werte, die nicht zu kopieren und zu verlagern sind. Und zwar wie am Fließband. Deshalb ist es sinnvoll, sich nicht nur über die heutige Generation der Tüftler und Macher zu freuen, sondern jetzt schon nach der nächsten Ausschau zu halten und ihr den Weg zu ebnen.

Ideen, wie das besser funktionieren könnte als jetzt, gibt es bereits. Die beste kommt aus Frankreich. Dort wurde 2004 für junge Unternehmen der Status des Jeune Entreprise Innovante (JEI) eingeführt. Um ihn zu erhalten, dürfen Firmen nicht mehr als 250 Mitarbeiter beschäftigen, nicht älter als acht Jahre sein und müssen mindestens 15 Prozent ihrer Etats für die Forschung ausgeben. Die JEI müssen unabhängig sein, dürfen sich also nicht im Mehrheitsbesitz eines anderen Unternehmens befinden.

Diese jungen, innovativen Unternehmen bekommen einige Vorteile, die ihnen helfen, zu überleben und ihre Ideen zu entwickeln. Sie werden von den Sozialabgaben für wissenschaftliches Personal in der Forschung befreit, müssen drei Jahre lang keine Steuern auf ihre Gewinne zahlen und sind von der umsatzabhängigen jährlichen Steuerpauschale befreit, die Firmen in Frankreich entrichten müssen. Sieben Jahre lang entfällt die Grund- und Gewerbesteuer. Schon im ersten Jahr, als dieses Programm

2004 startete, erfüllten fast 1800 junge Unternehmen die Bedingungen für das JEI-Programm.

Auch in Belgien, den Niederlanden oder Spanien sind der EFI zufolge ähnliche Regelungen eingeführt worden. Norwegen, Schweden, Estland und Finnland planen, mit einem vergleichbaren Modell Gründer zu entlasten. Die Europäische Kommission hat den Status einer Young Innovative Company (YIC) im Jahr 2007 offiziell anerkannt. Das stellt sicher, dass eine solche Entlastung für junge Unternehmen nicht gegen EU-Recht verstößt. Ein YIC-Programm für Deutschland wäre der EFI zufolge ein vielversprechender Weg, um innovativen Gründern auf die Sprünge zu helfen.

Die Experten halten es außerdem für sinnvoll, innovative Kleinunternehmen bei der Vergabe öffentlicher Aufträge besonders zu berücksichtigen. Der Staat ist mit einem Einkaufsbedarf von rund 12 Prozent des Bruttoinlandsprodukts ein großer Auftraggeber. Bei Ausschreibung und Einkauf in der Verwaltung konsequent auf neue, ressourcenschonende Produkte und Technologien zu setzen wäre ein starker Hebel, um Firmen für ihre Entwicklungsarbeit zu belohnen, ohne Fördergelder zu vergeben.

Sinnvoll kann auch eine steuerliche Förderung von Forschungs- und Entwicklungsausgaben sein, wie sie im Koalitionsvertrag der CDU/CSU mit der FDP angesprochen wird. Bisher liegen aber keine konkreten Pläne zu ihrer Einführung vor. Eine solche Förderung sollte vornehmlich kleinen und mittelständischen Unternehmen zugutekommen, deren Kapitaldecke traditionell dünner ist als die der großen Konzerne. Damit besonders junge Firmen mit hohen Forschungsaufwendungen geholfen wird, können auch Entwicklungsbeihilfen sinnvoll sein. Schließlich machen viele kleine Innovatoren lange keine Gewinne, haben also nichts von Steuererleichterungen. »Wichtig ist, dass die Förderung für Unternehmen unbürokratisch zugänglich ist, damit die damit verbundenen Anreize ihre Wirkung tatsächlich entfalten«, mahnen die EFI-Experten.

Zur Finanzierung unternehmerischer Innovationsprojekte schlägt die Fraunhofer-Expertin Marianne Kulicke vor, das Modell der Mikrofinanzierungen aufzugreifen. Sie regt die Vergabe von Kleinkrediten für Innovationen im Rahmen von 50 000 bis 80 000 Euro durch den Staat an, die ohne großen bürokratischen Aufwand und eine dazwischengeschaltete Hausbank die Unternehmen erreichen sollen.

Um sicherzustellen, dass die Ideen, die jemand hat, auch dorthin gelangen, wo sie gebraucht werden, könnte eine offizielle Stelle, die Erfindungen bewertet, wertvolle Dienste leisten. Viele kleine und mittelgroße Unternehmen sind außerordentlich interessiert an Geistesblitzen von außerhalb, weil sie selbst nicht über Forschungs- und Entwicklungsabteilungen verfügen. In der Praxis kommt es aber selten zu einer Zusammenarbeit. Bisher müssen die Unternehmen wegen der Vielzahl der eingereichten Erfindungen und wegen der fehlenden Information zu ihrer Marktfähigkeit, ihrem Nutzen oder ihrer patentrechtlichen Einordnung teure Prüfungen durchführen. Ein allgemein anerkanntes Bewertungssystem für Erfindungen, das eine neutrale Institution anbietet, könnte Firmen helfen, sich auf einen Blick darüber zu informieren, ob die Arbeit eines radikalen Visionärs für sie interessant ist.

KAPITEL 22

Netzwerke: Die Zukunft gehört der Wild Economy

Durch den Klimawandel und das herannahende Ende des fossilen Zeitalters werden die Karten in der Wirtschaft neu gemischt. Die Verwerfungen, die die Finanz- und Wirtschaftskrise im ökonomischen Gefüge erzeugt hat, beschleunigen diese Entwicklung. Wer sich jetzt noch damit begnügt, eine schwere, spritverschwendende Limousine lediglich um einen Spoiler – oder einen Filter für einen etwas saubereren Dieselmotor – zu ergänzen, hat bald abgewirtschaftet.

Doch den alten Giganten fällt die Umstellung nicht nur schwer, weil sie sich auf technologische Paradigmen eingeschworen haben, die nun veraltet sind. Auch die Art und Weise, wie sie organisiert sind – mit riesigen Apparaten, aufwendigen Produktionsstraßen und Herstellungsverfahren, deren Aufbau Milliarden gekostet hat –, verhindert, dass sie das Alte loslassen und Neues probieren. Zu Recht weisen die großen Automobilfirmen darauf hin, dass sie heute, selbst wenn sie wollten, nicht sofort in die Massenproduktion von Elektromobilen einsteigen könnten. Die Anlagen, auf denen sie die Verkaufsschlager von gestern produzieren, sind oft noch nicht abgeschrieben, und große Teile des Firmenvermögens sind hier festgekettet.

Richtig ist ebenfalls, dass sich Fachleute, die sich mit neuen Technologien auskennen, nicht aus dem Hut zaubern lassen, schon gar nicht in Abteilungsstärke. Ein Experte für Verbrennungsmotoren ist nicht notwendigerweise auch in der Lage, einen guten Elektromotor zu entwickeln. Selbst wenn die alten Autoriesen wirklich versucht hätten, sich mit voller Kraft von den spritschluckenden Relikten des fossilen Zeitalters zu verabschieden, wäre es ein schmerzhafter Prozess gewesen, der viel Geld gekostet hätte. Doch das Jammern über die Binsenweisheit, dass die Umrüstungskosten hoch sind, wenn etwas Neues das Alte verdrängt, ist keine zielführende Strategie.

Die Welt ist nicht verpflichtet, Rücksicht darauf zu nehmen, dass sich die Riesen in der Autoindustrie und anderswo nur langsam verändern können. Andere sind dazu in der Lage, und dieser wirtschaftlichen Realität müssen sich die etablierten Giganten stellen. Insofern ist der Ansatz, den viele Macher aus der Wild Economy gewählt haben, eine Blaupause dafür, wie der innovative Teil der Wirtschaft in Zukunft funktionieren kann. Ideen sind Trumpf. Sie zu entwickeln erfordert Mut. Fachliche Exzellenz und Durchhaltevermögen sind nötig, um aus Geistesblitzen Produkte zu machen. Riesige Verwaltungsapparate hingegen, Manager, die vor allem an sich selber denken, und unflexible Produktionsanlagen, in denen auf Jahre hinweg Millionen einbetoniert sind, wirken wie ein Klotz am Bein. Es wird Zeit, sich von diesem Konzept zu verabschieden.

Ein letzter Besuch bei zwei typischen Vertretern der Wild Economy macht das deutlich. Lennart Wietzke und Christian Perwaß sind beide in ihren Dreißigern und haben vor zwei Jahren in Kiel die Firma Raytrix gegründet. Sie haben eine Kamera entwickelt, die 3-D-Bilder erzeugt, bei denen man im Nachhinein je nach Lust und Laune verschiedene Ebenen scharf stellen kann. So ist auf einer Aufnahme im Vordergrund ein Kaffeebecher auf einem Tisch zu sehen. Zwei Meter hinter ihm sprudeln Luftblasen in einer meterhohen dünnen Wassersäule. Auf einem Bord an der rückwärtigen Wand des Raums werden Visitenkarten präsentiert. Hat man das Bild auf den Bildschirm seines Laptops geladen, kann man den Kaffeebecher scharf stellen. Man kann aber auch auf die Luftblasen in der Wassersäule zoomen und sogar mit ein paar Mausklicks lesen, was auf den Visitenkarten steht.

Möglich macht das ein kleines Plättchen, auf dem 40 000 winzig kleine Linsen angeordnet sind. Dieses sogenannte Mikrolinsen-Array bauen die beiden in handelsübliche Digitalkameras ein. Statt einem Foto werden durch das Array 40 000 Einzelbilder – alle aus einer unterschiedlichen Perspektive – mit einem Klick auf den Auslöser aufgenommen. Aus dieser Bilderflut errechnet eine Software, die die Kieler entwickelt haben, die jeweilige Fotoansicht. Die Software und Anordnung der winzigen Linsen sind das Betriebs- und Erfolgsgeheimnis des Informatikerduos, das dabei ist, die Welt der Digitalkameras zu revolutionieren.

Für die Entwicklung ihrer 3-D-Fokus-Kamera brauchten sie nicht einmal eine Werkstatt. Mit Hilfe einer anderen Software, die sie programmiert haben, bauten sie einen virtuellen Prototyp des Mikrolinsen-Arrays. Ihren

Entwurf schickten sie an ein Unternehmen, das solche Arrays nach Maß produziert. Dass das Array perfekt in die Kamera passte, war für das Duo ungeheuer wichtig, weil die Produktion solcher Module sehr teuer ist. »Der Moment, in dem wir das gelieferte Array in die Kamera eingebaut haben, war natürlich atemberaubend«, sagt Christian Perwaß. »Wenn es nicht gepasst hätte, hätten wir so viel Geld verloren, wie andere für einen S-Klasse-Mercedes ausgeben.« Doch die Sorge war unbegründet, alles passte perfekt.

Heute stellen die Kieler in Handarbeit ihre Spezialkameras her. Bislang werden sie von Industriefirmen wie Bosch gekauft, die sie in der Qualitätsprüfung für ihre eigenen Produkte einsetzen. Doch bereits jetzt ist abzusehen, dass ihre Erfindung irgendwann auch in den Digitalkameras im Technikkaufhaus stecken wird. Erste Großunternehmen fragen schon zaghaft an, denn eine Idee, wie sich eine Digitalkamera von der eines Wettbewerbers unterscheiden kann, ist angesichts des Preiskampfes, der die ganze Branche unter Druck hält, gefragt wie noch nie. Die Kieler würden jedoch auch dann keine Fabrik aufbauen, wenn sich die Chance eröffnete, Millionen von Superkameras zu verkaufen. »Wir würden uns Partnerunternehmen suchen, die unsere Erfindung massenhaft produzieren«, sagt Lennart Wietzke.

Dass dieser Denkansatz auch im großen Stil funktioniert, beweist schon heute eine Firma wie Apple. Die Kalifornier entwickeln und designen ihre extrem erfolgreichen Produkte und verdienen prächtig mit ihnen, ohne über eine eigene Fabrik zu verfügen. iPhone und Co. werden von Auftragsfertigern in Asien gebaut. Das soll selbstverständlich kein Plädoyer für die totale Prekarisierung von Arbeitsverhältnissen sein. Wer in einem Werk, in einer Fabrik arbeitet, soll das unter vernünftigen Bedingungen tun können, unabhängig davon, ob dort iPhones, Batterien für einen Elektroflitzer oder Module für intelligente Stromnetze produziert werden. Es ist aber ein Plädoyer dafür, Entwicklung und Produktion heute anders zu denken.

Die Zukunft gehört Netzwerken, in denen einige Ideen entwickeln und perfektionieren und andere mit Hilfe von Produktionsanlagen, die sich schnell auf neue Bedürfnisse einstellen lassen, die Massenherstellung übernehmen. Diese Netzwerke werden dann am besten funktionieren, wenn in ihnen die Ideen frei fließen, wenn die Partnerschaften also von Kreativität und Vertrauen und nicht von Hierarchien und Machtmissbrauch geprägt sind.

Entsprechende Produktionsanlagen zu entwickeln wird übrigens ebenfalls ein lukratives Feld sein, auf dem in Zukunft viele gute Ideen gefragt sind. Wichtig ist, dass auch dabei der Gedanke der Flexibilität im Vordergrund steht, weil es eben keine Garantie dafür gibt, dass etwas, das heute gefragt ist, auch morgen noch die Märkte bewegen wird. Dafür ist es aber auch heute gar nicht mehr nötig, im Alleingang gigantische Organisationen und titanische Produktionsstätten aus dem Boden zu stampfen. Es ist stattdessen vielversprechend, sich über Firmen- und Organisationsgrenzen hinweg mit Fachleuten zusammenzutun. Es lohnt sich viel mehr, in Köpfe, Ideen und Wissen zu investieren, als in Steine und Fließbänder.

So hat ein Autobauerteam aus Großbritannien im Sommer 2009 demonstriert, dass die Entwicklung eines Elektroautos keineswegs viele Jahre dauern muss. Unnötig zu sagen, dass hinter diesem Projekt kein Autokonzern stand. Der Windenergie-Anbieter Ecotricity bezahlte ein Bastlerteam, das sich aus Rennsport-Ingenieuren zusammensetzte. Sie hatten über das Internetauktionshaus Ebay einen handelsüblichen Lotus Exige gekauft. Der Wagen wurde in einer Garage in Norfolk innerhalb von sieben Monaten komplett umgebaut. Dazu verwendeten die Ingenieure fast ausschließlich handelsübliche Bauteile, die man per Internet oder im Fachhandel kaufen kann. Das Ergebnis ist ein Elektroauto, das in vier Sekunden von null auf hundert beschleunigt und damit sogar einen Ferrari V12 abhängt.

»Wir wollten Mittelengland zeigen, dass elektrische Autos schnell entwickelt werden können, schön anzusehen und billig anzutreiben sind und dass sie vollständig mit Energie aus Windkraft fahren können«, sagt Ecotricity-Chef Dale Vince. Das Auto allein mit Strom aus Windkraft anzutreiben ist wichtig, wenn die elektromobile Zukunft der Umwelt helfen soll. Sieben Monate haben die Arbeiten gedauert, 215 000 Euro hat der Umbau gekostet. »Ford hätte dazu Jahre gebraucht, und es hätte Millionen verschlungen«, meint Projektchef Ian Doble. Bei diesem Projekt arbeiteten Autofachleute für begrenzte Zeit mit einem Windkrafthersteller zusammen. Würden sie ins Massengeschäft einsteigen, könnten sie vielleicht bei Lotus anfragen. Die wären inzwischen möglicherweise froh, als Auftragsfertiger ihre Produktionsanlagen ein Stück weit auszulasten. Eine eigene Autofabrik muss man jedenfalls heute nicht mehr aufbauen, wenn man Autos herstellen will.

Auch das Problem, dass es bislang noch keine Infrastruktur zum Aufladen der Batterien gibt, kann ohne die alten Autoriesen gelöst werden, möglicherweise sogar ohne die großen Energiekonzerne. Strom verkaufen mittlerweile ja bereits junge Ökostromanbieter wie Lichtblick oder die Energiewerke Schönau. Und es kann sich lohnen, nicht nur den Strom für Elektroautos zu liefern, sondern auch die Infrastruktur für das Tanken an der Steckdose aufzubauen. Auf 17 Milliarden Euro beziffern die Unternehmensberater von A. T. Kearney die Summe, die mit dem Leasing von Elektrobatterien, Abrechnungs- und Serviceleistungen und anderen Geschäften rund um das Aufladen von Elektroautos umgesetzt werden kann. Nicht nur Stromversorger, die dann wie heute die Ölfirmen für das Benzin im Tank Geld für den Strom in der Batterie bekommen, werden bei solchen Summen hellhörig. Auch Parkhausbesitzer oder Computerfirmen, Anbieter von intelligenten Stromzählern oder klassische Tankstellenbetreiber könnten in das Geschäft einsteigen.

Wer in diesem Bereich in einem Jahrzehnt die Gewinner sein werden, ist noch nicht auszumachen. Wahrscheinlich ist aber, dass nicht ein Gigant alle Fäden in der Hand halten wird, sondern ein Netzwerk aus Spezialfirmen, die jeweils einen Teil ihres Know-hows in das Projekt Autostrom einbringen. Nur solche Netzwerke werden die Herausforderungen meistern, die durch eine technologisch immer komplexere Welt entstehen. Sie, und nicht die behäbigen Konzerne, werden in der Lage sein, so schnell auf Veränderungen zu reagieren, wie es in Zukunft nötig ist.

Wer allerdings glaubt, dass er sich ruhig zurücklehnen kann, nur weil er im Gegensatz zu den alten Industrieriesen etwas smarter und umweltfreundlicher herstellt, wiegt sich in falscher Sicherheit. Noch während die Erde vor dem Klimawandel gerettet werden muss, werden die Ansprüche der Kunden weiter steigen. Dann gilt es, neue Wünsche zu erfüllen. Schon heute zeichnet sich ab, dass Moden und Geschmäcker einander immer schneller ablösen. Konsumforscher beobachten, dass Massenartikel an Bedeutung verlieren. An ihre Stelle treten Kleinserien von hochinnovativen, originellen Produkten, die von persönlichen Vorlieben geprägt sind.

Mit den klassischen Methoden der Massenfertigung werden viele dieser Wünsche nicht mehr zu befriedigen sein. Einfach nur noch schneller und produktiver zu werden wird nicht ausreichen, weder für die alten Industrieriesen noch für den smarten Mittelstand. Sie alle müssen über neue Unternehmensformen nachdenken, um die höheren Innovations- und Produktionsgeschwindigkeiten der Zukunft zu bewältigen – oder sie werden in die Bedeutungslosigkeit zurückfallen.

Die Trends zur Warenindividualisierung, zur Fragmentierung von Produkt- und Kundengruppen, zur zunehmenden Beschleunigung durch die Digitalisierung und die soziale Vernetzung der Menschen haben zur Folge, dass vieles in der Wirtschaft grundlegend überdacht werden muss. Eine wichtige Frage ist, wie in Zukunft Innovation und Entwicklung überhaupt organisiert werden können. Plausibel ist, dass gerade Verbünde aus kleinen Firmen für komplexe Probleme in kürzerer Zeit bessere Lösungen finden werden als die monolithischen alten Riesen. »Das bedeutet einen Paradigmenwechsel des Innovationssystems: An die Stelle der traditionellen großen Unternehmen und staatlichen Forschungseinrichtungen treten flexible Innovationsnetzwerke und technologieorientierte Firmengründungen«, erklärt der Präsident der Fraunhofer-Gesellschaft, Hans-Jörg Bullinger.

Die Produkte von morgen werden von Projektverbünden und losen Allianzen entwickelt und gefertigt, die bei Bedarf wieder aufgelöst werden können. Das bedeutet aber nicht, dass die jeweils freigesetzten Teile dem Untergang geweiht sind. Sie suchen neue Aufgaben und schmieden neue Allianzen für neue Innovationen, die dann gefragt sind. Sie müssen nicht am Alten festhalten, nur weil ihre Struktur das gebietet.

Flexible Innovationsnetzwerke, die Hochschulen, Forschungseinrichtungen, Unternehmer und einzelne Visionäre miteinander verknüpfen, sind die Modelle der Zukunft. Know-how und Ressourcen, die man braucht, aber nicht hat, gibt es bei Kooperationspartnern. Ideen, die man selbst nicht nutzt, kann man anderen überlassen, weil durch den Wissensaustausch am Ende alle profitieren.

Es sind die Köpfe und die Ideen, die den Erfolg der Wild Economy ausmachen. Es ist aber auch die Haltung, die sie hervorbringt. Sie kann neue Produkte, neue Vertriebswege und sogar neue Geschäftsmodelle entwickeln – etwa so radikale wie das kostenlose Verteilen von Gütern im Bereich der Software oder der Medienindustrie –, statt ständig etwas abzulehnen, weil man das doch noch nie so gemacht hat. Hier kann man getrost ausprobieren, ob sich neue Modelle bewähren, weil sie nicht so viel Ballast mit sich herumschleppen. »Wer weiß, was für Ideen wir in Zukunft haben werden?«, meint Lennart Wietzke. Aber er muss die Antwort nicht parat haben. »Im Grunde können wir ja, egal wie sich unsere Kameras verkaufen, entwickeln, was wir wollen, und etwas Neues ausprobieren, wenn uns etwas einfällt.«

Es sind die Macher der Wild Economy, die den Mut aufbringen, das Undenkbare auszuprobieren, statt krampfhaft zu überlegen, wie sie Altbekanntem einen neuen Anstrich verpassen können. Vielleicht werden die Firmen, die heute noch klein und wild scheinen, in dieser Welt der Projektallianzen irgendwann selbst so groß, dass sie zu schwerfälligen Dinosauriern verkommen. Dann werden andere Visionäre sie ersetzen. Die neue Welt, in der die radikalen Kleinen mit ihren Ideen das Sagen haben, verspricht aufregend zu werden. Alles, was nötig ist, um sie zu gestalten, ist Mut – und natürlich eine unwiderstehlich gute Idee.

Literaturhinweise

Bei der Entstehung dieses Buches haben viele Zeitungsartikel, Studien und andere Veröffentlichungen wertvolle Impulse geliefert.
Besonders hervorheben möchte ich die Serie von Analysen, die die Boston Consulting Group unter dem Titel »Collateral Damage« 2008 und 2009 veröffentlicht hat, sowie die »Gutachten zu Forschung, Innovation und technologischer Leistungsfähigkeit in Deutschland« der Expertenkommission Forschung und Innovation (EFI).

Chris Anderson: *Free. The Future of a Radical Price,* New York 2009

Hans-Jörg Bullinger: »Erneuerungsfähigkeit. Immer eine Idee voraus«, in: *Spurwechsel. Wirtschaft weiter denken,* hg. von Walther Ch. Zimmerli, Hamburg 2006

Clayton M. Christensen: *The Innovator's Dilemma,* Boston 1997

Rudolf Diesel: *Die Entstehung des Dieselmotors,* Faksimile der Erstausgabe von 1913 mit einer technikhistorischen Einführung, Moers 1984

Peter F. Drucker: *Adventures of a Bystander,* New York 1978

Frank Lewis Dyer und Thomas Commerford Martin: *Edison. His Life and Inventions,* New York 1929

Günter Faltin: *Kopf schlägt Kapital. Die ganz andere Art, ein Unternehmen zu gründen,* München 2008

Kenne Fant: *Alfred Nobel. Idealist zwischen Wissenschaft und Wirtschaft,* Frankfurt am Main und Leipzig 1997

Anton Flettner: *Mein Weg zum Rotor,* Leipzig 1926

Henrich Focke: *Mein Lebensweg. Die Memoiren des Bremer Luftfahrtpioniers,* Bremen 1996 (Nachdruck der Ausgabe von 1977)

Malcom Gladwell: *Überflieger. Warum manche Menschen erfolgreich sind – und andere nicht,* Frankfurt am Main und New York 2009

Malcom Gladwell: *Der Tipping-Point. Wie kleine Dinge Großes bewirken können,* Berlin 2000

Stephen Jay Gould: *The Structure of Evolutionary Theory,* New York 2002

Erik Händeler: *Kondratieffs Welt,* Moers 2005

Armin Herrmann und Wilhelm Dettmering (Hg.): *Technik und Kultur,* Düsseldorf 1989–1994

Susanne Hilger: *»Amerikanisierung« deutscher Unternehmen,* Stuttgart 2004

Matthias Horx: *Technolution. Wie unsere Zukunft sich entwickelt,* Frankfurt am Main und New York 2009

John Kao: *Innovation. Wie sich die USA und Europa neu erfinden können,* Hamburg 2008

Wolfgang König (Hg.): *Propyläen Technikgeschichte,* Berlin 1990–1992

Niccolò Machiavelli: *Der Fürst,* Frankfurt am Main und Leipzig 1990

Matt Mason: *The Pirate's Dilemma. How Youth Culture is Reinventing Capitalism,* New York 2008

Karl H. Metz: *Ursprünge der Zukunft. Die Geschichte der Technik in der westlichen Zivilisation,* Paderborn 2006

Reinhard Osteroth: *Erfinderwelten. Eine kurze Geschichte der Technik,* Berlin 2008

Joachim Radkau: *Technik in Deutschland. Vom 18. Jahrhundert bis heute,* Frankfurt am Main und New York 2008

Inken Rebentrost: *Das Labor in der Box. Technikentwicklung und Unternehmensgründung in der frühen deutschen Biotechnologie,* München 2006

Joseph A. Schumpeter: *Konjunkturzyklen. Eine theoretische, historische und statistische Analyse des kapitalistischen Prozesses,* Göttingen 1961

Georg Siemens: *Geschichte des Hauses Siemens,* Erster Band: 1847–1903, München 1947

Werner von Siemens: *Lebenserinnerungen* (1892), München 2004

Hermann Simon: *Hidden Champions des 21. Jahrhunderts. Die Erfolgsstrategien unbekannter Weltmarktführer,* Frankfurt am Main und New York 2007

Nicholas Stern: *Der Global Deal. Wie wir dem Klimawandel begegnen und ein neues Zeitalter von Wachstum und Wohlstand schaffen,* München 2009.

Nikola Tesla: »My Inventions«, in: *Electrical Experimenter Magazine*, New York 1919

Dominic Veken: *Ab jetzt Begeisterung. Die Zukunft gehört den Idealisten,* Hamburg 2009

Lars Reppesgaard

Das Google-Imperium

Klappenbroschur, 280 Seiten,
€ 9,90, ISBN 978-3-86774-112-5

In wenigen Jahren ist GOOGLE zum erfolgreichsten Unternehmen der Welt geworden. Die Kalifornier schwimmen im Geld und verwenden es, um ihr Imperium mit immer neuen Diensten und Projekten weltweit auszubauen. Der Internetgigant ist der Hauptlieferant für den wichtigsten Rohstoff des 21. Jahrhunderts: Daten.

Diese Macht wirft aber auch Fragen auf: Warum fotografieren die Kalifornier ganze Straßenzüge und scannen Millionen von Büchern? Ist der freundliche Suchmaschinenriese eine Datenkrake? Was weiß GOOGLE über uns? Und was macht GOOGLE damit?

Lars Reppesgaard, ausgewiesener GOOGLE-Experte und Betreiber der Homepage www.googlereport.de, hat das Unternehmen in Hamburg, Zürich und den Googleplex besucht. Er weiß, was GOOGLE kann und will. Er beschreibt, wie wir GOOGLE nutzen und uns zugleich schützen können. Kenntnisreich und spannend beantwortet er alle wichtigen Fragen zum Phänomen GOOGLE in dieser stark aktualisierten Neuauflage.

MURMANN